Der Pensionsleitfaden

Ein Weg durch den Dschungel der Vorsorgeprodukte

3., neu bearbeitete Auflage

von
Mag. Dr. Ralph Felbinger
Dr. Erika Marek
Mag. Bernhard Pfeffer
Martin Bruckner

LexisNexis®

Bibliografische Information der Deutschen Bibliothek

Die Deutsche Bibliothek verzeichnet diese Publikation in der Deutschen Nationalbibliografie; detaillierte bibliografische Daten sind im Internet über http://dnb.ddb.de abrufbar.

ISBN 978-3-7007-5907-2

LexisNexis Verlag ARD Orac GmbH & Co KG, Wien
http://www.lexisnexis.at
Wien 2014
Best.-Nr. 79.023.003

Foto Felbinger: Klaus Bauer, Mühlbachweg 2, 5760 Saalfelden
Foto Marek: privat
Foto Pfeffer: Allianz
Foto Bruckner: Allianz

Druckerei: Ferdinand Berger & Söhne Ges.m.b.H., Wienerstraße 80, A-3580 Horn

Einleitung und Vorwort

Betrachtet man unterschiedliche Studien zur Frage, worüber sich die Österreicher Sorgen machen, erkennt man ganz klar drei Hauptkategorien: Eine gesicherte Zukunft für die Kinder, die eigene Gesundheit und die **(Un-)Sicherheit der staatlichen Pensionen** stehen dabei an erster Stelle.

Wie schaut es nach einem langen Erwerbsleben mit der Absicherung der **finanziellen Existenz** aus bzw wie kann man seinen **gewohnten Lebensstandard** auch in der Pensionsphase aufrechterhalten? Die demografischen Entwicklungen zeigen, dass unser gesetzliches Pensionssystem in absehbarer Zukunft an die Grenzen seiner Leistungsfähigkeit gelangen wird.

Auf der Homepage der Pensionsversicherungsanstalt findet man aktuell folgenden Hinweis:

„Von der Einführung des neuen Pensionskontos ab 1. Jänner 2014 werden Millionen Versicherte profitieren: Ihr neues Pensionskonto wird verständlich, transparent und nachvollziehbar. Die schwer zu verstehende Parallelrechnung fällt dann endgültig weg und Ihre Pension wird auf Basis eines einzigen Pensionskontosystems berechnet.

Im Jahre 2013 erhalten alle Versicherten, deren Versicherungsverlauf Lücken aufweist, ein Schreiben der Pensionsversicherungsanstalt mit der Bitte, ihre fehlenden Versicherungsdaten zu ergänzen. Zu Ihrem neuen Pensionskonto sind es dann nur noch wenige Schritte. Mit Ihren bis Ende 2013 erworbenen Versicherungsmonaten wird die Kontoerstgutschrift berechnet und ins neue Pensionskonto übertragen. So haben Sie jederzeit den Überblick über das, was Ihnen zusteht."

Hier stellt sich jedoch die Frage, wie die Versicherten profitieren werden? An der Höhe oder der Sicherheit ihrer Ansprüche wird sich durch das Pensionskonto nichts verbessern. Vielmehr wird der größte Teil der Versicherten eine böse Überraschung erleben, weil die dargestellte Pensionshöhe viel geringer ausfallen wird, als von vielen erwartet. Die Auswirkungen der letzten Pensionsreformen werden somit klar ersichtlich und in konkreten Zahlen dokumentiert.

Aber gerade darin kann jetzt sehr wohl ein Vorteil liegen, weil das System der Pensionsberechnung transparenter und verständlicher wird und den Betroffenen eine längerfristige Planung ermöglicht. Wer ein Problem rechtzeitig erkennt, kann frühzeitig darauf reagieren. Denn nichts ist schlimmer, als wenn man bis zum Schluss mit Aussagen, dass die Pensionen eh gesichert seien, in Sicherheit gewiegt wird und dann erst bei Pensionsantritt das große Schockerlebnis kommt.

Somit ist es für jeden von uns von Bedeutung, über die Grundzüge des gesetzlichen Pensionssystems und die Möglichkeiten ergänzender Vorsorgemaßnahmen Bescheid zu wissen.

Das vorliegende Buch soll im **ersten Kapitel** einen Einblick in die Grundstruktur unseres Pensionssystems geben und aufzeigen, welche aktuellen und zukünftigen Probleme immer wieder Reformen notwendig machen und welche Reaktionsmöglichkeiten dem Staat zur Verfügung stehen.

Das **zweite Kapitel** zeigt auf, welche Leistungen die Pensionsversicherung in Österreich erbringt, wie sich die gesetzliche Pension errechnet und welche Voraussetzungen man für einen Pensionsantritt überhaupt erfüllen muss. Praktische Beispiele zu Pensionshöhen vervollständigen den Überblick.

Ergänzt wurde auch ein Abschnitt zur immer beliebter werdenden Altersteilzeit, die älteren Menschen ermöglicht, ihre Arbeitszeit zu reduzieren, und einen gleitenden Übergang in die Pensionsphase darstellt.

Damit wird es für den Leser leichter, sich ein genaueres Bild darüber zu machen, mit welchen Leistungen er selbst bei seinem Pensionsantritt rechnen kann. Die meisten, vor allem jene, die noch einige Jahre vor dem Pensionsantritt stehen, werden erkennen, dass die Leistungen aus der gesetzlichen Pensionsversicherung in der Zukunft nicht mehr ausreichen werden, um den momentanen **Lebensstandard** auch wirklich abzusichern.

Wer sich jetzt alternative Wege der Eigenvorsorge überlegt, steht bald vor einer fast unüberschaubaren Fülle von Möglichkeiten, also vor einem echten **Dschungel an Vorsorgeprodukten**.

Möchte man hier die für sich geeignete Auswahl treffen, ist es zu wenig, sich nur auf die Hochglanzprospekte zu konzentrieren, mit denen die verschiedensten Anbieter die Vorteile ihrer Produkte unterstreichen. Vielmehr ist es auch notwendig, die dahinter steckenden Risiken zu erkennen und zu prüfen, ob das jeweilige Produkt auch zu den eigenen finanziellen Möglichkeiten, dem eigenen Vorsorgebedarf und der eigenen Risikoneigung passt.

Das **dritte Kapitel** versucht, wesentliche Grundüberlegungen herauszuarbeiten, die man bei der Planung seiner Pensionsvorsorge unbedingt beachten sollte, möchte man in der Zukunft keine unliebsamen Überraschungen erleben.

Kapitel 4 zeigt den eigentlichen Weg durch den Dschungel der Vorsorgeprodukte. Hier wird eine übersichtliche Systematik erstellt, in die sich die gängigsten Produkte am Vorsorgemarkt einordnen lassen. **Versicherungsnahe Produkte** wie Risikoversicherungen, Er- und Ablebensversicherungen und staatlich geförderte Sonderformen in ihren vielfältigen Ausprägungen werden dabei genauso analysiert wie **bankennahe Sparformen**, also etwa Anleihen, Aktien oder Fondsprodukte.

Neben einer grundsätzlichen Beschreibung der diversen Vorsorgemöglichkeiten geht es vor allem um die **Ertragschancen** der einzelnen Varianten und die damit verbundenen **Risiken**. Interessant sind natürlich auch die **steuerliche Behandlung** der einzelnen Produkte, deren **Flexibilität** in der Handhabung oder etwa die Möglichkeiten, die sie bei finanziellen Notlagen bieten.

Nachdem es in der Zukunft ziemlich schwierig sein wird, die finanzielle Lücke, die sich beim Übertritt in die Pensionsphase ergibt, allein durch private Vorsorge zu schließen, gewinnt die betriebliche Pensionsvorsorge immer mehr an Bedeutung.

Aus diesem Grund beschäftigt sich **Kapitel 5** damit, welche Alternativen den österreichischen Unternehmen offenstehen, um einen Beitrag für die Vorsorge ihrer Mitarbeiter zu leisten.

Direktversicherungen, Pensionskassenmodelle, betriebliche Kollektivversicherungen, Pensionszusagen und die Abfertigung „Neu" sind Instrumente, die bei richtiger Anwendung sowohl dem Unternehmer als auch dem Mitarbeiter interessante Vorteile bieten können und somit eine zusätzliche Säule der Altersvorsorge darstellen. In diesem Sinne liegt es im Interesse eines jeden Arbeitnehmers, die Möglichkeiten der **betrieblichen Pensionsvorsorge** im eigenen Unternehmen zu hinterfragen.

Es kann und soll nicht das Ziel dieses Buches sein, den Leser zu einem Profi auf dem Gebiet der Vorsorge zu machen. Obwohl es ein Thema ist, das uns alle berührt und für unsere Zukunft wesentlich ist, gibt es spannendere Dinge im Leben und die wenigsten wollen einen großen Teil ihrer Freizeit opfern, um sich intensiv und regelmäßig mit Fragen der Vorsorge zu beschäftigen.

Die Beratung durch einen **Experten** soll also hierdurch keinesfalls ersetzt werden. Dennoch ist es meiner Meinung nach wichtig, dass man selbst ein bestimmtes Gespür für die verschiedenen Vorsorgemöglichkeiten und auch die dahinter liegenden Gefahren entwickelt.

Wie in allen Branchen, so ist auch die Vorsorgebranche nicht frei von „schwarzen Schafen", die zunächst ihr eigenes finanzielles Wohlergehen im Auge haben und erst in zweiter Linie das des Kunden. Wer jedoch selbst die nötigen **Grundkenntnisse** der Materie erworben hat, vermeidet es, sich „blind" in eine Vorsorge zu stürzen, die man vielleicht kurze Zeit später bereits bereut, weil sie eben der persönlichen Situation nicht angepasst ist.

Das **Ziel** dieses Buches ist es, all jenen Personen, die aktiv die Planung ihrer Pensionsvorsorge in die Hand nehmen wollen, einen Einstieg in die Materie zu ermöglichen und die wichtigsten Kriterien, auf die es bei der Vorsorge ankommt, herauszuarbeiten.

Für die Unterstützung bei den Arbeiten zu diesem Buch und die hochwertigen Beiträge möchte ich mich vor allem bei **Dr. Erika Marek, Martin Bruckner und Mag. Bernhard Pfeffer** herzlich bedanken. Frau Dr. Marek hat es übernommen, den Teil der gesetzlichen Pensionsversicherung, also die Kapitel 2.1 bis 2.5.5 und 2a, auszuarbeiten, Herr Martin Bruckner die Überarbeitung des Teiles zu den bankennahen Vorsorgeprodukten in den Kapiteln 4.2 bis 4.2.5 und Herr Mag. Bernhard Pfeffer die Überarbeitung des 1. Kapitels und des Teiles zur privaten Pensionsvorsorge.

Ihnen als Leser wünsche ich, dass Sie den für Sie geeigneten Vorsorgeweg finden, um in der Pensionsphase keine finanziellen Einschnitte hinnehmen zu müssen und dass Sie dann Ihre Pension möglichst lange und in Gesundheit genießen können.

Möchten Sie mit mir in Kontakt treten, so können Sie mich gerne unter folgender E-Mail-Adresse erreichen: **ralph.felbinger@bav-felbinger.at**

Wien, im August 2014 *Ralph Felbinger*

Inhaltsverzeichnis

Abkürzungsverzeichnis

AG	Aktiengesellschaft, Arbeitgeber
AHS	Allgemeinbildende Höhere Schule
AK	Arbeiterkammer
AN	Arbeitnehmer
ASVG	Allgemeines Sozialversicherungsgesetz
BemG	Bemessungsgrundlage
BIP	Bruttoinlandsprodukt
BMF	Bundesministerium für Finanzen
BSVG	Bauern-Sozialversicherungsgesetz
BU	Berufsunfähigkeit
bzw	beziehungsweise
ca	circa
DAX	Deutscher Aktienindex
DBA	Doppelbesteuerungsabkommen
dh	das heißt
dzt	derzeit
ehem	ehemalig
ESt	Einkommensteuer
etc	et cetera, und so weiter
EU	Europäische Union
FPÖ	Freiheitliche Partei Österreichs
FSVG	Bundesgesetz über die Sozialversicherung freiberuflich selbständig Erwerbstätiger
GSVG	Gewerbliches Sozialversicherungsgesetz
HAK	Handelsakademie
HTL	Höhere Technische Lehranstalt
idR	in der Regel
IESG	Insolvenz-Entgeltsicherungsgesetz
inkl	inklusive
JVP	Junge Volkspartei
KAG	Kapitalanlagegesellschaft
KESt	Kapitalertragsteuer
KJÖ	Kommunistische Jugend Österreichs

max	maximal
MERL	Mindestertragsrücklage
mind	mindestens
mtl	monatlich
NVG	Notarversicherungsgesetz
OECD	Organisation für wirtschaftliche Zusammenarbeit und Entwicklung
OeKB	Oesterreichische Kontrollbank
OeNB	Oesterreichische Nationalbank
PIF	Pensionsinvestmentfonds
PV	Pensionsversicherung
PZV	Pensionszusatzversicherung
SMR	Sekundärmarktrendite
SPÖ	Sozialdemokratische Partei Österreichs
US	United States, Vereinigte Staaten (von Amerika)
VAG	Versicherungsaufsichtsgesetz
VAIOE	Vereinigung ausländischer Investmentgesellschaften in Österreich
vgl	vergleiche
VÖIG	Vereinigung österreichischer Investmentgesellschaften
WIFO	Wirtschaftsforschungsinstitut
WS	Wertsicherung
zB	zum Beispiel

A. Das österreichische Pensionssystem

1. Die Diskussionen über eine Pensionsreform – Ist eine Reform notwendig?

Alle paar Jahre wieder steht unser Pensionssystem im Mittelpunkt heftiger Diskussionen. Argumentieren die einen, das System wäre langfristig gesichert, verurteilen es die anderen als einen zum Aussterben verurteilten Dinosaurier. Tatsache ist, dass wir in den letzten Jahren bereits einige Pensionsreformen erlebt haben und trotzdem weiterhin Reformbedarf gegeben zu sein scheint.

Dass diese Thematik emotionale Debatten auslöst, ist kein Wunder, wenn man bedenkt, dass es sich hierbei um bedeutende sozialpolitische Entscheidungen handelt, von der wir alle früher oder später betroffen sein werden. Laut einer Market-Umfrage im Auftrag der Wirtschaftskammer aus dem Sommer 2012 erwarten sich 74% der jungen Österreicher (15- bis 25-Jährigen) von der Politik, dass sie die Pensionen auch für sie, und damit langfristig, sichert. Damit liegt der Wunsch nach sicheren Pensionen noch vor dem Wunsch nach besserer Schulbildung, intakter Umwelt und Abbau der Staatsschulden.

Wie vielseitig die Meinungen zum österreichischen Pensionssystem sind und wie weit die Meinungen zur Notwendigkeit von Reformen oder vielmehr zu den konkreten Umsetzungsschritten auseinanderklaffen, sollen folgende Medienzitate kurz dokumentieren:

Junge wollen, dass Politiker Pensionen sichern *(Die Presse)*

Junge ohne Vertrauen in Pensionssystem *(Kurier)*

Unser Pensionssystem ist ein Dinosaurier und somit zum Sterben verurteilt *(Gewinn)*

Die finanzmarktabhängigen Säulen 2 und 3 (Betriebs- und Privatpensionen sind teurer, unsicherer und unsozialer als das Umlageverfahren) *(Felber)*

Pensionssystem ist eine „tickende Zeitbombe" *(Krone)*

Ein kapitalgedecktes Pensionssystem ist durch den demographischen Wandel noch stärker gefährdet als das öffentliche Pensionssystem *(Sallmutter)*

Nur Jobs sichern die Pensionen *(Kleine Zeitung)*

SPÖ: Pensionsreform ist reine Geldbeschaffung *(Kurier)*

Europa kämpft mit seinen gewaltigen Zuschüssen zum staatlichen Pensionssystem, die das Wachstum hemmen *(Der Standard)*

Schwedisches Pensionssystem als Vorbild für Österreich *(Wiener Zeitung)*

Ohne längere Lebensarbeitszeit kippt Pensionssystem *(Wirtschaftsblatt)*

Pensionssystem ist langfristig unfinanzierbar *(JVP)*

Selbstverständlich muss angesichts einer rapide steigenden Lebenserwartung im Pensionssystem schmerzhaft reformiert werden *(Salzburger Nachrichten)*

Pensionssystem ist finanziert *(ÖGB)*
Öffentliches Pensionssystem sturmreif geschossen *(News)*
Pensionen: Die nächste Reform ist 2016 fällig *(Kurier)*
Das jetzige Pensionssystem muss erhalten bleiben *(AK Wien)*
Die Entwicklung unseres Pensionssystems ist gerade für die junge Generation eine der aktuellsten Zukunftsfragen *(Kronen Zeitung)*
Das staatliche Pensionssystem wird in Zukunft nur noch die Grundversorgung in der Pension übernehmen *(Tiroler Tageszeitung)*

Wer hat nun Recht? Ist das momentane staatliche Pensionssystem ein **Auslaufmodell**, das zum Scheitern verurteilt ist und durch ein kapitalgedecktes System der Altersvorsorge ersetzt werden sollte oder ist seine Zukunft durch entsprechende Änderungen und Anpassungen zu sichern?

Die Wahrheit wird wahrscheinlich wie immer bei solchen Diskussionen irgendwo in der Mitte liegen. Ohne dass wir uns hier auf eine politisch hinterlegte Diskussion einlassen und Argumente der Regierung, der Opposition oder der Sozialpartner kommentieren wollen, genügt ein Blick auf **demografische Gegebenheiten**, um den IST-Zustand unseres Pensionssystems zu beschreiben.

Das österreichische Pensionssystem basiert nicht auf einem **Kapitaldeckungssystem**, bei dem die Beiträge, die man einzahlt, angespart werden und dann bei Pensionsantritt wieder ausgeschüttet werden, sondern auf der Grundlage eines **Umlagesystems**.

Hierbei werden die Pensionsversicherungsbeiträge der heute aktiv im Erwerbsleben stehenden Personen sofort für die Zahlung der Renten unserer heutigen Pensionisten verwendet.

Dahinter steckt ein Prinzip, das bereits seit Jahrhunderten in verschiedenen Kulturkreisen bekannt ist und praktiziert wird. Die Eltern erziehen und versorgen ihre Kinder so lange, bis diese ihre Selbständigkeit erreicht haben. Im Gegenzug dazu „erhalten" die Kinder ihre Eltern im Alter.

Legt man dieses Prinzip des sogenannten „**Generationenvertrages**" auf einen gesamten Staat um, so trägt eine ganze Generation vom Gesetz her die Verpflichtung zur Finanzierung der Renten der Elterngeneration.

Es gibt also kein Kapitalkonto, auf dem unsere Beiträge angesammelt werden und nach dem sich dann unsere zukünftige Pension berechnen lässt. Als heutige Beitragszahler müssen wir uns somit darauf verlassen, dass **künftige Generationen** bereit sind, durch ihre Pensionsversicherungsbeiträge weiterhin unsere Pensionen zu bezahlen – und zwar in jener **Höhe**, die wir von unserem Pensionssystem erwarten und mit der wir ja auch unsere Zukunft planen.

Die Frage wird sein, ob sich künftige Generationen diese Beiträge leisten können und wollen. Dazu muss man sich ansehen, ob das momentane System in seinem heutigen Ausmaß in der Zukunft noch **finanzierbar** ist oder nicht.

Im Moment zahlt ein österreichischer Angestellter 10,25% seines Bruttogehaltes als reinen **Pensionsversicherungsbeitrag**, sein Arbeitgeber nochmals 12,55% als **Dienstgeberbeitrag** (Lohnnebenkosten). Rund 23% vom Bruttolohn fließen somit bereits in den Pensionstopf. Für Einkommensbestandteile über der Höchstbeitragsgrundlage (€ 4.530 monatlich im Jahr 2014) werden keine Beiträge entrichtet.

Finanzierung der Pensionen vom Staat

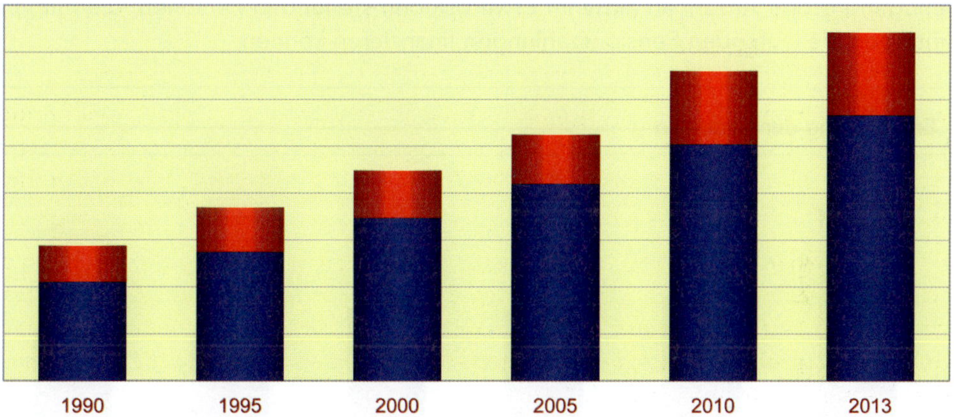

Quelle: Hauptverband der Sozialversicherungsträger

in Mrd EUR	1990	1995	2000	2005	2010	2013
Pensionsaufwand (ASVG + GSVG + BSVG)	14.364	18.470	22.394	26.222	33.009	37.116
Beiträge der Versicherten	10.544	13.717	17.358	20.987	25.193	28.274
Fehlbetrag	3.820	4.753	5.036	5.235	7.816	8.842

Dennoch ist man heute weit entfernt von der ursprünglichen Idee, dass sich das Pensionssystem durch diese Beiträge selbst finanzieren soll. Der Staat musste im Jahr 2013 allein für ASVG-, GSVG- und BSVG-Pensionisten, also für Arbeiter und Angestellte, Selbständige und Bauern rund € 8,84 Milliarden aus **anderen Steuermitteln** zuschießen. Die Pensionsleistungen für Beamte, deren Pensionen im Schnitt noch deutlich höher ausfallen als jene der ASVG-Versicherten, sind in dieser Betrachtung noch gar nicht enthalten.

Hier stellt sich also die Frage, wie viel vom **allgemeinen Steueraufkommen** unser Staat in Zukunft bereit sein wird, für die Aufrechterhaltung des Pensionssystems zu verwenden. Ein Beitrag in der momentanen Höhe von 2,8% des Bruttoinlandsprodukts (BIP) würde durchaus noch verkraftbar erscheinen.

Die großen Probleme, die auf unser Pensionssystem zukommen, erkennt man jedoch erst bei einem genaueren Blick in die **Zukunft**.

1.1 Die Grundprobleme des Umlagesystems in Österreich

Ob ein Pensionssystem auf Basis eines Umlagesystems langfristig funktionieren kann, wird zu einem wesentlichen Teil von der Struktur der Bevölkerung im Land bestimmt.

Grundproblem 1: Die Anzahl der Geburten

Eine grundlegende Voraussetzung für das Funktionieren des Umlagesystems ist eine genügend große Anzahl an **aktiv** im Erwerbsleben stehenden Personen, die mit ihren Beiträgen die laufenden Pensionszahlungen finanzieren können.

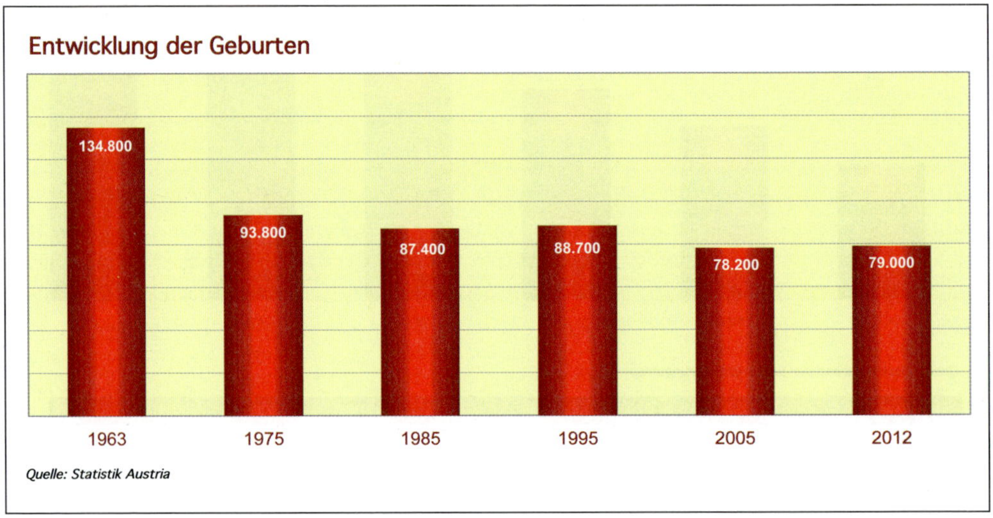

Sieht man jetzt, wie sich die Anzahl der Geburten in Österreich entwickelt hat, nämlich von 134.800 im Jahr 1963 auf 87.400 im Jahr 1985 und auf 79.000 im Jahr 2012 (alle Prognosen rechnen mit einer langfristig weiterhin fallenden bzw auf niedrigem Niveau stagnierenden Tendenz), so erkennt man, dass immer weniger junge **Beitragszahler** nachkommen, die später unsere Pensionen finanzieren könnten.

Diese weniger werdenden Beitragszahler sollen nun das Pensionseinkommen für eine steigende Anzahl von Pensionisten sichern. Man muss kein Mathematik-Genie sein, um zu erkennen, dass dann jeder einzelne Aktive einen deutlich höheren Beitrag als heute leisten wird müssen, wenn man die Pensionen in ihrer heutigen Höhe aufrechterhalten möchte.

Grundproblem 2: Die steigende Lebenserwartung

Eine an und für sich sehr erfreuliche Tatsache ist die Feststellung, dass die **Lebenserwartung** in Österreich in den letzten Jahrzehnten deutlich gestiegen ist. Konnte man im Jahr 1900 davon ausgehen, dass 60-jährige Österreicher im Durchschnitt noch rund 13 Jahre zu leben hatten, so hat sich diese Lebenserwartung bei Frauen bereits auf fast 26 Jahre verdoppelt und ist bei Männern auf fast 22 Jahre angestiegen.

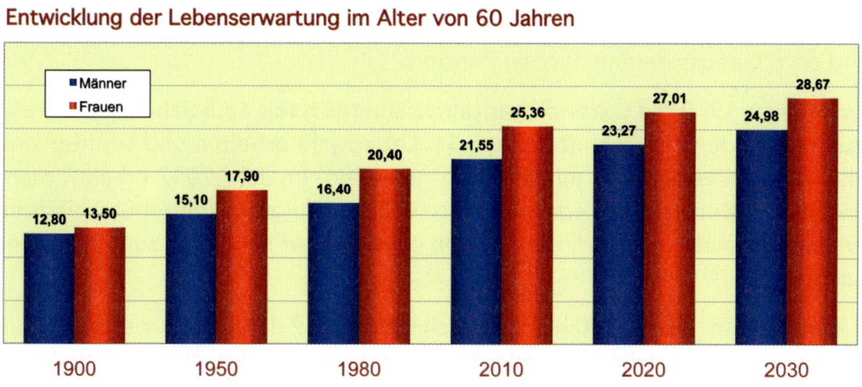

Quelle: Statistik Austria und Hochrechnung der Steigerung der letzten 30 Jahre in die Zukunft

Für das Pensionssystem bringt dieser Anstieg jedoch ein gravierendes Problem mit sich, weil man von einer wesentlich **längeren Pensionszahlungsdauer** ausgehen muss als bisher. Fortschritte in der Medizin, Aufklärungsarbeit über gesündere Lebensweisen oder aber auch technische Erleichterungen in der Arbeitswelt lassen die Lebenserwartung noch weiter steigen. In der Vergangenheit hat die Lebenserwartung im Schnitt jedes Jahr bereits um drei Monate zugenommen und diese Entwicklung scheint sich auch in jüngster Zeit fortzusetzen, wobei ein Ende derzeit nicht abzusehen ist. Eine Vielzahl von demografischen Studien bzw Modellrechnungen – wie jene des Rostocker Demografie-Forschers Roland Rau – zeigen, dass jeder zweite heute in Österreich Neugeborene das stolze Alter von 100 Jahren erreichen wird.

Grundproblem 3: Kürzere Lebensarbeitszeit

In den letzten Jahrzehnten war immer mehr der Trend zu einer Verkürzung der **Lebensarbeitszeit** bemerkbar. Man tritt später ins Erwerbsleben ein und geht früher in Pension.

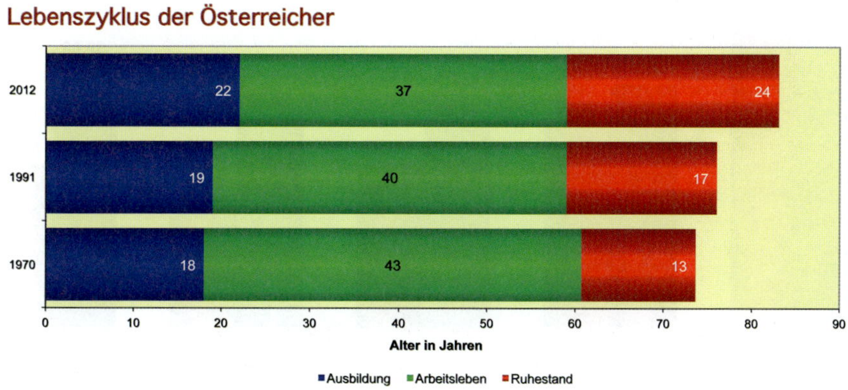

Quelle: Statistik Austria, Hauptverband der Sozialversicherungsträger, Datamarket.com

Allein schon die Entwicklung in den letzten vier Jahrzehnten illustriert deutlich das immer schlechter werdende Verhältnis zwischen der Zahlungsdauer von Pensionsbeiträgen und dem Genuss der staatlichen Pension.

Stiegen im Jahr 1970 die Österreicher durchschnittlich mit 18,5 Jahren ins Berufsleben ein, mussten sie dann im Schnitt bis zum 61. Lebensjahr arbeiten und konnten anschließend bis zum 74. Lebensjahr ihre Pension genießen. Im Jahr 2012 erkennt man, dass der Einstieg ins **Berufsleben** erst vier Jahre später erfolgt und nur mehr bis zum Alter von 59 Jahren gearbeitet wird, die Pension danach aber schon bis zum 83. Lebensjahr genossen wird.

Somit kam man im Jahre 1970 auf durchschnittlich 42,7 Jahre im Arbeitsleben und auf 12,9 Pensionsjahre, im Jahr 2012 jedoch auf nur mehr 37 Arbeitsjahre, dafür jedoch auf über 24 Pensionsjahre. Dass solche Veränderungen bei der **Finanzierbarkeit** unseres Pensionssystems deutliche Schwierigkeiten bereiten, ist klar zu erkennen.

Der **spätere Eintritt** ist hauptsächlich bedingt durch eine verstärkte schulische Ausbildung. Immer weniger Jugendliche treten direkt nach der Pflichtschule ins Berufsleben ein, ein großer Teil nützt den breiten Bogen an schulischer Weiterbildung oder besucht sogar eine Universität oder Fachhochschule. Der Zeitraum, ab dem also tatsächlich Beiträge in das Pensionssystem bezahlt werden, schiebt sich immer weiter nach hinten. Zeiten der **Arbeitslosigkeit** verstärken dieses Problem noch mehr.

Der frühere Pensionsantritt ist ein Phänomen, das in Österreich ganz besonders ausgeprägt ist. Obwohl das **gesetzliche Pensionsalter** für Männer bei 65 und für Frauen bei 60 Jahren liegt, gingen im Jahr 2013 die Frauen mit einem Durchschnittsalter von 57,5 Jahren in Pension, die Männer mit 59,6 Jahren.

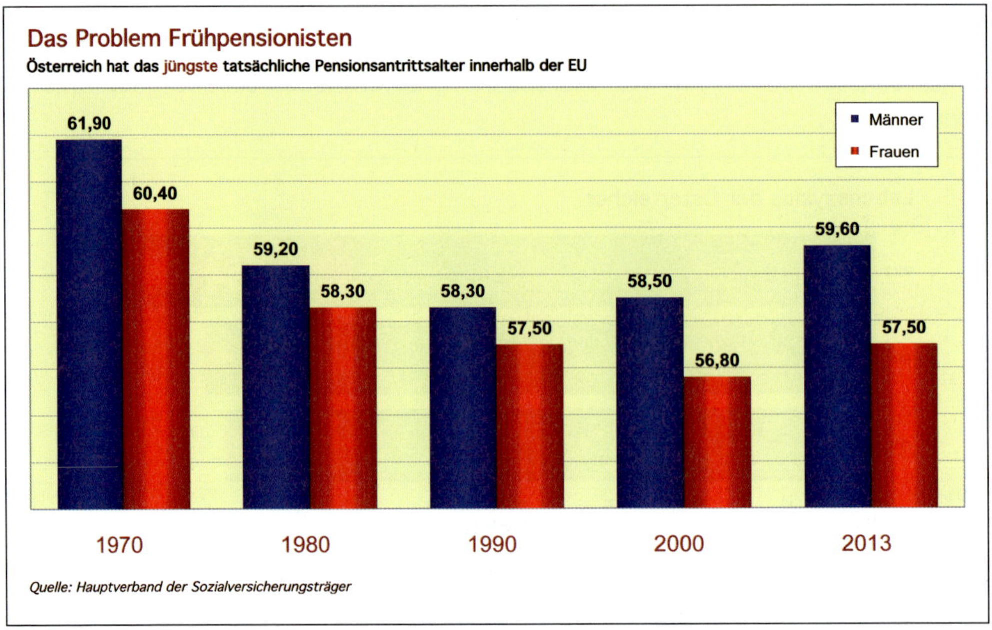

Stehen beispielsweise in Island noch über 79% aller erwerbsfähigen Personen im Alter von 55 bis 64 Jahren im Arbeitsleben, so sind es in Deutschland noch an die 61,5%, in Österreich jedoch nur mehr rund 43,1%!

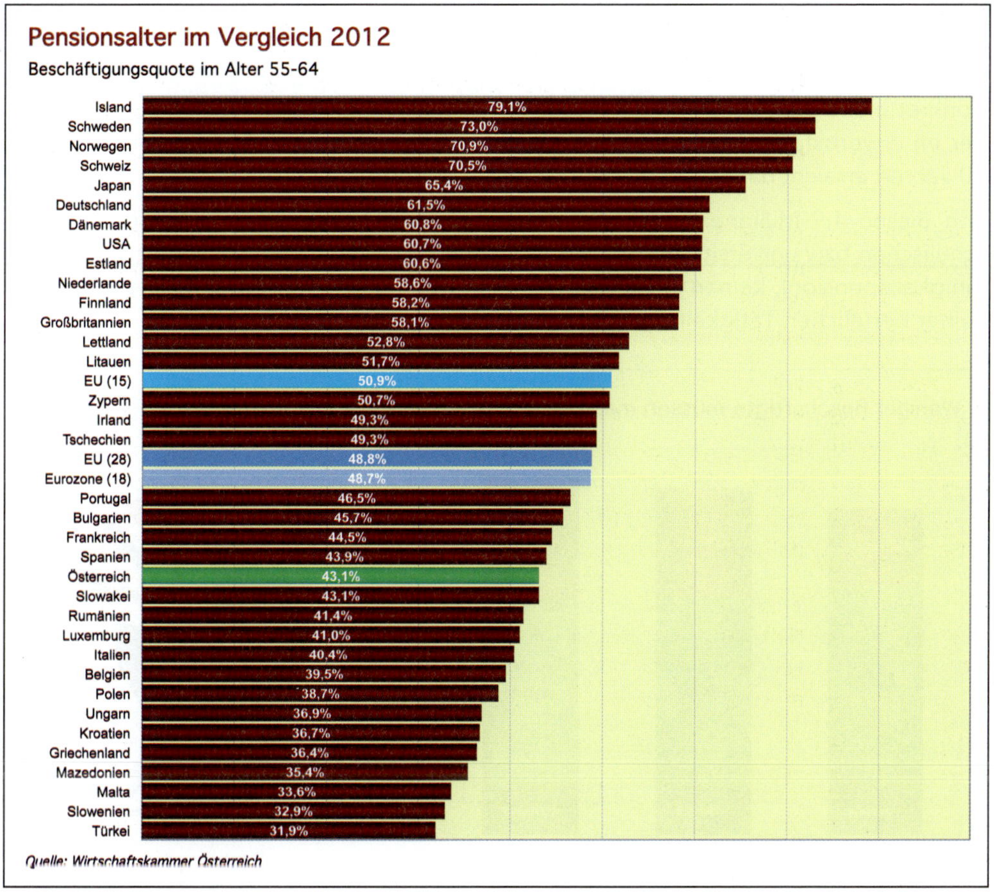

1.2 Die Zukunftsaussichten

Die **Statistik Austria** liefert regelmäßig Untersuchungen über die zahlenmäßige Entwicklung der Bevölkerung in der Zukunft, die ja aufgrund der bekannten Daten (Geburten, aktuelle Bevölkerungszahlen, Sterbewahrscheinlichkeiten etc) relativ genau bestimmt werden kann.

Betrachtet man diese Zukunftsprognosen für die nächsten knapp 40 Jahre, so kann sich jeder selbst ein Bild darüber machen, welche Auswirkungen die **Überalterung** unserer Gesellschaft auf ein System hat, das davon abhängig ist, dass Erwerbstätige die Pensionen für die ältere(n) Generation(en) bezahlen sollen.

Aussagekräftig ist hierbei die sogenannte **Altenbelastungsquote**, die zeigt, wie viele Personen in einem Alter von 60 Jahren und darüber es im Verhältnis zu den Personen im erwerbsfähigen Alter zwischen 15 und unter 60 Jahren gibt. Bis zum Jahr 2050 kann man laut heutigen Erfahrungen davon ausgehen, dass die Altenbelastungsquote von einem heutigen Wert von 385 im Jahr 2013 auf 431 im Jahr 2020 und dann fast explosionsartig auf über 650 im Jahr 2050 steigt. Das heißt, dass auf 1.000 Personen im erwerbsfähigen Alter von 15 bis 60 Jahren bereits mehr als 650 Personen mit einem Alter von über 60 Jahren kommen.

Konkret hieße das für Österreich, dass im Jahr 2050 auf rund 4,9 Millionen Einwohner im erwerbsfähigen Alter 3,2 Millionen Einwohner fallen, die bereits ein Alter von 60 Jahren erreicht haben.

Von diesen 4,9 Millionen zahlen aber viele gar keine Beiträge, weil sie noch in der schulischen bzw universitären Ausbildung stehen, bereits in Pension sind (zB Berufsunfähigkeitspension), keinen Arbeitsplatz finden oder im Moment aus anderen Gründen keiner beruflichen Tätigkeit nachgehen.

Weniger Beschäftigte müssen mehr Pensionisten erhalten

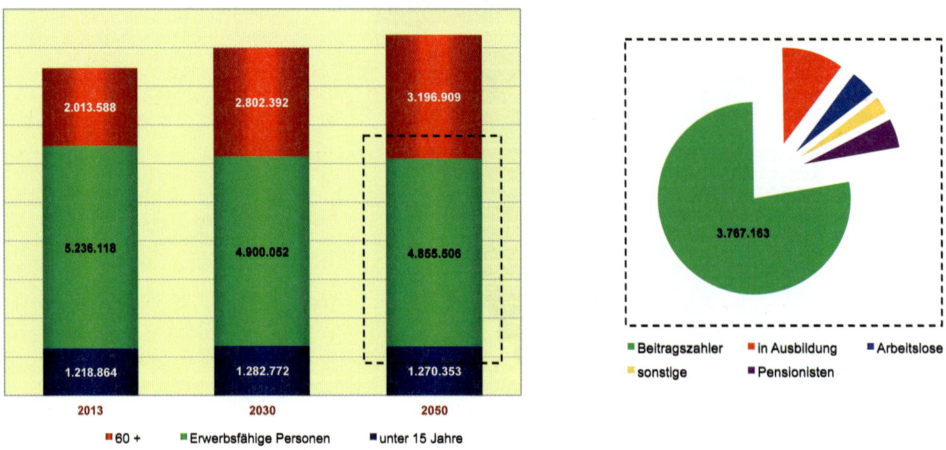

Quelle: Statistik Austria

Somit dürften die Befürchtungen, dass im Jahr 2050 auf einen Erwerbstätigen bereits fast ein Pensionsbezieher kommt, gar nicht so unbegründet sein. Dies erkennt man, wenn man statt der **Altenbelastungsquote**, welche verschiedene Altersgruppen in Relation zueinander setzt, die konkrete Anzahl der **Beitragszahler** und der **Rentenbezieher** betrachtet.

Denn eine Pension aus der gesetzlichen Pensionsversicherung kann man ja nicht erst ab einem bestimmten Alter erreichen, sondern in Form einer **Hinterbliebenen- oder Berufsunfähigkeitspension** sogar bereits in jungen Jahren, sodass das Verhältnis zwischen 15- bis 60-jährigen und den über 60-jährigen Personen noch gar keine wirkliche Aussage über die Belastungen des Systems treffen kann.

Heute stehen 1.000 Pensionsversicherten bereits 615 Pensionsbezieher gegenüber und schon jetzt verursacht die Pensionsversicherung einen Aufwand von weit mehr als **€ 37,1 Milliarden** jährlich. Bei der absehbaren deutlichen Verschlechterung dieses Verhältnisses in den nächsten Jahren und Jahrzehnten werden entsprechende **Leistungskürzungen** im Vergleich zu jenen Personen, die in den letzten Jahren ihre Pension angetreten haben bzw jetzt in Pension gehen, unumgänglich sein.

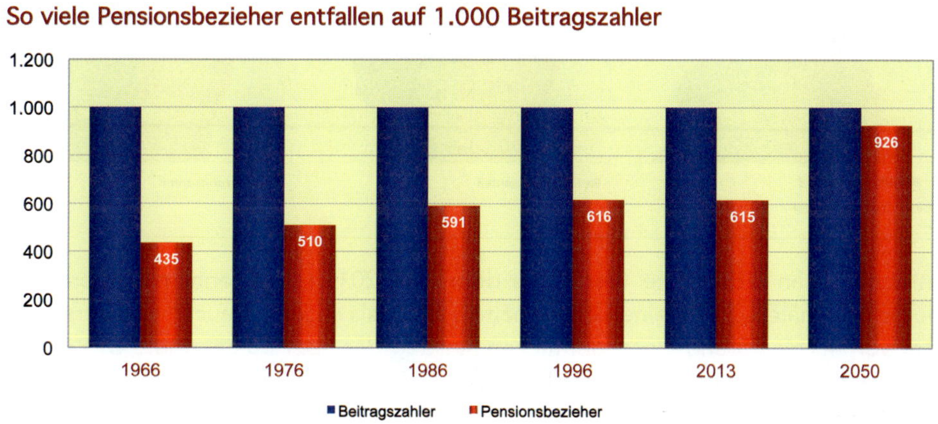

Quelle: Hauptverband der Sozialversicherungsträger und Langfirstgutachten Pensionskommision 2012

Für die weitere Entwicklung bis zum Jahr 2050 gehen die Expertenberechnungen von über 920 **bezogenen Pensionen** auf 1.000 Pensionsversicherte aus.

Wie ein Erwerbstätiger dann mit seinen Pensionsbeiträgen (oder allgemeinen Steuerleistungen) die Pension für einen Pensionsbezieher finanzieren soll, ist die große Frage an das System.

Besonders deutlich erkennt man unser Problem einer zunehmend **überalternden** Gesellschaft, wenn man die Prognosen der Statistiker in Form der sogenannten Bevölkerungspyramide betrachtet.

Sieht man die Grafik bezogen auf das Jahr 1910, dann erkennt man leicht, warum sie sich den Namen **Bevölkerungspyramide** verdient. Auf einer breiten Basis von jungen Menschen ruht eine mit steigendem Alter deutlich abnehmende Zahl von älteren Menschen. Probleme mit einer Unfinanzierbarkeit des Pensionssystems würde es hier kaum geben. Eine große Gruppe von Erwerbstätigen kann sich die Pensionen für eine kleine Gruppe von Pensionisten, noch dazu mit einer deutlich geringeren Lebenserwartung als heute, leicht leisten.

Bevölkerungspyramide im zeitlichen Verlauf

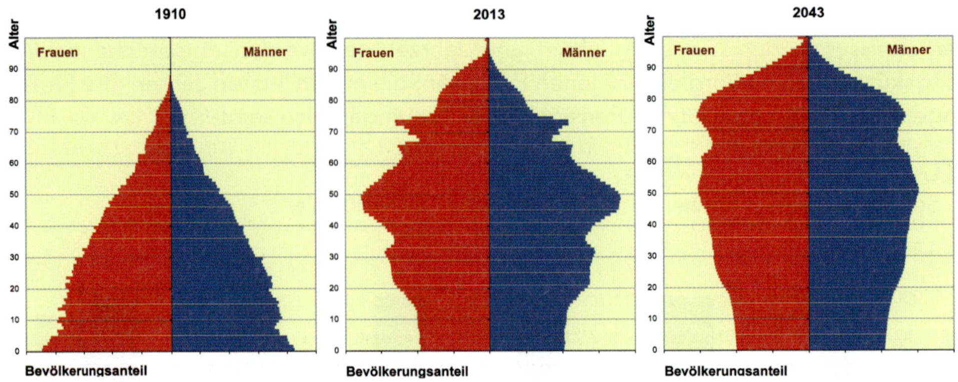

Quelle: Statistik Austria

Betrachtet man jedoch die Werte aus dem Jahr 2013, so erkennt man bereits eine deutlich schmälere Basis, einen im Verhältnis zur Basis dicken „Bauch" von Personen im Alter von 40 bis 55 und einen deutlichen Anstieg der über 60-Jährigen, was eben auf die bereits vorhin diskutierten Probleme des **Geburtenrückganges** und einer **steigenden Lebenserwartung** zurückzuführen ist. Trotzdem ist heute das Verhältnis zwischen Aktiven und Pensionisten für das System (mit dem nicht unerheblichen Staatszuschuss) gerade noch verkraftbar.

Welche Probleme jedoch auf unser Pensionssystem zukommen, sieht man erst dann, wenn man beobachtet, wie dieser „Bauch" über die Jahre hinweg nach oben wandert und sich die Basis noch stärker verringert. Man geht heute davon aus, dass sich bis 2060 die Anzahl der über 65 Jährigen um über 1 Mio Personen erhöht, dh von derzeit ca 1,6 Mio auf über 2,6 Mio! Geht diese zahlenstarke Generation in Pension, zeigt sich klar, dass die junge Generation nicht mehr **bereit sein wird** oder **in der Lage sein kann**, das heutige Pensionsniveau mit ihren Beiträgen und Steuerleistungen aufrechtzuerhalten.

Die Pyramide verliert ihr Fundament, das Pensionssystem somit Jahr für Jahr an Standfestigkeit.

Auf keinen Fall soll hier der Eindruck erweckt werden, dass das **staatliche Umlagesystem** durch andere Vorsorgeformen ersetzt werden sollte. Es hat sich durch viele Jahrzehnte hindurch bewährt und kann bestimmte **Krisen**, denkt man nur an Kriegsereignisse oder an Zeiten starker Inflation, besser überwinden als beispielsweise ein Kapitaldeckungssystem.

Der Generationenvertrag und das Umlagesystem stellen somit meiner Meinung nach ein **unverzichtbares Grundprinzip** dar, an dem nicht gerüttelt werden darf. Jedoch muss man sich die Frage stellen, welche Belastungen man zukünftigen Generationen zumuten kann und welche Belastungen sie bereit sind zu übernehmen. Das System ist durch demografische Entwicklungen (Geburtenrückgang, steigende Lebenserwartung) an die Grenzen seiner Leistungsfähigkeit gestoßen. Die Pensionen in ihrer heutigen

Höhe weiterführen zu wollen, wäre gleichzusetzen mit Eltern, die enorme **Schulden** auf Kosten ihrer Kinder machen.

1.3 Die Notwendigkeit der Reform und die Reaktionsmöglichkeiten

Welche grundsätzlichen Möglichkeiten gibt es nun für ein umlagefinanziertes Pensionssystem (sprich für die politisch Verantwortlichen in Österreich), auf die geänderte Ausgangslage zu reagieren, sich also zu reformieren?

Auf den ersten Blick gibt es mehrere logische **Reaktionsmöglichkeiten**, wenn die Beiträge der Aktiven nicht mehr genügen, um die Renten für die Pensionisten zu finanzieren.

Man könnte versuchen, die **Arbeitslosenzahlen** zu **senken** und somit mehr Beitragszahler für das System zu gewinnen, man könnte junge **ausländische Arbeitskräfte** ins Land holen, die mit ihren Beiträgen die heutigen Pensionisten finanzieren oder man könnte die **Zuschüsse** für das Pensionssystem aus sonstigen Steuermitteln erhöhen. Auch könnte man versuchen, das faktische **Pensionsantrittsalter anzuheben**, wodurch länger Beiträge gezahlt und weniger lang Pensionen bezogen würden, oder man könnte einfach die **Pensionsversicherungsbeiträge erhöhen**. Der Kreativität und Fantasie sind hier kaum Grenzen gesetzt, jedoch sind viele der Möglichkeiten politisch nicht umsetzbar, in der momentanen wirtschaftlichen Situation nicht machbar oder haben einfach zu wenig positive Auswirkung auf das Pensionssystem, wie die folgenden Kapitel zeigen werden. Somit bleibt noch die augenscheinlichste Alternative übrig, nämlich die **Leistungen** aus der Pensionsversicherung für zukünftige Pensionsantritte deutlich zu **kürzen**, was durch die letzten Pensionsreformen auch bereits gesetzlich umgesetzt worden ist.

1.3.1 Maßnahmen der Arbeitsmarktpolitik und der Familienpolitik

Hatte man sich vor einigen Jahren stark mit der Möglichkeit befasst, das Problem der zu geringen Beitragszahler durch eine verstärkte **Immigration** von ausländischen Fachkräften zu lösen, so hat sich gezeigt, dass sich dadurch das Grundproblem nicht wirklich lösen lässt. Es kommt höchstens zu einer gewissen zeitlichen Verlagerung, aber dann dafür zu einer Verstärkung des Problems, wenn auch diese Arbeitskräfte hier in Pension gehen werden. Und außerdem hat sich gezeigt, dass nicht unbedingt sofort hochqualifizierte Fachkräfte in Massen nach Österreich strömen, wenn wir nach ihnen rufen.

Was aber zumindest auf den ersten Blick eine Erleichterung für das Pensionssystem darstellen würde, wäre eine **Reduktion der Arbeitslosenzahlen** in Österreich. Jeder Arbeitslose, der einen Job findet, stellt automatisch einen zusätzlichen Beitragszahler dar.

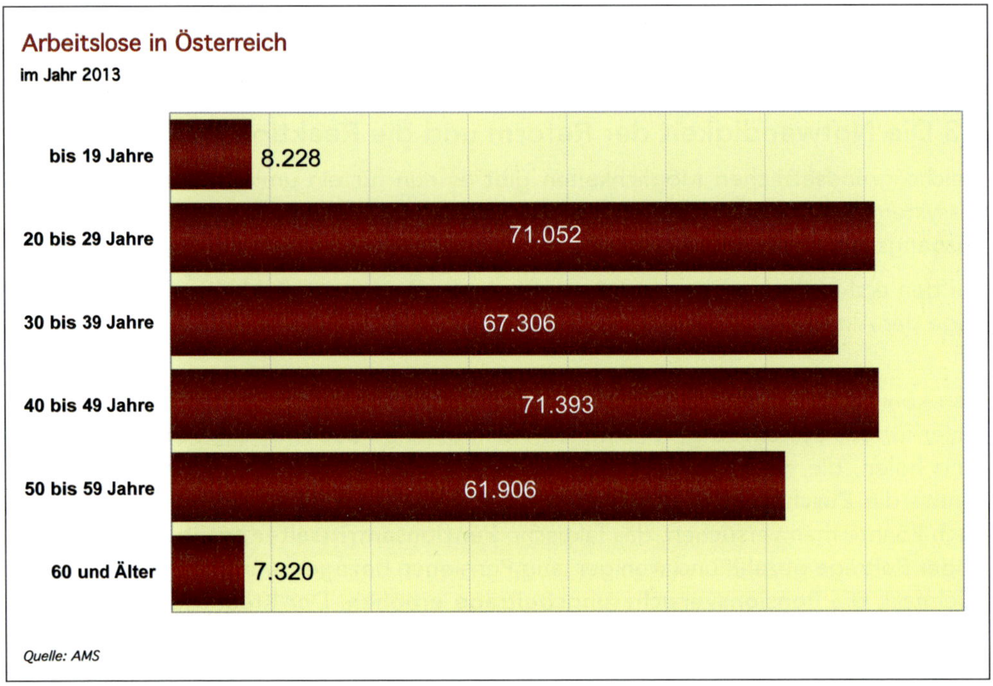

Im Jahr 2013 bezogen laut Angaben des AMS im Jahresschnitt 287.205 Personen Leistungen aus der Arbeitslosenversicherung. Insgesamt wurden 2012 € 4,65 Milliarden ausbezahlt. Die Statistik Austria spricht von einer Anzahl von 215.200 vorgemerkten Arbeitslosen im selben Jahr.

Eine Senkung der Arbeitslosenrate um 30% würde somit mindestens 65.000 neue Beitragszahler bedeuten.

Jedoch erscheint die kurzfristige Schaffung von 65.000 neuen Arbeitsplätzen in wirtschaftlich bewegten Zeiten als sehr hoch gestecktes Ziel. Außerdem darf man sich auch von der **Reduktion** der Arbeitslosenzahlen keine unmittelbaren Wunder für das Pensionssystem erwarten.

Geht man dabei von einem Durchschnittsverdienst von € 25.000 pro Jahr aus und einem Beitrag zur Pensionsversicherung von 22,8% (AG- und AN-Anteil), so würden diese 65.000 neuen Dienstnehmer einen Pensionsbeitrag von rund € 370 Mio liefern – im Vergleich zu den Gesamtausgaben der Pensionsversicherung von über € 37 Milliarden und einem Zuschuss von mehr als € 8,84 Milliarden, der jährlich vom Staat zur Finanzierung der Pensionen geleistet werden muss, fast ein Tropfen auf dem heißen Stein. Somit hat die Arbeitslosigkeit doch eher nur **marginale** Auswirkungen auf die Probleme des Pensionssystems. Könnte man jedoch auch die dadurch erreichten Ersparnisse aus der **Arbeitslosenversicherung** für die Finanzierung der Pensionen verwenden, wäre der Beitrag deutlich größer.

Verschärft wird diese Problematik noch dadurch, dass, wie auch aus der Bevölkerungspyramide schon ersichtlich ist, nicht nur die Basis derer, die Beiträge in das System zahlen können, niedriger wird, sondern auch die tatsächlichen Beitragszahler im Verhältnis zu den Pensionisten immer weniger werden. Die Anzahl der Berufseinsteiger nimmt ab, während die Anzahl der Pensionsbezieher stetig ansteigt. Oder kurz gesagt: Immer weniger Beitragszahler finanzieren immer mehr Leistungsbezieher.

Folgende Grafik zeigt deutlich, wie sich dieses Verhältnis in den letzten 34 Jahren tendenziell negativ entwickelt hat und sich zukünftig entwickeln wird. Gab es 1980 noch 63.000 mehr Berufseinstiege als Pensionierungen so hält sich die Anzahl von Berufseinsteigern und neuen Pensionisten heutzutage gerade einmal die Waage. Deutlich bedenklicher sehen die Prognosewerte der Statistik Austria für die Zukunft aus. So rechnet man damit, dass 2025 über 52.000 Personen mehr in Pension gehen, als potentielle Beitragszahler neu in das Berufsleben einsteigen.

Berufseinsteiger minus Pensionierungen 1980–2030

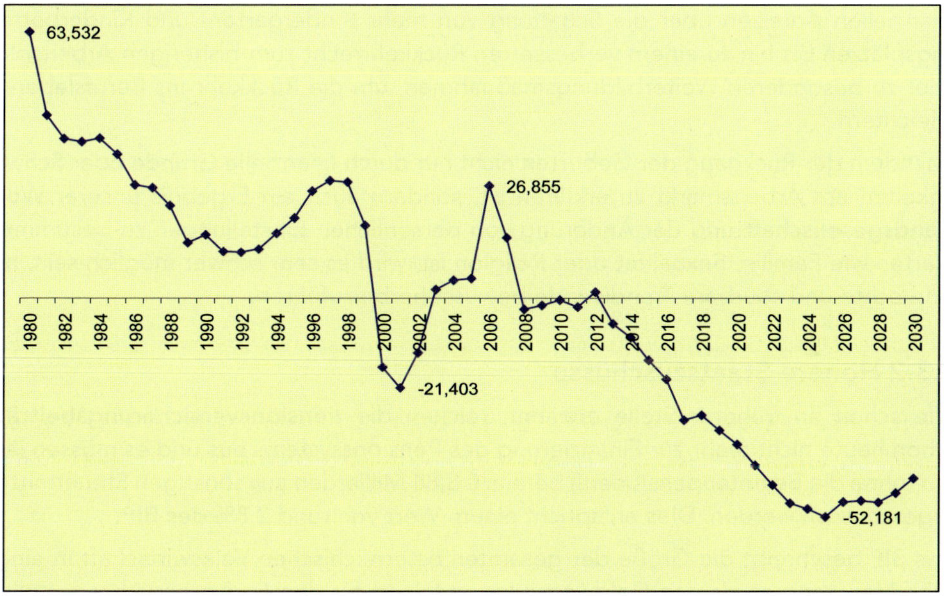

Quelle: Statistik Austria

Familienpolitik

Nachdem der starke Geburtenrückgang und in Folge die immer geringer werdende Zahl von Österreichern, die Beiträge an die Pensionsversicherung und sonstige Steuerleistungen erbringen, ein Hauptproblem für unser Pensionssystem darstellen, würde eine Steigerung der **Geburtenzahlen** eine deutliche Entlastung für das System mit sich bringen – natürlich erst mit einer entsprechenden Zeitversetzung, bis diese Kinder tatsächlich ins Erwerbsleben einsteigen.

Jedoch scheint es in unserer heutigen Gesellschaft nicht mehr attraktiv zu sein, viele Kinder zu haben. Gab es im Jahr 1900 noch rund vier Kinder pro Familie, so liegt der heutige Durchschnitt nur mehr bei knapp **unter einem** Kind je Familie. Und die Tendenz ist weiterhin fallend. Laut der letzten Mikrozensus-Arbeitskräfteerhebung aus dem Jahr 2013 gibt es in Österreich rund 2,35 Millionen Familien mit 2,34 Millionen Kindern. Jedes dritte Paar hat heute keine Kinder.

Die Aufgabe einer verantwortungsvollen Familienpolitik wäre es jetzt, an den **Ursachen** zu arbeiten, welche die Österreicher davon abhalten, wieder mehr Kinder zu bekommen.

Dies ist sicherlich zum Teil dadurch möglich, indem man versucht, die Familie wieder als bedeutendes „Lebensmodell" zu etablieren und **Rahmenbedingungen** zu schaffen, die es vor allem Frauen erleichtern, mit der Belastung, die durch Kinder entsteht, besser umzugehen.

Der Bogen an Möglichkeiten erstreckt sich hierbei von steuerlichen Begünstigungen, Verbesserungen im Pensionsrecht für die Zeiten der Kinderbetreuung oder anderen finanziellen Anreizen über die Schaffung von mehr Kindergarten- und Kinderbetreuungsplätzen bis hin zu einem verbesserten Rückkehrrecht zum bisherigen Arbeitsplatz oder zu besonderen Weiterbildungsmaßnahmen, um die Rückkehr ins Berufsleben zu erleichtern.

Nachdem der Rückgang der Geburten nicht nur durch finanzielle Gründe oder Schwierigkeiten am Arbeitsmarkt zu erklären ist, sondern auch ein Ergebnis unserer **Wohlstandsgesellschaft** und der Änderung von persönlichen Einstellungen zu bestimmten Werten wie Familie, Sexualität oder Religion ist, wird es sehr schwer möglich sein, hier eine echte und spürbare Trendwende bewusst herbeizuführen.

1.3.2 Höhere Staatszuschüsse

Wie schon an früherer Stelle erwähnt, reichen die **Pensionsversicherungsbeiträge** schon heute nicht mehr zur Finanzierung des Pensionssystems aus und es müssen jährlich (ohne die Beamtenpensionen!) bereits € 8,84 Milliarden aus sonstigen Steuermitteln zugeschossen werden. Dies entspricht einem Wert von rund 2,8% des **BIP**.

Das BIP beschreibt die Größe der gesamten österreichischen Volkswirtschaft in einem Jahr. Man kann es als den Geldwert aller im Inland für den Endverbraucher erstellten Güter und erbrachten Dienstleistungen definieren.

Unter der Annahme, dass die Beiträge zur Pensionsversicherung in den nächsten Jahren nicht erhöht werden, würde der **notwendige Staatszuschuss** zur Finanzierung unserer Pensionen auf rund 5,5% des BIP steigen, sich also fast verdoppeln, wie einem Gutachten der **Kommission zur langfristigen Pensionssicherung** zu entnehmen ist.

Nachdem dieser Budgetposten in den letzten Jahrzehnten einen wesentlichen Teil zur **Neuverschuldung** unseres Staates beigetragen hat, der österreichische Staat jedoch aufgrund diverser Wirtschaftskrisen sowie aufgrund zahlreicher aktueller budgetärer Herausforderungen in den nächsten Jahren (ua Hypo-Alpe-Adria-Krise) wohl kaum einen Spielraum für Steuerentlastungen hat, werden die politischen Intentionen klar in

Richtung „Sparen" gehen müssen. Somit scheint auch im Bereich der Pensionen eine deutliche Zunahme des Staatszuschusses nicht mehr vertretbar und auch wirtschaftlich kaum verkraftbar.

Eine höhere Staatsverschuldung bedeutet eine höhere **Zinsbelastung** und automatisch ein Abwälzen der Schulden auf zukünftige Generationen, welche diese Schulden dann zurückzahlen müssen. Ein immer größerer Teil der Steuereinnahmen muss somit in der Zukunft für Zinsen und Schuldentilgung verwendet werden.

Der Schuldenberg der Republik

Der **Schuldenstand** der Republik Österreich betrug zum Ende des Jahres 2013 **€ 233,3 Milliarden**. Das entspricht einem Wert von 74,5% des Bruttoinlandsproduktes (BIP). Durch die Einrichtung einer Abbaugesellschaft für die Hypo Alpe Adria wird nach Schätzungen des Fiskalrates der Schuldenstand auf über 80% des BIP steigen.

Im Jahr 2014 ist laut Angaben des österreichischen Instituts für Wirtschaftsforschung (WIFO) für den Bund ein **Budgetdefizit** in der Höhe von 3% des BIP zu erwarten.

Was hier mit einer Zahl von 3% so harmlos klingt, bedeutet jedoch, dass unser Staat im Jahr 2014 eine neue Verschuldung in der Höhe von 3% von € 318,5 Milliarden (voraussichtliches BIP 2014) eingeht, somit rund € 9,6 Milliarden **zusätzliche Verpflichtungen**, die irgendjemand auch einmal – inklusive Zinsen – zurückzahlen sollte.

Legt man die Werte der Staatsverschuldung auf die gesamte Bevölkerung um, so bedeutet dies eine **Pro-Kopf-Verschuldung** in der Höhe von rund € 27.600 im Jahr 2013 (26.900 im Jahr 2012) und eine Zunahme dieser Verschuldung um € 1.123 pro Person im Jahr 2014.

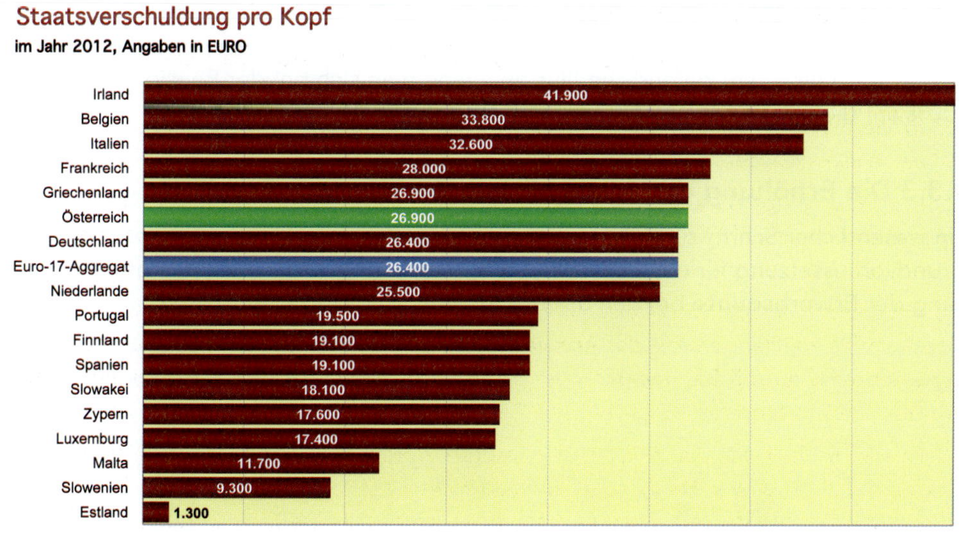

Quelle: Staatsschuldenausschuss

Hierbei ist noch festzuhalten, dass bei dieser Betrachtung die Staatsschuld durch die gesamte Bevölkerungsanzahl, also rund 8,5 Millionen Menschen, dividiert wird. Somit könnte man sagen, dass jedes Baby in Österreich bereits mit einem Schuldenberg von € 27.600 geboren wird. Würde man statistisch die Staatsschuld nur auf die im Erwerbsleben stehende Bevölkerung umlegen, dann kämen auf jeden bereits rund **€ 55.900** Staatsschulden.

Ein so enormer Schuldenstand bedeutet zugleich, dass jährlich ein beträchtlicher Teil der Steuereinnahmen allein schon für die laufenden **Zinszahlungen** verwendet werden muss und eine Vielzahl wichtiger Vorhaben dadurch nicht verwirklicht werden kann.

Die **durchschnittliche Effektivverzinsung** der Verschuldung des öffentlichen Sektors lag im Jahr 2012 nach Angaben des Staatsschuldenausschusses bei 3,6%. Das heißt, dass bei einer Staatsschuld von € 233,3 Milliarden bereits über **€ 8 Milliarden an Zinsen** zu bezahlen sind, die das Budget enorm belasten, ohne dass auch nur ein Euro an Schulden getilgt wird. Oder anders gesprochen: Allein die Zinsen für die Staatschulden sind fast so hoch wie der gesamte staatliche Zuschuss zum Pensionssystem.

Eine weitere gravierende Steigerung der Verschuldung, die aufgrund der demografischen Entwicklung in der Zukunft notwendig wäre, um das bisherige Pensionsniveau aufrechtzuerhalten, wäre somit **unverantwortlich** gegenüber den zukünftigen Generationen. Sie wäre aber auch unverantwortlich gegenüber den momentanen Pensionsbeziehern, weil man davon ausgehen muss, dass eben diese künftigen Generationen drastische Maßnahmen (sofortige Pensionskürzungen) setzen werden, wenn die Belastungen für sie unzumutbar werden.

Zusätzlich ist zu beachten, dass die zunehmende **Überalterung** unserer Gesellschaft in den nächsten Jahren und Jahrzehnten ein weiteres gravierendes **Finanzierungsproblem** mit sich bringen wird, und zwar im **Gesundheitssystem**. Die zunehmende Lebenserwartung führt automatisch zu steigenden Kosten für die Anstaltspflege, Medikamente, ärztliche Hilfe etc. Der Staat wird mehr als je zuvor dazu gezwungen sein, zu sparen, und es wäre eine sehr gefährliche Illusion, wenn man sich bei der Pensionsvorsorge zu 100% auf die staatlichen Leistungen verlassen würde.

1.3.3 Die Erhöhung des tatsächlichen Pensionsantrittsalters

Ein wesentlicher Schritt zur Reformierung unseres Pensionssystems und fast schon eine Grundvoraussetzung für das Überleben des heutigen Umlagesystems liegt in der Erhöhung der **Erwerbsquote** bei den 55- bis 64-jährigen Österreichern.

Erwerbsquote: Wie viel Prozent der Österreicher stehen im Arbeitsleben 2012?

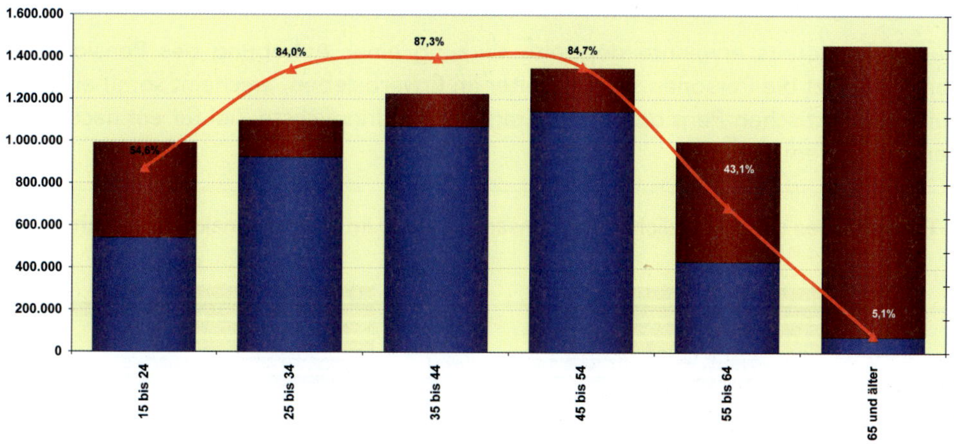

Arbeiten momentan in dieser Altersgruppe nur mehr 43,1% aller Österreicher(innen), so ist es das Ziel des **Europäischen Rates**, diesen Prozentsatz langfristig auf 74% im Jahr 2050 anzuheben.

In konkreten Zahlen und auf heutige Verhältnisse bezogen, würde dies bedeuten, dass von momentan rund 1 Mio Menschen in dieser Altersgruppe statt 431.000 rund 740.000 Personen in der Zukunft noch im **Berufsleben** stehen sollten.

Dadurch würde sich ein doppelter Effekt ergeben, weil man einerseits 309.000 Beitragszahler mehr hätte, denen man andererseits im Moment auch keine Rente bezahlen müsste, weil sich deren Pensionsantritt nach hinten verschiebt.

Eine Annäherung des **tatsächlichen Pensionsantrittsalters** an das gesetzliche Pensionsalter könnte somit eine deutliche Erleichterung für das Pensionssystem darstellen. Aufgrund der ständig steigenden Lebenserwartung und der deutlich besseren physischen Konstitution eines heute 60-Jährigen scheint grundsätzlich nichts gegen ein höheres faktisches Antrittsalter bei den Pensionen zu sprechen.

Ein Blick auf den internationalen Vergleich zwischen gesetzlichem und tatsächlichem Pensionsalter zeigt deutlich, dass Österreich in diesem Punkt noch Aufholbedarf hat. Österreich liegt zwar bezogen auf das gesetzliche Pensionsalter im guten internationalen Mittelfeld, allerdings hilft das alles nichts, wenn das tatsächliche Pensionsantrittsalter deutlich unter dem OECD-Schnitt und dem faktischen Pensionsalter vieler vergleichbarer EU-Staaten liegt.

Sieht man sich folgende Grafik etwas genauer an, so zeigt sich die oben erwähnte Problematik des faktischen Pensionsalters in Österreich recht deutlich. Das tatsächliche Pensionsalter der Männer liegt knapp über 60 Jahren, jenes der Frauen knapp unter 60 Jahren. Vergleicht man die Werte mit dem OECD-Schnitt, so erkennt man deutlich, dass die Österreicher durchschnittlich drei Jahre früher in Pension gehen. Verglichen mit den Spitzenreitern im internationalen Feld sind es sogar über zehn Jahre. Die vielfach in der Öffentlichkeit geführte Diskussion über die Anhebung des gesetzlichen Pensionsalters würde somit keinen entlastenden Beitrag für das Pensionssystem leisten, wenn es nicht gelingt, das tatsächliche Pensionsantrittsalter zu erhöhen.

Durch die bereits erwähnte doppelte Wirkung einer Anhebung des Pensionsalters, vorausgesetzt die Personen stehen weiter im Erwerbsleben, erscheint somit eine Erhöhung des faktischen Pensionsantrittsalters das vordringlichste Ziel für ein nachhaltiges Pensionssystem zu sein.

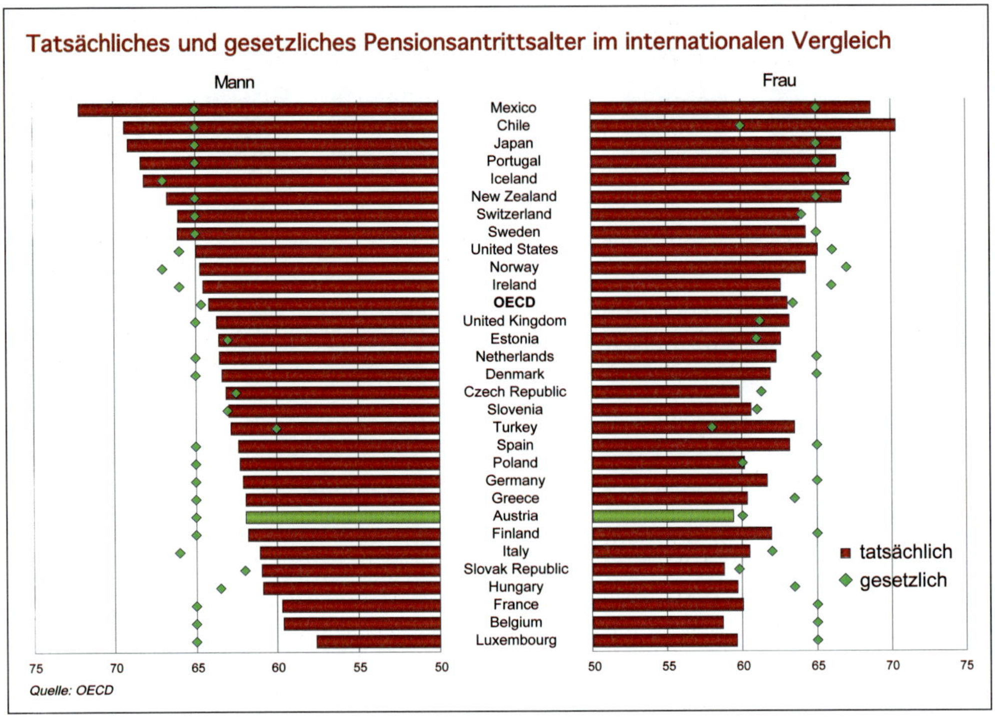

Was auf den ersten Blick so einleuchtend klingt, stößt aber in der **Praxis** auf erhebliche Probleme: Ist es jedem Arbeitnehmer möglich, jetzt um beispielsweise fünf Jahre länger zu arbeiten? Gibt es überhaupt genügend **geeignete Jobs**, die man in diesem Alter noch ausüben kann? Was bedeutet es für die **Jugendarbeitslosigkeit**, wenn die Älteren fünf Jahre länger im Erwerbsleben bleiben? Kann man es in vielen körperlich anstrengenden und **belastenden Berufen** verlangen, dass jemand bis 65 arbeitet? Treibt man die Leute somit verstärkt in eine **Invaliditätspension**?

Eine Vielzahl von Fragen, die sich hier beliebig erweitern ließen und die eher darauf schließen lassen, dass das Ziel einer Erwerbsquote bei den 55- bis 64-Jährigen von 74% unrealistisch hoch erscheint.

Auf jeden Fall wären hierbei wohldurchdachte Maßnahmen in der **Arbeitsmarktpolitik** und der **Gesundheitspolitik** ebenso gefragt wie eine Änderung der **Einstellung** bei Erwerbstätigen und Dienstgebern, was den Zeitpunkt des Pensionsantrittes und die Beschäftigung von älteren Arbeitnehmern betrifft.

Aber auch wenn sich diese Steigerung der Erwerbsquote tatsächlich realisieren ließe, würde dies wohl die Finanzierung des **Pensionsniveaus** auf heutiger Höhe keinesfalls sicherstellen.

Wie würde sich unser Pensionssystem ohne Reform entwickeln?

Die Pensionsreformen der letzten zehn Jahre haben inzwischen zu Regelungen geführt, die längerfristig die Höhe der Neupensionen drastisch reduzieren werden und auch das faktische Pensionsantrittsalter nach oben heben sollen, wie ab dem Kapitel 2.1 noch deutlich gezeigt werden wird. Wer jedoch heute oder in wenigen Jahren noch eine Pension antritt, kommt im Vergleich noch relativ glimpflich davon.

Laut Auskunft des Hauptverbandes der Sozialversicherungsträger aus dem Jahr 2013 betrug der Aufwand für die **Pensionsversicherung** im Jahr 2013 in Österreich rund € 37,1 Milliarden und somit rund 11,8% vom Bruttoinlandsprodukt, ohne die Aufwendungen für Beamtenpensionen. Vergleicht man diese Zahlen mit dem Bundesbudget 2013, wonach die Gesamtheit der Staatsausgaben bei 75 Milliarden liegt, so erkennt man die Dimension, welche die Pensionsversicherung in Österreich bereits angenommen hat. Ein Blick in die weitere Zukunft zeigt, dass der Gesamtaufwand für Pensionen bis ins Jahr 2060 auf über 95 Milliarden steigen wird. Bei Zugrundelegung einer entsprechenden Steigerung des Bruttoinlandsproduktes wären dies trotzdem über 14%!

Würde man es jetzt wirklich schaffen, die **Erwerbsquote** bei den 55- bis 64-Jährigen von heute 43,1% auf 74% zu steigern, würde der Pensionsaufwand laut Expertenberechnungen dennoch bis zum Jahr 2035 auf 12,8% des BIP steigen.

1.3.4 Erhöhung der Pensionsversicherungsbeiträge

Bereits jetzt betragen die **Pensionsversicherungsbeiträge** im Schnitt von ASVG, GSVG und BSVG knapp unter 23% vom Bruttoeinkommen (Arbeitnehmer- und Arbeitgeberanteil). Gemeinsam mit den zusätzlichen **Sozialversicherungsbeiträgen** (Krankenversicherung, Arbeitslosenversicherung, Arbeiterkammerumlage, Wohnbauförderungsbeitrag etc), einer **Lohnsteuer** bis zu 50% und zusätzlichen sehr hohen Lohnnebenkosten für den Arbeitgeber liegt die Abgabenquote in Österreich deutlich über dem EU-Durchschnitt und das mit steigender Tendenz. Dies führt dazu, dass die Abgabenquote 2012 im Vergleich zu 2006 im EU-Schnitt zwar nur um 0,4% (von 40,2% auf 40,6%) gestiegen ist, in Österreich aber gleich um das Dreifache gegenüber Deutschland (von 39,3% auf 40,4%), nämlich um 3,2% (von 41,4% auf 44,6%), und das bereits von einem sehr hohen Niveau aus. Österreich hat sich bzgl der Belastung des Faktors Arbeit zusehends ins europäische Spitzenfeld manövriert, und eine Umkehr dieses Trends scheint nicht in Aussicht zu stehen, da die Abgabenquote für 2013 in Österreich nochmals auf 45,4% gestiegen ist.

Abgabenquote 2012 im europäischen Vergleich

Abgaben (Steuern und Sozialversicherungsbeiträge) in % des BIP

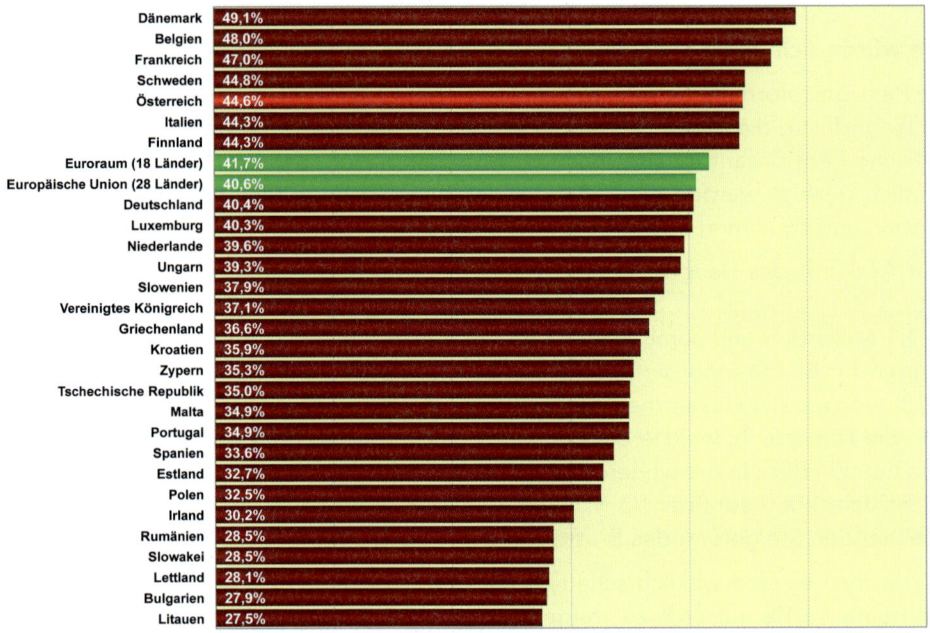

Quelle: Statistik Austria - EUROSTAT 2014

1.3.5 Reduktion von Leistungen

Wenn man erkennt, dass man sich bestimmte Dinge nicht mehr leisten kann, dann wird die natürlichste Reaktion im **Kürzen der Ausgaben** bestehen. Wie problematisch das jedoch beim Thema Pensionen ist, zeigen die harten Diskussionen um die Pensionsreformen der letzten Zeit ganz deutlich.

Wir alle müssen uns aber ganz klar vor Augen führen, dass wir uns Pensionen in der bisherigen Höhe aufgrund der besprochenen Probleme in der Zukunft nicht mehr leisten werden können. Nachdem der Generationenvertrag zwei „**Vertragspartner**" hat, ist auf die Bedürfnisse beider Seiten Rücksicht zu nehmen. Die ältere Generation hat sehr viele Leistungen für die nachkommenden Generationen erbracht, Kinder großgezogen und ein Leben lang gearbeitet und muss sich nun darauf verlassen können, dass die Existenz in der Pensionsphase gesichert bleibt.

Die junge Generation, die im Berufsleben steht, soll nun mit ihren Beiträgen diese Pensionsleistungen finanzieren. Man kann nicht oft genug erwähnen, dass die Pensionen in einem Umlagesystem nur so lange gesichert sind, als die nächste Generation bereit und fähig ist, diese auch zu bezahlen. Das System muss also auch im Interesse der Pensionisten sicherstellen, dass Pensionen für jene, die sie finanzieren sollen, auch leistbar bleiben.

1.4 Pensionsreformen: Der Wahrheit ins Auge blicken?

Die demografische Entwicklung in Österreich in den nächsten 30 Jahren zeigt ganz deutlich auf, dass massive **Finanzierungsprobleme** auf das staatliche Umlagesystem zukommen werden, welche ohne Gegenmaßnahmen eine ernste Bedrohung für den Generationenvertrag darstellen können.

Natürlich wäre es möglich, das Problem noch einige Jahre weiter vor sich her zu schieben. Erst in ein paar Jahren beginnt die deutliche Verschlechterung im Verhältnis von Aktiven zu Pensionisten. Für jedes Jahr, das man jedoch vergehen lässt, müssen dann die Eingriffe dafür noch drastischer ausfallen. Man muss nämlich bei allen Überlegungen auch die Tatsache mit einbeziehen, dass für heute 60-jährige Frauen im Schnitt für 26 Jahre eine Rente bezahlt werden muss, für einen 60-jährigen Mann rund 23 Jahre. Somit belasten auch **heutige Pensionsantritte** auf einem Pensionsniveau, das man sich eigentlich gar nicht mehr leisten kann, das System gerade in jener Zeit, in der die massivsten Probleme für das Pensionssystem zu erwarten sind.

Die realistischen und praktisch umsetzbaren Reaktionsmöglichkeiten des Staates auf die Pensionsproblematik liegen vor allem in **Anpassungen im System** selbst, also in einer Erhöhung des tatsächlichen Pensionsantrittsalters, in einer Erhöhung der Staatszuschüsse, in Beitragserhöhungen oder in Leistungskürzungen. Möchte man das bisherige Pensionssystem langfristig und in heutiger Höhe absichern, so müsste man vereinfacht gesagt entweder die Pensionsversicherungsbeiträge um rund 50% erhöhen, das tatsächliche Pensionsantrittsalter um viele Jahre erhöhen oder die Pensionen drastisch kürzen.

Nachdem jedoch höhere Beiträge bzw höhere Steuerzuschüsse politisch fast nicht mehr durchführbar erscheinen, richtet sich die Konzentration somit auf den Versuch, das **Pensionsantrittsalter nach oben** zu schrauben und **Leistungen** bei Pensionsantritt in der Zukunft zu **kürzen**.

Ich glaube auch, dass in der Bevölkerung durchaus ein Verständnis für diese einschneidenden Maßnahmen gefunden werden kann, wenn die Politik dabei vier bestimmte Grundregeln berücksichtigt, die dem einzelnen Betroffenen rechtzeitige Reaktionsmöglichkeiten erlauben bzw leistbare Vorsorgealternativen bieten:

Die Wahrheit sagen

Ein fairer Umgang miteinander erfordert es, den Betroffenen objektiv und ungeschminkt die Wahrheit zu sagen. Wenn man rechtzeitig weiß, was auf einen zukommt, kann man leichter darauf reagieren und seine **Lebensplanung** darauf abstellen bzw rechtzeitig alternative Vorsorgelösungen suchen.

Obwohl die Probleme, die auf das Pensionssystem zukommen werden, schon viele Jahre bekannt sind, hat man nach jeder Pensionsreform (von denen es in den letzten 20 Jahren einige gegeben hat) gehört, dass unsere Pensionen nun gesichert seien. Dabei konnte man sich vor der einschneidenden Reform 2003 nur zu kleinen „kosmetischen" Änderungen durchringen, welche in ihrer Substanz keinen wesentlichen Beitrag zur langfristigen Sicherung des Systems beitragen konnten. Weitere **Reformen** in kurzen Zeitabständen mit härteren Einschnitten sind die unausweichliche Folge.

Dadurch wiegt man die Bevölkerung in einer **falschen Sicherheit**, die notwendige private oder betriebliche Alternativlösungen verhindert bzw verzögert. Je mehr die Situation beschwichtigt wird, desto unvorbereiteter wird der Einzelne beim Pensionsantritt getroffen werden. Die folgenden Kapitel zum österreichischen Pensionssystem werden der Frage auf den Grund gehen, wie viel man tatsächlich in der Zukunft an Alterspension erwarten kann.

Transparentes System

Möchte man dem Einzelnen eine vernünftige Pensionsplanung ermöglichen, ist es notwendig, einen transparenten **Berechnungsmodus** im Pensionssystem zu schaffen. Nur wenn man sich ein klares Bild darüber machen kann, wie viel Pension man in der Zukunft zu erwarten hat, ist eine zielgerichtete Planung möglich. Ein erster Schritt in diese Richtung ist mit der Einführung des neuen einheitlichen Pensionskontos für alle nach dem 1.1.1955 geborenen Österreicher schon geschehen. Dabei gibt es für Versicherungszeiten vor 2005, die noch nicht in diesem neuen System geführt wurden, eine Art „Kontoerstgutschrift". Alle Versicherungszeiten bis einschließlich 2013 werden zusammengeführt und ins neue Pensionskonto übertragen. Dadurch ist es in Zukunft möglich, die zu erwartende Pensionshöhe jedes Einzelnen auf Basis eines einzigen Pensionskontos zu errechnen. Erst damit lässt sich einigermaßen verlässlich die Pensionslücke, also die Differenz zwischen Erwerbseinkommen und Pension, errechnen und ein Bewusstsein in der Bevölkerung dafür schaffen.

Umdenkprozess in der Öffentlichkeit

Jeder von uns wird sich darauf einstellen müssen, dass die Pensionsversicherung in der Zukunft nicht mehr das Instrument sein kann, das die Aufrechterhaltung des gewohnten Lebensstandards in der Pensionsphase sicherstellt, sondern dass tatsächlich die **Existenzsicherung** im Sinne einer Mindestabsicherung in den Vordergrund tritt. Eine deutliche Reduktion zukünftiger Pensionen wird notwendig sein, um das Umlagesystem in seinem langfristigen Bestand zu sichern. Hieraus ergibt sich die Notwendigkeit, rechtzeitig nach alternativen Vorsorgewegen zu suchen, möchte man bei Pensionsantritt nicht auf den gewohnten Lebensstandard verzichten. Je offener die Diskussion darüber geführt wird und je mehr Informationen der einzelne Bürger erhält, desto schneller wird dieser Zugang auch verinnerlicht werden.

Gesamtkonzept der Vorsorge

Nachdem die Probleme des Pensionssystems und die notwendigen Leistungskürzungen der Politik hinlänglich bekannt sind, ist es auch deren Aufgabe, die Bürger bei der Suche nach praktikablen **Lösungsmodellen** zu unterstützen.

Dazu gehört auch die Entwicklung eines integrierten Gesamtkonzeptes, wie etwa eines Drei-Säulen-Modells (siehe dazu auch Kapitel 3.9), das neben der gesetzlichen Pension auch private Vorsorge und betriebliche Vorsorge sinnvoll miteinander verknüpft und entsprechende Förderungen und Anreize setzt, damit nicht die gesamte Last der nun zusätzlich notwendigen Vorsorge auf dem Rücken des Einzelnen abgeladen wird.

Die folgenden Kapitel werden sich näher mit der **Systematik** unseres Pensionssystems auseinandersetzen und versuchen, anhand von praktischen Beispielen jene Lücke darzustellen, die sich bei Pensionsantritt für alle Österreicher eröffnen wird. Beinhaltet sind in dieser Darstellung bereits die Inhalte der letzten Pensionsreformen. Deren Schwerpunkt liegt zum einem in dem Versuch, das **tatsächliche Pensionsantrittsalter** deutlich **anzuheben**, indem Anreize für die frühzeitige Inanspruchnahme der Pension gestrichen, deutliche Abschläge für die Inanspruchnahme einer Pension vor Regelpensionsalter eingeführt und die Anspruchsvoraussetzungen verschärft werden. Zum anderen kommt es im Vergleich zu den Regelungen vor 2003 zu einer deutlichen **Kürzung des Pensionsniveaus**.

2. Die Grundsätze der gesetzlichen Pensionsversicherung

Die gesetzliche Pensionsversicherung bietet eine gewisse wirtschaftliche **Absicherung**, wenn aus **Altersgründen** oder wegen Invalidität (**Berufsunfähigkeit**, Erwerbsunfähigkeit) kein Erwerbseinkommen mehr erzielt werden kann. Außerdem gewährt sie nach dem **Tod** einer versicherten Person Hinterbliebenenpensionen.

Im Februar 2014 belief sich die Zahl der von der Pensionsversicherung ausbezahlten **Pensionen** bereits auf fast **2,3 Millionen**. Diese wurden von rund **3,7 Millionen erwerbstätigen Personen** finanziert. Die Pensionsbelastungsquote hat somit ein beträchtliches Ausmaß erreicht.

Die folgende Grafik zeigt den Pensionsstand nach Pensionsarten (ab dem Regelpensionsalter werden auch frühere Invaliditätspensionen, Berufsunfähigkeitspensionen, Erwerbsunfähigkeitspensionen als Alterspensionen gezählt).

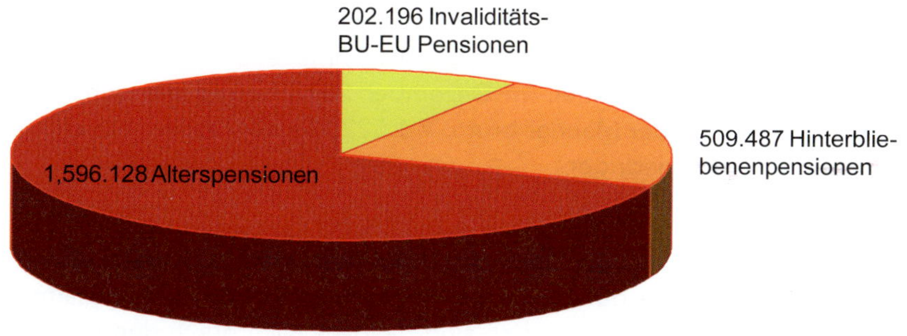

Quelle: Hauptverband der Sozialversicherungsträger
Monatsbericht Februar 2014

Die Berechnung der gesetzlichen Pension ist sehr kompliziert und hängt in Zukunft im Wesentlichen von der Höhe der während des gesamten Lebens entrichteten Beiträge und vom Pensionsantrittsalter ab. **Beamte** sind von der gesetzlichen Pensionsversicherung nicht erfasst, für sie gibt es ein eigenes öffentlich-rechtliches Pensionssystem, das sich in Zukunft aber immer stärker an die gesetzliche Pensionsversicherung der nicht Pragmatisierten angleichen wird

Die folgende Grafik gibt an, welche **Durchschnittspensionen** in Österreich derzeit geleistet werden. Ob sich damit ein zufrieden stellender Lebensstandard finanzieren lässt, kann jeder für sich beantworten. Dabei befinden wir uns derzeit noch auf einem Pensionsniveau, um das uns die meisten Pensionisten anderer Staaten stark beneiden. Alle Wertangaben sind Bruttobeträge, wovon noch der Krankenversicherungsbeitrag in der Höhe von 5,1% und die Lohnsteuer abgezogen werden.

Die durchschnittlichen Pensionshöhen im Februar 2014

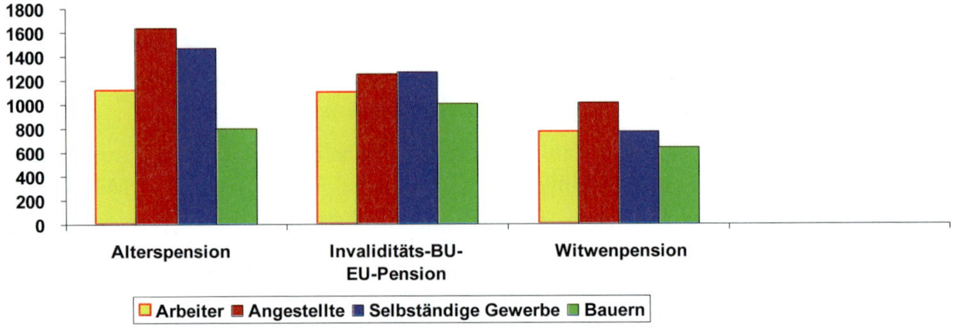

Quelle: Hauptverband der Sozialversicherungsträger Monatsbericht Februar 2014

Große **Unterschiede** gibt es immer noch in den Pensionshöhen von **Männern** und **Frauen**. Ein niedrigeres Aktiveinkommen (zB bei Teilzeitbeschäftigung) und Lücken im Versicherungsverlauf führen dazu, dass die Durchschnittspensionen der Frauen deutlich geringer sind als jene der Männer. Im Dezember 2013 betrug die durchschnittliche monatliche Alterspension der Männer brutto € 1.522, die der Frauen jedoch nur brutto € 918,[1] war also um 40% niedriger.

2.1 Einführung

Die Schwierigkeiten, welche das **staatliche Pensionssystem** bzw die gesamte öffentliche Hand in Zukunft zu bewältigen hat, sind hauptsächlich durch den **medizinischen Fortschritt** und die dadurch ausgelöste Steigerung der Lebenserwartung verursacht. Auch eine steigende **Geburtenrate** führt nicht – wie oft behauptet – zu einer besseren Finanzierbarkeit der gesetzlichen Pensionen, sondern – wie die Situation in Ländern mit hoher Geburtenrate zeigt – zu höherer Arbeitslosigkeit und einer Reihe damit verbundener sozialer Probleme.

Die Menschen werden älter, sie beziehen die Pension länger und verursachen in den letzten Jahren ihres Lebens häufig sehr hohe Kosten im medizinischen Bereich bzw im Pflegebereich. Die **Kostenexplosion** im medizinischen Bereich und im Pflegebereich bindet erhebliche Mittel der öffentlichen Hand und beschränkt daher steigende **Staatszuschüsse** zu den gesetzlichen Pensionen.

Der Traum der 60er, 70er und 80er Jahre des vergangenen Jahrhunderts, dass die in Zukunft anfallenden Pensionen kaufkraftmäßig immer höher steigen werden, ist längst vorbei. Seit Beginn der 90er Jahre hat der Gesetzgeber immer wieder Versuche unternommen, das staatliche Pensionssystem – den Gegebenheiten entsprechend – für die Zukunft zu sichern. Dies geschah teilweise durch **Anhebung des Pensionsantrittsalters**, teilweise durch **Senkung** der in Zukunft zu erwartenden **Leistungen**.

---

[1] Quelle: *Hauptverband der Sozialversicherungsträger*, Statistische Daten der Sozialversicherung, Dezember 2013.

Das **Allgemeine Pensionsgesetz**, welches mit 1. Jänner 2005 in Kraft trat und die Pensionsberechnung der ab 1. Jänner 1955 geborenen Personen regelt, verabschiedete sich vom früher so hoch gehaltenen **Lebensstandardprinzip** und strebt ein Pensionssystem an, in dem die **Höhe** der zu erwartenden **Pensionen** der **Höhe** der eingezahlten **Beiträge** entspricht. Daraus folgt, dass Personen, die einige Zeit sehr niedrige Pensionsversicherungsbeiträge entrichteten, in Zukunft nicht die gleichen Leistungen erwarten können wie Personen, die immer hohe Beiträge leisteten.

Eine seriöse Auseinandersetzung mit den Auswirkungen der einzelnen Pensionsreformen erfordert ein sehr großes Fachwissen, das nicht allen zugemutet werden kann. Für alle Versicherten ist es jedoch wichtig, zu wissen, mit welcher ungefähren **Pensionshöhe** sie in Zukunft rechnen können.

In den 60er und 70er Jahren des vergangenen Jahrhunderts war das **Beamtenpensionsrecht** Vorbild für das **ASVG** und auch für die **Pensionsversicherung der selbständig Erwerbstätigen**. Angestrebt wurden Pensionen, bei deren Höhe der erreichte Lebensstandard gehalten werden kann. Niedrige Einkünfte in jungen Jahren schadeten nicht, höhere Einkünfte in jungen Jahren brachten keine höhere Pension, jahrzehntelange Teilzeitbeschäftigung war für die Pensionshöhe ohne schädliche Auswirkungen.

In den 70er und 80er Jahren des vergangenen Jahrhunderts wurde in das staatliche Pensionssystem eine sehr starke **soziale Komponente** eingebaut. Bezugszeiten von Arbeitslosengeld oder Notstandshilfe wurden bei der Pensionsberechnung genauso honoriert wie Beitragszeiten.

Daraus ergaben sich gegen Ende des vergangenen Jahrhunderts für die Pensionsversicherung **Finanzierungsprobleme**, und die Folge waren die Anhebung des Pensionsantrittsalters sowie eine **Verschlechterung** der **Pensionsberechnungsbestimmungen**.

Seit mehr als 20 Jahren bahnt sich ein Paradigmenwechsel an. Ziel ist nicht mehr, dass die gesetzliche Pension allein den erreichten Lebensstandard sichert. Soll der erreichte Lebensstandard im Alter gehalten werden, gewinnt das **Drei-Säulen-Modell** immer stärkere Bedeutung. Grundlage bleibt zwar die gesetzliche Pension mit für alle Erwerbstätigen verpflichtenden Pensionsbeiträgen. Dazu steigt aber in immer stärkerem Ausmaß die Bedeutung einer **betrieblichen Altersversorgung** und einer **privaten Vorsorge** über Versicherungs- oder Bankenprodukte.

Im Folgenden soll das in Zukunft geltende gesetzliche Pensionssystem dargestellt werden, und zwar zunächst die **Anspruchsvoraussetzungen** für eine Pension, dann die **Pensionsberechnung** und daran anschließend die zu erwartenden **Nettoersatzraten**, die Auskunft darüber geben, mit welchem Einkommensverlust man in der Pension rechnen muss, wenn man ausschließlich auf die staatliche Pension angewiesen ist.

Bei der Pensionsberechnung werden nur jene Bestimmungen besprochen, die für Personen gelten, die ab 1. Jänner 1955 geboren wurden. Eine genaue Darstellung der Pensionsberechnung für die Personen, die in den nächsten Jahren die Pension beanspruchen können, ist in *Marek*, Die Pensionen ab dem Jahr 2014 (2014) enthalten.

2.2 Versicherungszeiten

2.2.1 Allgemeines

Voraussetzung für jede Pension ist das Vorliegen von genügend Versicherungsmonaten. Je mehr Versicherungsmonate eine Person erworben hat, und je höher die jeweiligen Beitragsgrundlagen waren, desto höher wird auch die künftige Pension sein.

Versicherungszeiten sind:

- Pflichtversicherungszeiten aufgrund einer **Erwerbstätigkeit**;
- Pflichtversicherungszeiten aufgrund einer **Teilversicherung** in der Pensionsversicherung, für die der Bund, das Arbeitsmarktservice oder der Familienlastenausgleichsfonds Beiträge zahlt;[2]
- Zeiten einer **freiwilligen Versicherung** in der Pensionsversicherung.

Tatbestände, die eine Teilversicherung in der Pensionsversicherung auslösen:

- Kindererziehung bis zum vollendeten 4. Lebensjahr des Kindes, bei Zwillingen bis zum vollendeten 5. Lebensjahr der Zwillinge;
- Wochengeldbezug;
- Präsenzdienst, Zivildienst;
- Tätigkeit als Zeitsoldat;
- Krankengeldbezug;
- Bezug einer Geldleistung aus der Arbeitslosenversicherung wie Arbeitslosengeld, Notstandshilfe, Überbrückungshilfe oder Weiterbildungsgeld;
- Entfall des Notstandshilfebezugs ausschließlich wegen Anrechnung des Partnereinkommens.

2.2.2 Schul- und Studienmonate

Schul- und Studienmonate können als **Beitragsmonate** der freiwilligen Versicherung eingekauft werden. Werden Schul- bzw Studienmonate nicht eingekauft, sind sie sowohl für den Pensionsanspruch als auch für die Pensionshöhe irrelevant.

Einkaufbar sind bei Besuch einer

- mittleren Schule (zB Handelsschule, Fachschule, dreijährige Haushaltungsschule): zwei Jahre;
- höheren Schule (zB AHS, HTL, HAK): drei Jahre;
- Hochschule: zwölf Semester.

Einkaufbar sind nur jene Kalendermonate, die nicht schon Versicherungsmonate sind.[3]

---

2 Diese Teilversicherung in der Pensionsversicherung gibt es nur für Zeiten, die nach dem 1. Jänner 2005 liegen. Liegen solche Zeiten vor dem 1. Jänner 2005, sind sie Ersatzzeiten, die aber bei der Pensionsberechnung genauso berücksichtigt werden wie nach dem 1. Jänner 2005 liegende Zeiten.

3 Ist zB wegen einer Ferialarbeit der Monat Juli schon ein Pflichtversicherungsmonat, sind für dieses Schuljahr nicht zwölf Monate, sondern nur elf Monate einkaufbar.

Der Versicherte entscheidet,

- ob er Schul- und Studienmonate einkauft,
- welche der vorhandenen Schul- und Studienmonate er einkauft (nur AHS-Monate oder auch Hochschulmonate),
- wie viele der einkaufbaren Monate er einkauft (zB nur 17 AHS-Monate).

Einkaufskosten

Der Einkauf von Schul- und Studienmonaten ist bei einer Antragstellung nach dem 31. Dezember 2010 sehr teuer geworden. Bei Antragstellung im Jahr 2014 kostet jeder einzukaufende Schul- oder Studienmonat **€ 1.032,84.**

Einkaufskosten sind **Sonderausgaben**, die unabhängig von allen Begrenzungen die Steuerbemessungsgrundlage im vollen Ausmaß verringern.

2.2.3 Kindererziehungsmonate

Die ersten 48 Kalendermonate nach der Geburt eines Kindes (bei Zwillingen die ersten 60 Kalendermonate nach der Geburt der Zwillinge) gelten als Versicherungsmonate. Die Versicherungszeit wegen Kindererziehung beginnt mit dem Monat, welcher der Geburt des Kindes folgt. Die Berücksichtigung als Kindererziehungsmonat endet spätestens mit dem Kalendermonat, in dem das Kind das vierte Lebensjahr vollendet.

Erfolgt die Geburt eines weiteren Kindes innerhalb von vier Jahren ab Geburt des vorherigen Kindes, endet die Kindererziehungszeit des älteren Kindes mit Beginn der Kindererziehungszeit des folgenden Kindes.

Kindererziehungsmonate werden dem Elternteil (Vater oder Mutter) zugerechnet, der in dieser Zeit das Kind überwiegend betreut und erzogen hat.

Auswirkung von Kindererziehungsmonaten auf den Pensionsanspruch und auf die Pensionshöhe

Auf den **Pensionsanspruch**, also auf die Frage, ob überhaupt eine Pension zusteht, wirken sich Kindererziehungsmonate nur dann aus, wenn der betreffende Kalendermonat noch kein Versicherungsmonat ist.

Für die **Pensionshöhe** werden Kindererziehungsmonate auch dann berücksichtigt, wenn diese Monate schon aus einem anderen Grund (weil zB die Mutter neben der Kinderbetreuung einer versicherungspflichtigen Erwerbstätigkeit nachging) Versicherungsmonate sind.

Eine versicherungspflichtige Erwerbstätigkeit neben der Kinderbetreuung in den ersten 48 Kalendermonaten nach der Geburt eines Kindes führt also nicht zu einem früheren Pensionsanspruch, wohl aber zu einer höheren Pension.

2.3 Pensionen

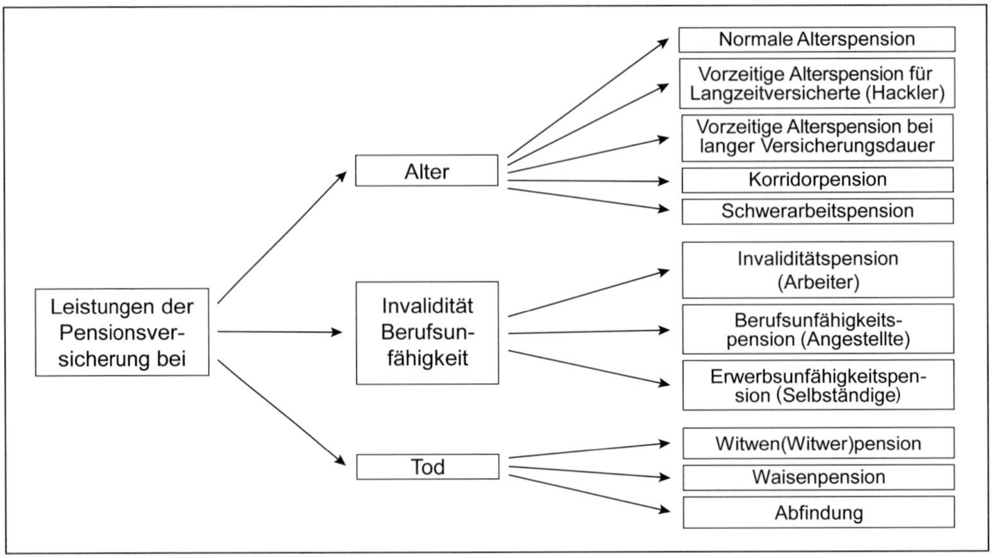

2.3.1 Normale Alterspension

Anspruchsvoraussetzungen:

a) Erreichung des **Regelpensionsalters**: Dieses ist bei Männern das vollendete 65. Lebensjahr, für Frauen derzeit das vollendete 60. Lebensjahr.
Ab 1. Jänner 2024 steigt das Regelpensionsalter für Frauen mit 1. Jänner eines jeden Jahres um sechs Monate, bis es im Jahr 2033 das Regelpensionsalter für Männer erreicht.

b) **Mindestversicherungszeit:**
   - entweder im Lauf des gesamten Lebens **15 Beitragsjahre**, die erworben wurden aufgrund einer Erwerbstätigkeit, durch Entrichtung von Beiträgen zur Weiterversicherung in der Pensionsversicherung, durch Option bei einer geringfügigen Beschäftigung oder durch Schulzeiteneinkauf;
   - oder 15 Versicherungsjahre (dazu zählen alle Versicherungsmonate) in den letzten 30 Jahren;
   - oder 15 Versicherungsjahre ab 1. Jänner 2005, darunter mindestens sieben Versicherungsjahre aufgrund einer Erwerbstätigkeit.

Die Aufgabe der Erwerbstätigkeit ist bei Inanspruchnahme der normalen Alterspension nicht erforderlich.

2.3.2 Vorzeitige Alterspension für Langzeitversicherte (Hackler)

Für Männer, die bis 31. Dezember 1953 geboren wurden und für Frauen, die bis 31. Dezember 1958 geboren wurden, gibt es günstigere Bestimmungen, die jedoch hier nicht besprochen werden.

Für Männer, die nach dem 31. Dezember 1953 geboren wurden, und für Frauen, die nach dem 31. Dezember 1958 geboren wurden, wird das Antrittsalter für die Langzeitversichertenpension auf das Korridorpensionsalter angehoben (für die Männer sofort, für die Frauen in Übergangsschritten).

Anspruchsvoraussetzungen:

a) Vollendung des 62. Lebensjahres (für Frauen, die vor dem 2. Juni 1965 geboren wurden, niedriger);
b) Erwerb von 45 qualifizierten Versicherungsjahren (für Frauen, die vor dem 1. Jänner 1962 geboren wurden, weniger);
c) keine pensionsversicherungspflichtige Erwerbstätigkeit (Ausnahme: Führung eines landwirtschaftlichen Betriebs mit einem Einheitswert von höchstens € 2.400);
d) keine sonstige Erwerbstätigkeit über der Geringfügigkeitsgrenze (Geringfügigkeitsgrenze im Jahr 2014 monatlich € 395,31).[4]

Antrittsalter für die vorzeitige Alterspension für Langzeitversicherte

Antrittsalter für Männer		Antrittsalter für Frauen	
Geburtsdatum	Antrittsalter	Geburtsdatum	Antrittsalter
ab Jänner 1954	62 Jahre wie für Korridorpension	1959	57 Jahre
		1960	58 Jahre
		1961	59 Jahre
		1962 bis 1.12.1963	60 Jahre
		2.12.1963 bis 1.6.1964	60½ Jahre
		2.6.1964 bis 1.12.1964	61 Jahre
		2.12.1964 bis 1.6.1965	61½ Jahre
		ab 2. Juni 1965	62 Jahre

Für die Erfüllung der Anspruchsvoraussetzungen einer Pension für Langzeitversicherte zählen nicht alle Versicherungsmonate, sondern nur:

- Pflichtversicherungsmonate aufgrund einer **Erwerbstätigkeit**;
- durch Leistung des **Präsenzdienstes**, des Zivildienstes oder eines UNO-Einsatzes erworbene Versicherungsmonate (höchstens im Ausmaß von 30 Monaten);
- höchstens 60 durch **Kindererziehung** erworbene Versicherungsmonate, soweit sich diese nicht mit Pflichtversicherungsmonaten aufgrund einer Erwerbstätigkeit decken;
- durch **Wochengeldbezug** erworbene Versicherungsmonate, soweit sie sich nicht mit Kindererziehungsmonaten decken.

---

4 Ab dem Monatsersten, welcher dem Regelpensionsalter folgt, ist auch für einen früheren vorzeitigen Alterspensionisten jede Erwerbstätigkeit zulässig.

Zahl der von Frauen benötigten qualifizierten Versicherungsjahre

Die Zahl der von Frauen benötigten qualifizierten Versicherungsjahre hängt vom Geburtsjahrgang ab. Um so viele Jahre, wie das Pensionsantrittsalter gegenüber den bis 1958 geborenen Frauen angehoben wird, steigt auch die Zahl der benötigten qualifizierten Versicherungsjahre.

Geburtsjahrgang	Antrittsalter	benötigte Versicherungsjahre
bis Dezember 1958	55 Jahre	40 Jahre (480 Monate)
1959	57 Jahre	42 Jahre (504 Monate)
1960	58 Jahre	43 Jahre (516 Monate)
1961	59 Jahre	44 Jahre (528 Monate)
ab 1962	60 Jahre	45 Jahre (540 Monate)

2.3.3 Vorzeitige Alterspension bei langer Versicherungsdauer

Diese Pension gibt es nur für Männer, die vor dem 1. Oktober 1952 geboren wurden, und für Frauen, die vor dem 1. Jänner 1957 geboren wurden.

Anspruchsvoraussetzungen:

a) Erreichung des für diese Pension festgesetzten Pensionsantrittsalters;

b) Erwerb von genügend Versicherungsjahren;

c) keine versicherungspflichtige Erwerbstätigkeit (Ausnahme: Führung eines landwirtschaftlichen Betriebs mit einem Einheitswert von höchstens € 2.400);

d) keine sonstige Erwerbstätigkeit über der Geringfügigkeitsgrenze (Geringfügigkeitsgrenze im Jahr 2014 monatlich € 395,31).

Frühestes Pensionsantrittsalter			
für Männer		für Frauen	
geboren	Antrittsalter	geboren	Antrittsalter
1.10.1949 bis 31.12.1949	64 J	1.10.1954 bis 31.12.1954	59 J
1.1.1950 bis 31.3.1950	64 J 1 M	1.1.1955 bis 31.3.1955	59 J 1 M
1.4.1950 bis 30.6.1950	64 J 2 M	1.4.1955 bis 30.6.1955	59 J 2 M
1.7.1950 bis 30.9.1950	64 J 3 M	1.7.1955 bis 30.9.1955	59 J 3 M
1.10.1950 bis 31.12.1950	64 J 4 M	1.10.1955 bis 31.12.1955	59 J 4 M
1.1.1951 bis 31.3.1951	64 J 5 M	1.1.1956 bis 31.3.1956	59 J 5 M
1.4.1951 bis 30.6.1951	64 J 6 M	1.4.1956 bis 30.6.1956	59 J 6 M
1.7.1951 bis 30.9.1951	64 J 7 M	1.7.1956 bis 30.9.1956	59 J 7 M
1.10.1951 bis 31.12.1951	64 J 8 M	1.10.1956 bis 31.12.1956	59 J 8 M

Frühestes Pensionsantrittsalter			
für Männer		für Frauen	
geboren	Antrittsalter	geboren	Antrittsalter
1.1.1952 bis 31.3.1952	64 J 9 M	1.1.1957 bis 31.3.1957	59 J 9 M
1.4.1952 bis 30.6.1952	64 J 10 M	1.4.1957 bis 30.6.1957	59 J 10 M
1.7.1952 bis 30.9.1952	64 J 11 M	1.7.1957 bis 30.9.1957	59 J 11 M
ab 1.10.1952	65 J	ab 1.10.1957	60 J

Für Männer, die ab 1. Oktober 1952 geboren wurden, und für Frauen, die ab 1. Oktober 1957 geboren wurden, gibt es **keine vorzeitige Alterspension bei langer Versicherungsdauer** mehr (Ausnahme: vorzeitige Alterspension für Langzeitversicherte).

Für eine vorzeitige Alterspension bei langer Versicherungsdauer benötigte Versicherungsjahre

Die Zahl der für eine vorzeitige Alterspension bei langer Versicherungsdauer benötigten Versicherungsjahre hängt davon ab, in welchem Kalenderjahr der Pensionsstichtag liegt.

Bei einem im Jahr **2014** liegenden Pensionsstichtag werden für die vorzeitige Alterspension bei langer Versicherungsdauer entweder **38½ Versicherungsjahre** oder **36 Pflichtversicherungsjahre** benötigt. Die Zahl der benötigten Versicherungsjahre **steigt** mit 1. Jänner eines jeden Jahres um sechs Monate, bis sie im Jahr 2017 40 Versicherungsjahre oder 37½ Pflichtversicherungsjahre beträgt.

Für Personen, die am 1. Dezember eines Kalenderjahres das Pensionsantrittsalter erreicht und genügend Versicherungsjahre erworben haben, steigt die Zahl der benötigten Versicherungsjahre nicht mehr, wenn der Stichtag in ein späteres Kalenderjahr fällt.

2.3.4 Korridorpension

Abgesehen von der Schwerarbeitspension und der vorzeitigen Alterspension für Langzeitversicherte (Hackler) ist in Zukunft die Korridorpension die einzige Möglichkeit, eine Pension vor dem Regelpensionsalter in Anspruch zu nehmen, sofern nicht der schlechte Gesundheitszustand eine Berufsunfähigkeitspension (Invaliditätspension, Erwerbsunfähigkeitspension) ermöglicht.

Anspruchsvoraussetzungen:

a) Vollendung des 62. Lebensjahres (geschlechtsneutral, aber praktische Bedeutung bis zum Jahr 2027 nur für Männer);
b) Erwerb von genügend Versicherungsjahren (die Zahl der benötigten Versicherungsjahre steigt bis zum Jahr 2017 auf 40 Versicherungsjahre);
c) keine versicherungspflichtige Erwerbstätigkeit (Ausnahme: Führung eines landwirtschaftlichen Betriebs mit einem Einheitswert von höchstens € 2.400);
d) keine sonstige Erwerbstätigkeit über der Geringfügigkeitsgrenze (Geringfügigkeitsgrenze im Jahr 2014 monatlich € 395,31).

Für eine Korridorpension benötigte Versicherungsjahre

Wie für die vorzeitige Alterspension bei langer Versicherungsdauer hängt auch für die Korridorpension die Zahl der benötigten Versicherungsjahre vom **Pensionsstichtag** ab.

Stichtag im Jahr	benötigte Versicherungsjahre
2014	38½ Versicherungsjahre
2015	39 Versicherungsjahre
2016	39½ Versicherungsjahre
ab 2017	40 Versicherungsjahre

Für Personen, die am 1. Dezember eines Kalenderjahres das 62. Lebensjahr vollendet und genügend Versicherungsjahre erworben haben, steigt die Zahl der benötigten Versicherungsjahre nicht mehr, wenn der Stichtag in ein späteres Kalenderjahr fällt.

2.3.5 Schwerarbeitspension

Anspruchsvoraussetzungen:

a) Vollendung des 60. Lebensjahres (für Männer und für Frauen);
b) 45 Versicherungsjahre;
c) Schwerarbeit durch mindestens zehn Jahre in den letzten 20 Jahren;
d) keine versicherungspflichtige Erwerbstätigkeit (Ausnahme: Führung eines landwirtschaftlichen Betriebs mit einem Einheitswert von höchstens € 2.400);
e) keine sonstige Erwerbstätigkeit über der Geringfügigkeitsgrenze (Geringfügigkeitsgrenze im Jahr 2014 monatlich € 395,31).

Sonderbestimmungen für Frauen, die in den Jahren 1959 bis 1963 geboren wurden

Für Frauen, die in den Jahren 1959 bis 1963 geboren wurden, ist eine Schwerarbeitspension ab Vollendung des 55. Lebensjahres möglich, wenn 40 qualifizierte Versicherungsjahre vorhanden sind.

Als qualifizierte Versicherungsmonate gelten in diesem Fall:

- Beitragsmonate,
- Kindererziehungsmonate,
- durch Wochengeldbezug erworbene Versicherungsmonate.

2.3.6 Berufsunfähigkeitspension (Invaliditätspension, Erwerbsunfähigkeitspension)

Anspruchsvoraussetzungen:

a) Mindestversicherungszeit;
b) Berufsunfähigkeit, Invalidität, Erwerbsunfähigkeit;
c) noch kein Anspruch auf Alterspension oder vorzeitige Alterspension für Langzeitversicherte.

Mindestversicherungszeit:

Für eine Berufsunfähigkeitspension (Invaliditätspension, Erwerbsunfähigkeitspension) genügen grundsätzlich fünf Versicherungsjahre in den letzten zehn Jahren.

- Liegt der **Pensionsstichtag** nach Vollendung des 50. Lebensjahres, sind mehr Versicherungsmonate erforderlich. Die fünfjährige Mindestversicherungszeit wird um die Zahl der zwischen Vollendung des 50. Lebensjahres des Pensionswerbers und dem Stichtag liegenden Kalendermonate erhöht. Für die Mindestversicherungszeit finden nur Versicherungsmonate Berücksichtigung, die im Rahmenzeitraum liegen. Der Rahmenzeitraum umfasst doppelt so viele Kalendermonate, wie Versicherungsmonate benötigt werden.

➲ Beispiel: Berufsunfähigkeit mit 60

Mindestversicherungsjahre: 5 + 10 (Zeit zwischen 50 und 60) = 15
Benötigt werden somit 15 Versicherungsjahre innerhalb der letzten 30 Jahre.

- Bei Invalidität vor dem 27. Lebensjahr genügen sechs Versicherungsmonate.
- Die Mindestversicherungszeit ist auf jeden Fall erfüllt, wenn im Lauf des gesamten Lebens 15 Beitragsjahre erworben wurden.

Berufsunfähigkeit, Invalidität, Erwerbsunfähigkeit

Seit 1.1.2014 erhalten ASVG-Versicherte, die nach dem 1.1.1964 geboren wurden, nur eine Pension, wenn **dauernde Berufsunfähigkeit** (dauernde Invalidität) vorliegt. Liegt nur vorübergehende Berufsunfähigkeit (vorübergehende Invalidität) vor, erhalten sie entweder vom AMS Umschulungsgeld oder von der Krankenkasse Rehabilitationsgeld. GSVG-Versicherte und BSVG-Versicherte erhalten – unabhängig vom Geburtsdatum – weiterhin auch bei vorübergehender Erwerbsunfähigkeit eine Erwerbsunfähigkeitspension.

Liegt Berufsschutz vor, sind die Chancen, als invalid bzw als berufsunfähig eingestuft zu werden, größer. **Berufsschutz** liegt vor, wenn in den letzten 15 Jahren vor dem Stichtag mindestens durch **7½ Jahre** eine Tätigkeit als Angestellter oder eine Tätigkeit in einem erlernten Beruf ausgeübt wurde.

- **Angestellte mit Berufsschutz**, gelten als berufsunfähig, wenn sie aus Gesundheitsgründen weder in ihrer bisherigen Verwendungsgruppe noch in der um eine Stufe niedrigeren Verwendungsgruppe arbeiten können.
- **Arbeiter mit Berufsschutz** gelten als invalid, wenn sie aus Gesundheitsgründen in ihrem Beruf nicht mehr arbeiten können.
- **Personen ohne Berufsschutz** gelten nur dann als invalid, wenn sie zu keiner geregelten Erwerbstätigkeit mehr fähig sind.
- **Selbständige:** Für die Beurteilung der Erwerbsunfähigkeit von Selbständigen kommt dem Umstand, ob der Selbständige sein 50. Lebensjahr schon vollendet hat und ob seine persönliche Arbeitsleistung zur Aufrechterhaltung des Betriebes notwendig war, maßgebende Bedeutung zu.

- **Erwerbsunfähigkeit** liegt vor, wenn der Selbständige aus Gesundheitsgründen außerstande ist, einem regelmäßigen Erwerb nachzugehen.
- Hat der Selbständige sein 50. Lebensjahr vollendet und war seine persönliche Arbeitsleistung zur Aufrechterhaltung des Betriebes notwendig, so gilt er als erwerbsunfähig, wenn er aus Gesundheitsgründen weder imstande ist, die zuletzt durch mindestens 60 Kalendermonate ausgeübte selbständige Erwerbstätigkeit zu verrichten noch eine andere selbständige Erwerbstätigkeit, die eine ähnliche Ausbildung sowie gleichwertige Kenntnisse und Fähigkeiten erfordert.

Für Männer und Frauen, die das 58. Lebensjahr, in den Jahren 2015 und 2016 das 59. Lebensjahr und ab dem Jahr 2017 das 60. Lebensjahr vollendet haben, gibt es günstigere Bestimmungen:

Sie gelten als invalid (berufsunfähig, erwerbsunfähig), wenn sie aus Gesundheitsgründen einer Tätigkeit nicht mehr nachgehen können, die sie in den letzten 15 Jahren mindestens durch zehn Jahre ausgeübt haben. Dabei sind zumutbare Änderungen dieser Tätigkeit zu berücksichtigen.

2.3.7 Hinterbliebenenpensionen

Für den Anspruch auf Hinterbliebenenpension müssen so viele Versicherungsjahre vorliegen wie für eine Berufsunfähigkeitspension (Invaliditätspension, Erwerbsunfähigkeitspension), abhängig vom Alter des Verstorbenen. War der Verstorbene schon Pensionist, sind für eine Hinterbliebenenpension immer genügend Versicherungsjahre vorhanden.

Hinterbliebenenpensionen sind Witwen- und Witwerpensionen, Pensionen für eingetragene Partnerschaften und Waisenpensionen

2.3.7.1 Witwen- und Witwerpension[5]

Eine Witwenpension gebührt entweder auf unbeschränkte Zeit oder befristet für 2½ Jahre.

Für unbeschränkte Zeit gebührt eine Witwenpension, wenn

- aus der Ehe ein Kind stammt oder
- die Witwe im Zeitpunkt des Todes des Ehepartners das 35. Lebensjahr vollendet hatte oder
- die Ehe mindestens zehn Jahre gedauert hatte.

Ist keine dieser Voraussetzungen erfüllt, gebührt eine befristete Witwenpension für 2½ Jahre.

Heiratet ein Pensionist und stammt aus der Ehe kein Kind (und wurde auch kein Kind durch die Eheschließung legitimiert), gebührt eine unbefristete Witwenpension nur bei einer bestimmten Ehedauer, die vom Altersunterschied zwischen den Ehegatten abhängt.

---

[5] Die gleichen Bestimmungen gelten auch für eingetragene Partnerschaften.

Altersunterschied der Ehegatten	Erforderliche Ehedauer für den Anspruch auf unbefristete Witwenpension
bis 20 Jahre	3 Jahre
20 bis 25 Jahre	5 Jahre
über 25 Jahre	10 Jahre

Bei zu kurzer Ehedauer gebührt eine befristete Witwenpension für 2½ Jahre. Ist die Witwe nach Ablauf dieser Zeit invalid, wird die Witwenpension auf Antrag für die Zeit der Invalidität weitergewährt.

Witwenpension für Geschiedene

Eine Geschiedene erhält nur dann eine Witwenpension, wenn sie aufgrund eines gerichtlichen Urteils, eines gerichtlichen Vergleichs oder eines vor Auflösung der Ehe geschlossenen Vertrags gegenüber dem geschiedenen Ehepartner zum Zeitpunkt seines Todes einen Unterhaltsanspruch hatte. Die Höhe der Witwenpension einer Geschiedenen ist mit der Höhe der Unterhaltsverpflichtung des Verstorbenen begrenzt.[6]

Witwer

Für Witwer gelten die gleichen Bestimmungen wie für Witwen. Auf eine geschlechtsneutrale Formulierung wurde aus stilistischen Gründen verzichtet.

Eine **Lebensgefährtin** ist keine Witwe und erhält daher keine Witwenpension.

2.3.7.2 Waisenpension

Anspruch auf Waisenpension haben Kinder mindestens bis zur Vollendung ihres 18. Lebensjahres. Einkünfte des Kindes sind dafür irrelevant.

Nach Vollendung des 18. Lebensjahres gebührt die Waisenpension nur bei
- Schul- oder Berufsausbildung oder
- Erwerbsunfähigkeit.

Wegen Schul- oder Berufsausbildung gebührt die Waisenpension längstens bis zum vollendeten 27. Lebensjahr. Bei einem Universitätsstudium ist erforderlich, dass das Studium ernsthaft und zielstrebig betrieben wird.

Bei Erwerbsunfähigkeit gebührt die Waisenpension auf Dauer. Das Gebrechen muss jedoch vor dem vollendeten 18. Lebensjahr oder während der Schul- bzw Berufsausbildung vor dem vollendeten 27. Lebensjahr eingetreten sein.

6 Sonderbestimmungen gibt es für Personen, die nach mindestens 15-jähriger Ehedauer gem § 55 Ehegesetz auf Antrag des schuldigen Ehepartners geschieden wurden.

2.4 Pensionsberechnung

2.4.1 Allgemeines

Es gibt zwei Arten der Pensionsberechnung:

- Pensionsberechnung nach dem Bemessungsgrundlagensystem
- Pensionsberechnung nach dem Allgemeinen Pensionsgesetz (APG) über das Pensionskonto

Die anzuwendende Berechnungsart hängt davon ab, ob der Versicherte vor dem 1. Jänner 1955 oder ab 1. Jänner 1955 geboren wurde.

Für Personen, die **vor** dem 1. Jänner **1955** geboren wurden, erfolgt die Pensionsberechnung nach dem **Bemessungsgrundlagensystem**, für Personen, die **ab** 1. Jänner **1955** geboren wurden, erfolgt die Pensionsberechnung nach den Bestimmungen des **Allgemeinen Pensionsgesetzes**.

2.4.2 Pensionsberechnung für vor dem 1. Jänner 1955 Geborene (Bemessungsgrundlagensystem)

Kennzeichnend für das Bemessungsgrundlagensystem ist die Tatsache, dass für die Pensionshöhe die Höhe der beitragspflichtigen Bezüge aus einer bestimmten Zahl von Beitragsmonaten relevant, die Höhe der beitragspflichtigen Bezüge aus der übrigen Zeit des Erwerbslebens jedoch irrelevant ist.

Pensionshöhe = Bemessungsgrundlage x Prozentsatz.

Eine Besprechung der Pensionsberechnung nach dem Bemessungsgrundlagensystem würde den Rahmen dieses Buches sprengen. Interessierte finden darüber Näheres in *Marek*, Die Pensionen ab dem Jahr 2014 (2014).

2.4.3 Pensionsberechnung für ab dem 1. Jänner 1955 Geborene (Pensionsberechnung nach dem Allgemeinen Pensionsgesetz)

2.4.3.1 Allgemeines

Bei der Pensionsberechnung nach dem Allgemeinen Pensionsgesetz wird die Pension nach dem Bausteinprinzip aufgebaut.

- Der Versicherte bekommt für jedes Jahr **Teilgutschriften** ausgewiesen, die dann aufaddiert werden.
- Die Teilgutschrift eines Kalenderjahres ist **1,78%** des beitragspflichtigen Jahresentgelts, begrenzt mit der jeweils geltenden Jahreshöchstbeitragsgrundlage.
- Die Teilgutschrift ist der Zuwachs der **Jahrespension**. Sie wird also nicht mehr verrentet, sondern ist schon die Jahrespension.
- Da in der gesetzlichen Pensionsversicherung pro Jahr 14 Pensionen ausgezahlt werden, ist der Zuwachs der monatlichen Pension 1/14 der Teilgutschrift.
- Die Gutschriften werden mit 1. Jänner eines jeden Jahres mit der **Aufwertungszahl** multipliziert.

- Die Aufwertungszahl hängt ab vom Steigen der Beitragsgrundlagen in der Vergangenheit.
- $$\text{Aufwertungszahl 2015} = \frac{\text{durchschnittliche Beitragsgrundlage 2013}}{\text{durchschnittliche Beitragsgrundlage 2012}}$$
- Die Summe der aufaddierten Teilgutschriften ergibt die am Ende des Erwerbslebens vorhandene **Gesamtgutschrift** (zur Berechnung siehe das Beispiel im Kapitel 4.3.3).

Teilgutschrift bei freiwilliger Versicherung

Auch für Zeiten einer freiwilligen Versicherung beträgt die Teilgutschrift 1,78% der Summe der Beitragsgrundlagen der freiwilligen Versicherung im jeweiligen Kalenderjahr. Beantragt der Versicherte die Herabsetzung der Beitragsgrundlage (Mindestbeitragsgrundlage im Jahr 2014 € 724,50, monatlicher Mindestbeitrag im Jahr 2014 € 165,19), ist der Pensionszuwachs niedriger, als wenn keine Herabsetzung der Beitragsgrundlage erfolgt wäre.

Teilgutschrift bei Option

Für Optionsmonate ist die monatliche Beitragsgrundlage die **Geringfügigkeitsgrenze**, im Jahr 2014 somit € 395,31.

Ein Optionsmonat erhöht die monatliche Pension um 50 Cent.

Teilgutschrift für eingekaufte Schulmonate

Die Teilgutschrift für eingekaufte Schulmonate hängt davon ab, ob der Antrag auf Einkauf bis 31. Dezember 2010 oder nach dem 31. Dezember 2010 bei der Pensionsversicherungsanstalt eingelangt ist. Bei Antragstellung bis 31. Dezember 2010 waren die Einkaufskosten erheblich niedriger als bei einer Antragstellung nach dem 31. Dezember 2010. Es ist daher auch die Teilgutschrift für Schulzeiten unterschiedlich, je nachdem, ob der Einkaufsantrag bis 31. Dezember 2010 oder später gestellt wurde.

Teilgutschrift für Zeiten, für die nicht der Versicherte, sondern eine andere Stelle Beiträge leistet

Für bestimmte Zeiten werden seit 1. Jänner 2005 von verschiedenen Stellen Pensionsbeiträge gezahlt. Die Zahlungsverpflichtung trifft den **Bund**, das **Arbeitsmarktservice**, den **Familienlastenausgleichsfonds** oder das **Bundesministerium für Landesverteidigung**.

Teilgutschrift ist immer 1,78% der Summe der Beitragsgrundlagen im jeweiligen Kalenderjahr.

- Die **Beitragsgrundlage** beträgt bei:
  - **Krankengeldbezug:** das letzte volle Entgelt erhöht um 17%;
  - **Wochengeldbezug:** die Höhe des Wochengeldes;
  - Bezug von **Arbeitslosengeld** oder **Weiterbildungsgeld:** 70% des durchschnittlichen monatlichen Entgelts des letzten Kalenderjahres;

- Bezug von **Notstandshilfe:** 92% der Beitragsgrundlage, von welcher bei Arbeitslosengeldbezug die Beiträge entrichtet werden (gebührt ausschließlich wegen Anrechnung des Partnereinkommens keine Notstandshilfe, zahlt das Arbeitsmarktservice an den Pensionsversicherungsträger den gleichen Pensionsbeitrag wie bei Bezug von Notstandshilfe)
- **Präsenzdienst, Zivildienst, Kindererziehung:** In diesem Fall gilt eine gesetzlich festgesetzte feste Beitragsgrundlage. Diese beträgt für das Jahr 2014 € 1.649,84 und steigt mit 1. Jänner eines jeden Jahres mit der Aufwertungszahl.

2.4.3.2 Kontoerstgutschrift

Für Personen, die nach dem 31. Dezember 1954 geboren wurden, ist zu unterscheiden, ob sie in der österreichischen Pensionsversicherung auch vor dem 1. Jänner 2005 liegende Versicherungsmonate erworben haben, oder ob das nicht der Fall ist.

Für Personen, die in der österreichischen Pensionsversicherung auch **vor** dem 1. Jänner **2005** liegende **Versicherungsmonate** erworben haben, wurde zum 1. Jänner 2014 eine **Kontoerstgutschrift** erstellt und dem Versicherten bis Ende 2014 mitgeteilt. Die Kontoerstgutschrift ist das Pensionsguthaben, das durch die bis 31. Dezember 2013 liegenden Versicherungsmonate erworben wurde. Die Berechnung der Kontoerstgutschrift ist sehr kompliziert und wird in diesem Buch nicht erläutert.[7]

Für Personen, die in der österreichischen Pensionsversicherung keine vor dem 1. Jänner 2005 liegenden Versicherungsmonate erworben haben, gibt es keine Kontoerstgutschrift. An die Stelle der Kontoerstgutschrift tritt die bis Dezember 2013 erworbene Gesamtgutschrift.

2.4.3.3 Gesamtgutschrift

Zur Kontoerstgutschrift bzw zur Ende 2013 vorhandenen Gesamtgutschrift kommen weitere Teilgutschriften dazu.

Die jährliche **Teilgutschrift** ist immer 1,78% der beitragspflichtigen Bezüge des jeweiligen Kalenderjahres. Um dem **Kaufkraftverlust** auszugleichen, werden die Gutschriften Ende des folgenden Kalenderjahres immer mit der **Aufwertungszahl** des nächstfolgenden Jahres multipliziert. Die aufgewertete Gesamtgutschrift für die vorangegangenen Kalenderjahre plus die Teilgutschrift für dieses Kalenderjahr ist die am Ende des Kalenderjahres vorhandene Gesamtgutschrift.

Die Kontoerstgutschrift (Gesamtgutschrift Ende 2013) x Aufwertungszahl für 2015 plus die Teilgutschrift für 2014 ist die Gesamtgutschrift Ende 2014, gültig zum Stichtag 1. Jänner 2015.

Gesamtgutschrift Ende 2014 x Aufwertungszahl 2016 + Teilgutschrift 2015 = Gesamtgutschrift Ende 2015.

---

7 Interessierte finden dazu Näheres in *Marek*, Die Pensionen ab dem Jahr 2014 (2014).

Gesamtgutschrift Ende 2015 x Aufwertungszahl 2017 + Teilgutschrift 2016 = Gesamtgutschrift Ende 2016.

Diese Berechnung wird bis zum Pensionsstichtag fortgesetzt.

➲ Beispiel:

Herr K., geb am 15. September 1955, erwarb bis Ende Dezember 2013 37 Versicherungsjahre. Im Jahr 2014 erhält er von der Pensionsversicherungsanstalt die Mitteilung, dass seine am 1. Jänner 2014 vorhandene Kontoerstgutschrift € 29.000 beträgt. Unter der Annahme, dass die Aufwertungszahl in den nächsten Jahren immer 1,022 beträgt, Herr K. im Jahr 2014 € 3.600 verdient, sein monatliches Bruttoentgelt mit 1. Jänner eines jeden Jahres um 2,6% steigt und außerdem jedes zweite Jahr ein Biennalsprung von € 100 erfolgt, ergibt sich bei Vollendung des 65. Lebensjahres folgende Gesamtgutschrift.

Jahr	Aufwertungszahl	Entgelt		Teilgutschrift	Vorjahre Gesamtgutschrift	Gesamtgutschrift
		monatlich	jährlich			
2013						29.000,00
2014	1,022	3.600	50.400	897,12	29.638,00	30.535,12
2015	1,022	3.694	51.716	920,54	31.206,89	32.127,43
2016	1,022	3.890	54.460	969,39	32.834,23	33.803,62
2017	1,022	3.991	55.874	994,56	34.547,30	35.541,86
2018	1,022	4.195	58.730	1.045,39	36.323,78	37.369,17
2019	1,022	4.304	60.256	1.072,56	38.191,29	39.263,85
2020	1,022	4.516	47.418	844,04	39.263,85	40.107,89

Bei einem im Jahr 2020 liegenden Stichtag wird die Gesamtgutschrift Ende 2019 nicht mehr aufgewertet. Es wird nur die für das Jahr 2020 gebührende Teilgutschrift (für neun Monate) hinzugerechnet.

2.4.3.4 Berechnung der Pension aus der Gesamtgutschrift

Die Gesamtgutschrift ist die Jahrespension, wenn die Pension zum Regelpensionsalter in Anspruch genommen wird. 1/14 der Gesamtgutschrift ist die Monatspension.

Bei Inanspruchnahme der Pension vor dem Regelpensionsalter wird ein **Abschlag** vorgenommen. Geht ein Mann mit 62 Jahren in **Korridorpension**, beträgt der Abschlag 15,3% der Leistung (= 5,1% pro Jahr der Inanspruchnahme vor dem Regelpensionsalter).

Eine Inanspruchnahme der Pension vor dem Regelpensionsalter ist mit zwei Nachteilen verbunden:

1. Die **Gesamtgutschrift** ist niedriger, was zu einer schlechteren Ausgangsposition führt, und
2. die zunächst ermittelte Pension wird um einen **Abschlag** verringert.

➲ Beispiel 1:

Herr K., geb am 15. September 1955, dessen Gesamtgutschrift Ende September 2020 € 40.107,89 beträgt, beansprucht zum Stichtag 1. Oktober 2020 die Alterspension. Die Gesamtgutschrift ist die Monatspension, wenn die Pension zum Regelpensionsalter beansprucht wird. Pro Jahr gebühren 14 Pensionen. Die monatliche Pension ist daher 1/14 der Jahrespension.

1/14 von € 40.107,89 = € 2.864,85.

Geht Herr K. mit 65 Jahren in Pension, beträgt seine monatliche Pension brutto € 2.864,85. Sein letztes Monatsentgelt war brutto € 4.516.

➲ Beispiel 2:

Herr K. nimmt schon mit 62 Jahren die Korridorpension in Anspruch. Bis zum 62. Lebensjahr beträgt die Gesamtgutschrift nur 34.549,54.

Da die Pension vor dem Regelpensionsalter beansprucht wird, erfolgt ein Abschlag. Der Abschlag beträgt bei der Korridorpension für jedes Jahr, um das die Pension vor dem Regelpensionsalter beansprucht wird, 5,1% der Leistung, bei Inanspruchnahme der Korridorpension mit 62 Jahren somit 15,3% der Leistung.

Pension zum Regelpensionsalter: € 34.549,54/14 = € 2.467,82
– Abschlag (15,3%) .... € 377,58
Korridorpension mit 62 Jahren .... € 2.090,24

Nimmt Herr K. mit 62 Jahren die Korridorpension in Anspruch, beträgt sie brutto € 2.090,24. Sein letztes Monatseinkommen war brutto € 3.991.

Für Berufsunfähigkeitspensionen (Invaliditätspensionen, Erwerbsunfähigkeitspensionen) beträgt der Abschlag höchstens 13,8% der Leistung. Bei Zuerkennung der Pension vor dem vollendeten 60. Lebensjahr wird die auf diese Art ermittelte Leistung mit einem bestimmten Multiplikator multipliziert. Je jünger der Versicherte am Pensionsstichtag ist, desto höher ist der Multiplikator. Dadurch erhalten Personen, die vor dem vollendeten 60. Lebensjahr berufsunfähig (invalid, erwerbsunfähig) werden, eine höhere Leistung, als den eingezahlten Beiträgen entspricht.

2.4.3.5 Verlierer bei der Pensionsberechnung nach dem Allgemeinen Pensionsgesetz

Die Bevorzugung von Personen mit Einkommensschwankungen (zB gute Karriere) fällt weg.

Daraus ergibt sich der Personenkreis, der durch die Pensionsberechnung nach dem Allgemeinen Pensionsgesetz mit einer (mitunter erheblich) niedrigeren Leistung zu rechnen hat, als er nach dem Bemessungsgrundlagensystem bekäme. Es handelt sich dabei vor allem um:

- Personen mit guter Karriere;
- Personen, deren Gehalt durch Biennalsprünge steigt (nicht nur Angestellte, sondern auch eine Reihe von Arbeitern);
- Personen, die als Lehrling begonnen haben (die Lehrlingsentschädigung ist erheblich niedriger als das spätere Einkommen);
- Selbständige, die hohe Einkommensschwankungen aufweisen;
- zwischenzeitlich Teilzeitbeschäftigte;
- Personen, die einige Zeit nur einer geringfügigen Beschäftigung nachgehen und sich in die Kranken- und Pensionsversicherung hineinoptieren. Dieser Personenkreis wurde im Bemessungsgrundlagensystem gegenüber den anderen Beitragszahlern sehr stark bevorzugt.

2.4.4 Berechnung von Hinterbliebenenpensionen

Als Hinterbliebenenpension gebührt ein bestimmter Prozentsatz der Pension des Verstorbenen. Eine niedrige Eigenpension führt daher auch zu einer niedrigen Hinterbliebenenpension.

2.4.4.1 Witwen- und Witwerpension

Die Witwenpension bzw Witwerpension beträgt höchstens 60% der Pension des Verstorbenen. Eine **Untergrenze** gibt es nicht.

Der Prozentsatz hängt davon ab, welcher der beiden Ehepartner in den letzten beiden Kalenderjahren vor dem Tod des Verstorbenen das höhere Erwerbseinkommen bzw Erwerbsersatzeinkommen erzielt hat.

Die Höhe des Erwerbseinkommens bzw des Erwerbsersatzeinkommens in den letzten beiden Kalenderjahren vor dem Tod des Verstorbenen, geteilt durch 24, wird als **Berechnungsgrundlage** bezeichnet.

Bei gleicher Berechnungsgrundlage beträgt die Witwenpension[8] 40% der Pension des Verstorbenen. Ist die Berechnungsgrundlage der Witwe niedriger als die Berechnungsgrundlage des Verstorbenen, steigt der Prozentsatz der Witwenpension. Ist die Berechnungsgrundlage der Witwe höher als die Berechnungsgrundlage des Verstorbenen, sinkt der Prozentsatz der Witwenpension.

[8] Alles über die Witwenpension Gesagte gilt auch für die Witwerpension. Auf eine geschlechtsneutrale Formulierung wird aus stilistischen Gründen verzichtet. Auch für Hinterbliebene aus eingetragenen Partnerschaften gelten die gleichen Regelungen wie für Witwen und Witwer.

Tabelle über die Höhe der Witwenpension (Witwerpension)

Die Berechnungsgrundlage der Witwe beträgt von der Berechnungsgrundlage des Verstorbenen	Die Witwenpension beträgt von der Pension des Verstorbenen
höchstens ein Drittel	60%
die Hälfte	55%
zwei Drittel	50%
gleiche Berechnungsgrundlage	40%
das 1 1/3-Fache	30%
das 1 2/3-Fache	20%
das Doppelte	10%
das 2 1/3-Fache	0%

2.4.4.2 Waisenpensionen

Die Waisenpension beträgt:

- für Halbwaisen 24% der Pension des Verstorbenen;
- für Vollwaisen 36% der Pension des Verstorbenen.

2.5 Nettoersatzraten

2.5.1 Allgemeines

Die Nettoersatzrate gibt an, wie viel Prozent die Nettopension vom letzten Netto-Aktiveinkommen ausmacht.

Die Berechnungen gelten für unselbständig Erwerbstätige (ASVG-Versicherte) und für Selbständige (GSVG-Versicherte, FSVG-Versicherte, Bauern). Die Nettoersatzraten sind in allen Bereichen gleich.

Die **Höhe der Nettoersatzrate** hängt davon ab,

- wie hoch die Beitragsleistung im Lauf des gesamten Lebens ist,
- mit welchem Alter die Pension beansprucht wird und
- ob ein Teil des Aktiveinkommens wegen Überschreitung der Höchstbeitragsgrundlage beitragsfrei war bzw wie hoch dieser Anteil war.

Für die Berechnung der angegebenen Nettoersatzraten der normalen Alterspension, der Korridorpension und der Berufsunfähigkeitspension wird von einer **gleichmäßigen Einkommenssteigerung** ausgegangen.[9]

Die Berechnungen werden für vier Einkommensschichten vorgenommen:

- vorheriges monatliches Aktiveinkommen netto € 1.800 (brutto € 2.800)
- vorheriges monatliches Aktiveinkommen netto € 2.600[10] (brutto € 4.530)

---

9 Die Berechnungen haben daher nur bedingt Gültigkeit. Die tatsächliche Pension kann erheblich über oder unter den prognostizierten Beträgen liegen. Bei den prognostizierten Beträgen werden immer gerundete Beträge angegeben.

10 Dieser Betrag wurde gewählt, weil ein Nettogehalt von € 2.600 einem Bruttogehalt in der Höhe der im Jahr 2014 geltenden Höchstbeitragsgrundlage (€ 4.530) entspricht.

- vorheriges monatliches Aktiveinkommen netto € 3.600 (brutto € 6.300)
- vorheriges monatliches Aktiveinkommen netto € 4.900 (brutto € 9.000)

2.5.2 Nettoersatzrate bei Inanspruchnahme einer normalen Alterspension

Unter Annahme einer gleichmäßigen Einkommensentwicklung ergeben sich bei 15 bis 50 Versicherungsjahren für eine zum Regelpensionsalter in Anspruch genommene Pension folgende Nettoersatzraten:

Vorheriges Aktiveinkommen: netto € 1.800 (brutto € 2.800)

Versicherungsjahre	Nettoersatzrate in %
15	32
20	42
25	52
30	61
35	67
40	74
45	80
50	86

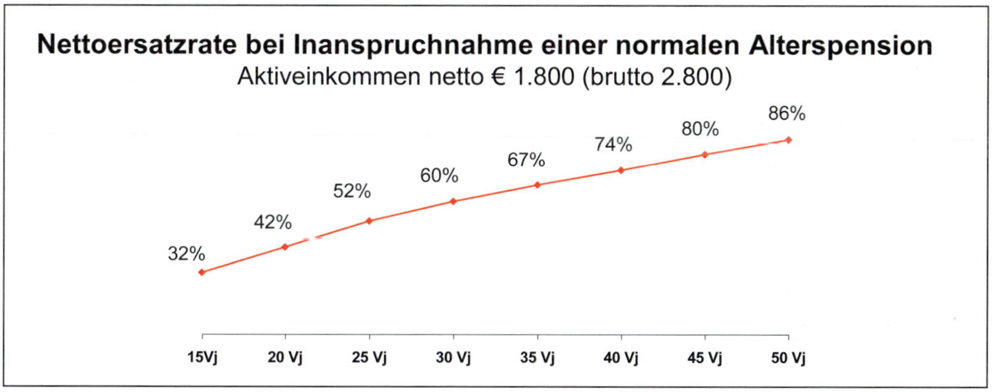

Die hohen **Nettoersatzraten** sind darauf zurückzuführen, dass die Pensionsversicherungsbeiträge und daher auch die daraus ermittelten Pensionen immer vom **Bruttoeinkommen**[11] berechnet werden. Bei einem monatlichen Bruttoeinkommen von € 2.800 fällt neben den Sozialversicherungsbeiträgen von ca € 500 eine Steuer von ca € 480 an, bei den daraus berechneten Pensionen beträgt der Krankenversicherungsbeitrag 5,1% und die Besteuerungsgrenze wird erst bei 30 Versicherungsjahren erreicht – und

[11] Sofern das Bruttoeinkommen die Höchstbeitragsgrundlage nicht übersteigt und im Bruttoeinkommen keine beitragsfreien Bezüge enthalten sind.

auch dann ist die Steuer erheblich niedriger als während der Aktivzeit. Die monatlichen Nettopensionen liegen zwischen € 570 (bei 15 Versicherungsjahren) und € 1.550 (bei 50 Versicherungsjahren).

➲ Beispiel:

Frau A., normale Alterspension, 40 Versicherungsjahre;
letztes Aktiveinkommen: brutto € 2.800, netto € 1.800;
Pension: brutto € 1.500, netto € 1.320.

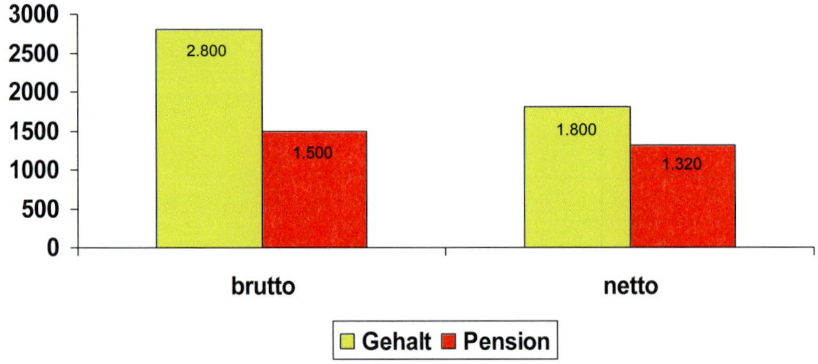

Nimmt man jetzt aber an, dass sich das Einkommen von Frau A im Laufe ihres Arbeitslebens nicht linear gesteigert hat, sondern einige „Sprünge" aufweist, so kann dies die Nettoersatzrate deutlich nach unten drücken, weil die schlechteren Einkommensjahre sich im Pensionskonto auswirken.

➲ Beispiel:

Frau B., normale Alterspension, 40 Versicherungsjahre;
letztes Aktiveinkommen: brutto € 2.800, netto € 1.800;
jedoch 15 Jahre niedriges Einkommen, dann zehn Jahre etwas besser und mit 45 Jahren Umreihung;
Pension: brutto € 1.200, netto € 1.100.

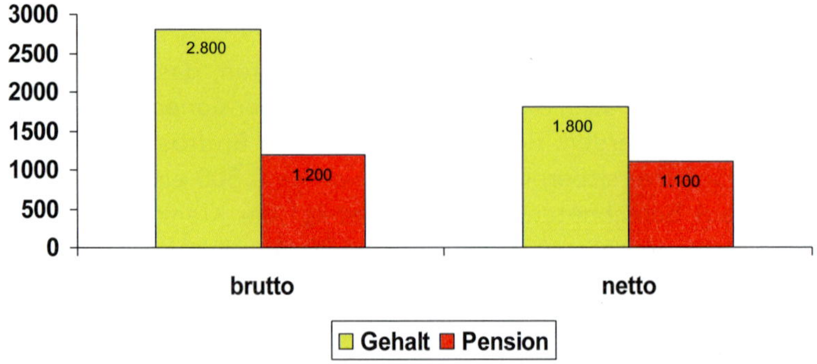

Vorheriges Aktiveinkommen: netto € 2.600 (brutto € 4.530)

Versicherungsjahre	Nettoersatzrate in %
15	35
20	44
25	51
30	58
35	65
40	72
45	79
50	85

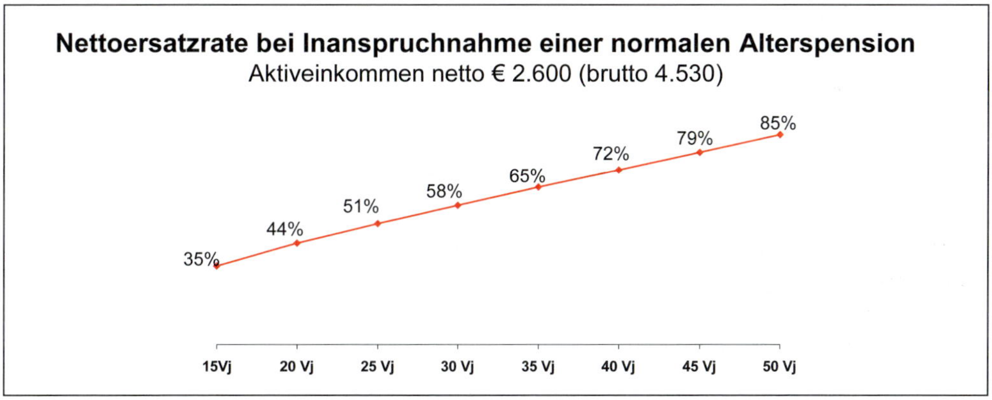

Die guten Nettoersatzraten[12] bei einem vorherigen monatlichen Aktiveinkommen von netto € 2.600 sind darauf zurückzuführen, dass bei einem monatlichen Bruttoeinkommen von € 4.530 die monatliche **Steuerbelastung** € 1.350 beträgt. Bei den auf diesem Einkommen beruhenden Pensionen schwankt die Steuer zwischen € 0 und € 850. Die monatlichen Nettopensionen betragen € 920 (bei 15 Versicherungsjahren) bis € 2.200 (bei 50 Versicherungsjahren).

[12] Bei 15 Versicherungsjahren eine höhere Nettoersatzrate als bei einem monatlichen Nettoeinkommen von € 1.800.

➲ Beispiel:

Herr B., normale Alterspension, 45 Versicherungsjahre;
letztes Aktiveinkommen: brutto € 4.530, netto € 2.600;
Pension: brutto € 2.900, netto € 2.050.

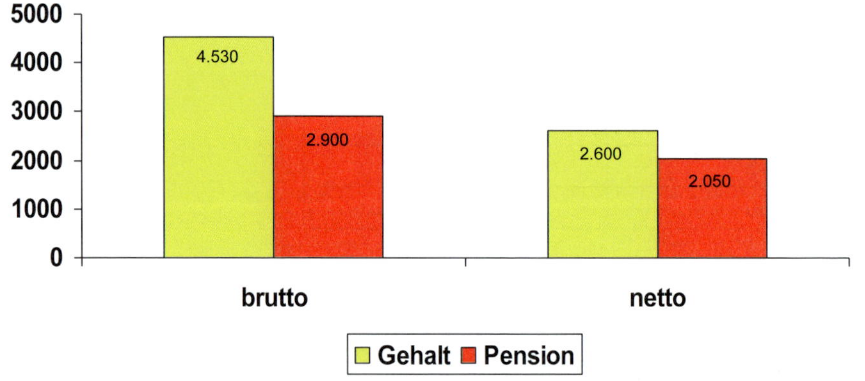

Vorheriges Aktiveinkommen: netto € 3.600 (brutto € 6.300)

Versicherungsjahre	Nettoersatzrate in %
15	25
20	32
25	37
30	42
35	47
40	52
45	57
50	61

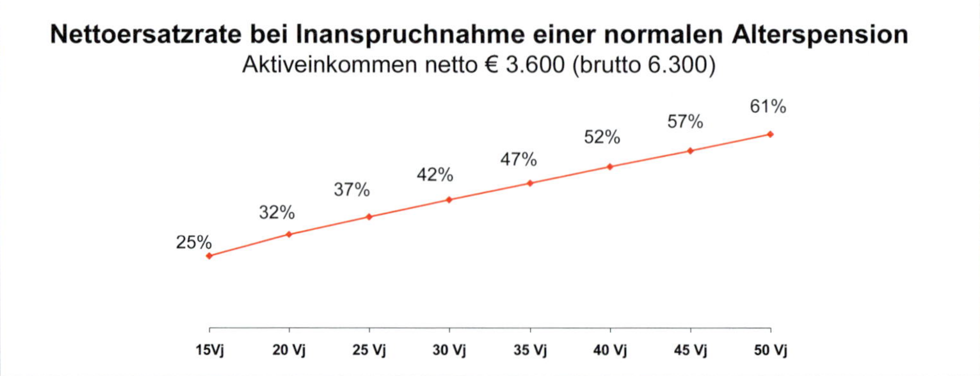

Bei einem monatlichen Aktiveinkommen von netto € 3.600 sinken die Nettoersatzraten. Die Ursache liegt darin, dass in diesem Fall ein Teil des Bruttoeinkommens (monatlich fast € 1.800) in der Sozialversicherung beitragsfrei ist[13] und daher auch für die **Sozialversicherungsleistungen** unberücksichtigt bleibt. Wie bei einem vorherigen monatlichen Aktiveinkommen von netto € 2.600 betragen die Nettopensionen € 920 (bei 15 Versicherungsjahren) bis € 2.200 (bei 50 Versicherungsjahren).

➲ Beispiel:

Frau C., normale Alterspension, 35 Versicherungsjahre;
letztes Aktiveinkommen: brutto € 6.300, netto € 3.600;
Pension: brutto € 2.250, netto € 1.700.

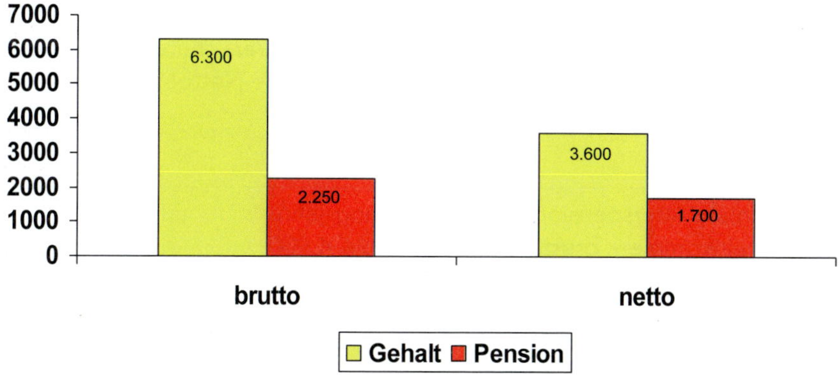

Vorheriges Aktiveinkommen: netto € 4.900 (brutto € 9.000)

Versicherungsjahre	Nettoersatzrate in %
15	19
20	23
25	27
30	31
35	35
40	38
45	42
50	45

13 Bei einem monatlichen Bruttoeinkommen von € 6.300 werden nur von € 4.530 Sozialversicherungsbeiträge entrichtet. € 1.770 sind beitragsfrei.

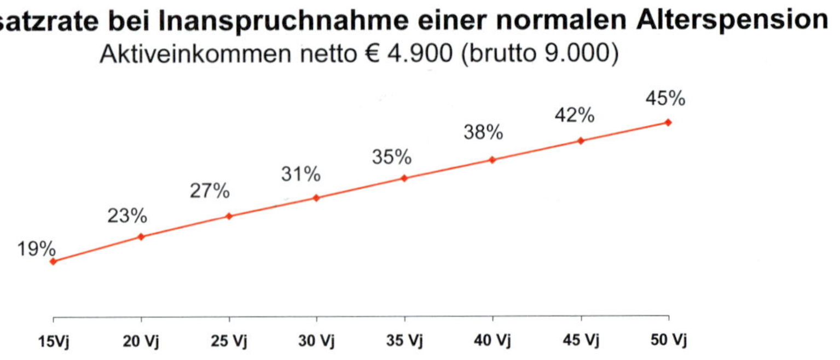

Ob ein Versicherter ein monatliches Aktiveinkommen von netto € 2.600 oder von netto € 4.900 bezieht, ändert an seiner Pensionshöhe nichts. Die Nettopensionen betragen € 920 (bei 15 Versicherungsjahren) bis € 2.200 (bei 50 Versicherungsjahren). Je höher das vorherige Aktiveinkommen ist, desto niedriger ist die Nettoersatzrate.

➲ Beispiel:

Herr D., normale Alterspension, 40 Versicherungsjahre;
letztes Aktiveinkommen: brutto € 9.000, netto € 4.900;
Pension: brutto € 2.600, netto € 1.900.

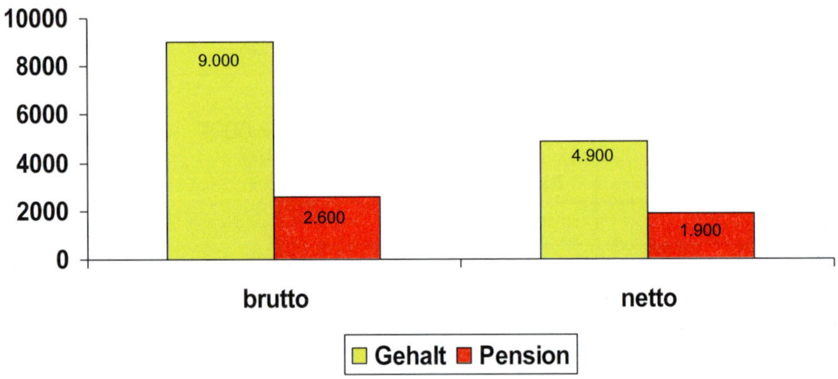

2.5.3 Nettoersatzrate bei Inanspruchnahme einer Korridorpension[14]

Für eine Korridorpension müssen ab dem Jahr 2017 mindestens 40 Versicherungsjahre vorhanden sein. Mit 62 Jahren können höchstens 47 Versicherungsjahre vorliegen. Die folgenden Grafiken zeigen daher nur die sich für 40 Versicherungsjahre bis 47 Versicherungsjahre ergebenden Nettoersatzraten.

[14] Wenn die Korridorpension im Alter von 62 Jahren in Anspruch genommen wird.

Bei Inanspruchnahme der Korridorpension vor dem Regelpensionsalter wird die Leistung um einen **Abschlag** vermindert. Der Abschlag beträgt für jeden Monat, um den die Pension vor dem Regelpensionsalter in Anspruch genommen wird, 0,425% der Leistung. Bei Inanspruchnahme der Korridorpension mit 62 Jahren beträgt der Abschlag somit 15,3% der Leistung.

Vorheriges Aktiveinkommen: netto € 1.800 (brutto € 2.800)

Versicherungsjahre	Nettoersatzrate in %
40	66
42½	69
45	71
47	73

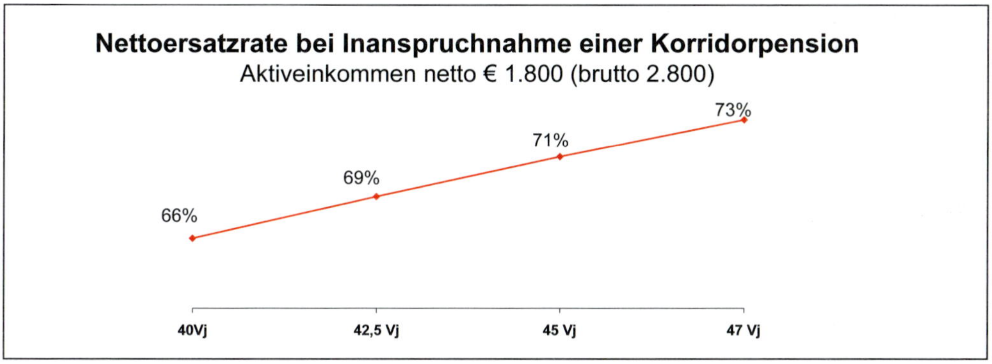

Bei einem vorherigen Aktiveinkommen von netto € 1.800 sind die Nettoersatzraten gut (66% bis 73%). Die Ursache liegt – wie schon bei den Nettoersatzraten für die normale Alterspension ausgeführt – im Steuerrecht. Bei einem Aktiveinkommen von € 2.800 beträgt die Steuer € 480. Die daraus ermittelten Korridorpensionen sind jedoch nur mit einer Steuer von € 100 bis € 180 belastet. Die monatlichen Nettopensionen betragen € 1.180 bis € 1.320.

➲ Beispiel:

Herr E., 62 Jahre, Korridorpension, 47 Versicherungsjahre;
letztes Aktiveinkommen: brutto € 2.800, netto € 1.800;
Pension: brutto € 1.600, netto € 1.320.

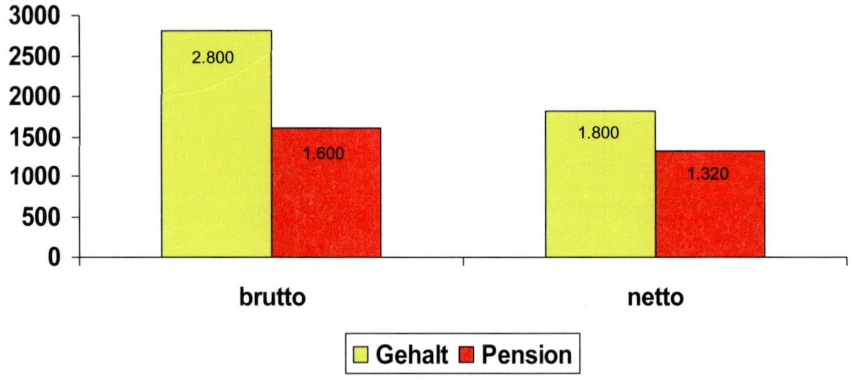

Vorheriges Aktiveinkommen: netto € 2.600 (brutto € 4.530)

Versicherungsjahre	Nettoersatzrate in %
40	64
42½	67
45	69
47	71

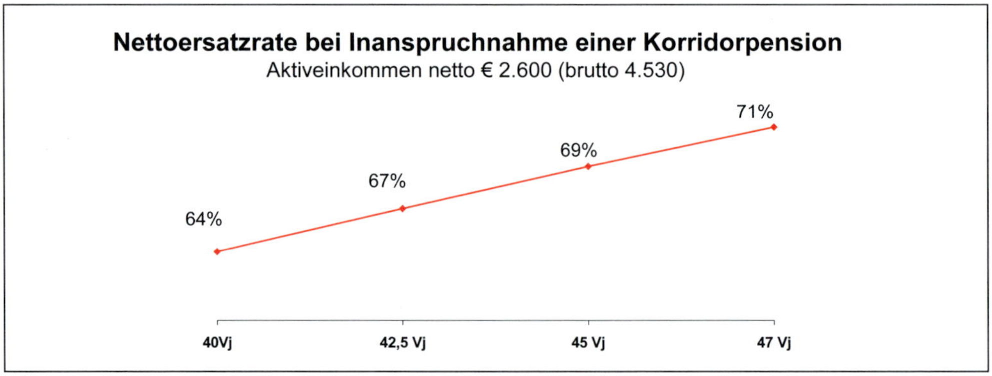

Da bei einem vorherigen Aktiveinkommen von netto € 2.600 auch die von der Korridorpension zu entrichtende Steuer steigt, sinken gegenüber dem vorigen Beispiel die Nettoersatzraten (64% bis 71%). Die monatlichen Nettopensionen betragen € 1.650 bis € 1.850.

➲ Beispiel:

Herr F., 62 Jahre, Korridorpension, 45 Versicherungsjahre;
letztes Aktiveinkommen: brutto € 4.530, netto € 2.600;
Pension: brutto € 2.450, netto € 1.800.

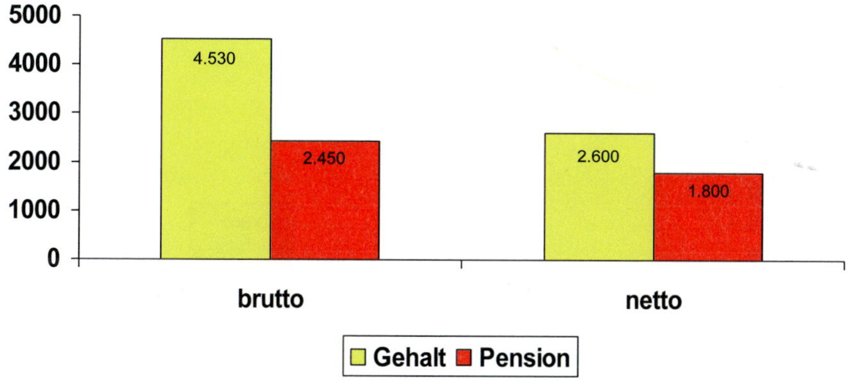

Vorheriges Aktiveinkommen: netto € 3.600 (brutto € 6.300)

Versicherungsjahre	Nettoersatzrate in %
40	46
42½	48
45	50
47	52

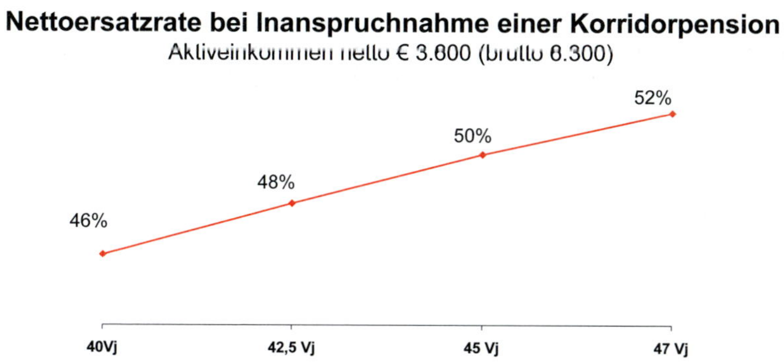

Wie schon bei der normalen Alterspension gezeigt, sinken bei einem monatlichen Aktiveinkommen von netto € 3.600 die Nettoersatzraten stark. Sie erreichen bei der Korridorpension nur 46% bis 52%. Die Ursache liegt darin, dass in diesem Fall ein erheblicher Teil des Bruttoeinkommens (monatlich fast € 1.800) in der **Sozialversicherung beitragsfrei** ist und daher auch für die Leistungsberechnung unberücksichtigt bleibt.

Wie bei einem vorherigen monatlichen Aktiveinkommen von netto € 2.600 betragen die Nettopensionen € 1.650 bis € 1.850.

➲ Beispiel:

Herr G., 62 Jahre, Korridorpension, 40 Versicherungsjahre;
letztes Aktiveinkommen: brutto € 6.300, netto € 3.600;
Pension: brutto € 2.200, netto € 1.650.

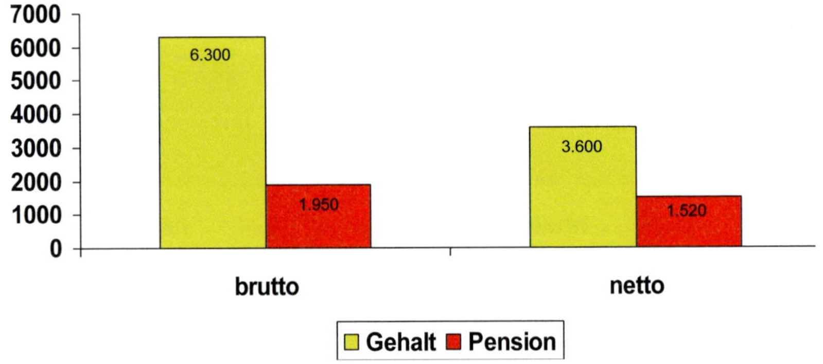

Vorheriges Aktiveinkommen: netto € 4.900 (brutto € 9.000)

Versicherungsjahre	Nettoersatzrate in %
40	34
40½	35
45	37
47	38

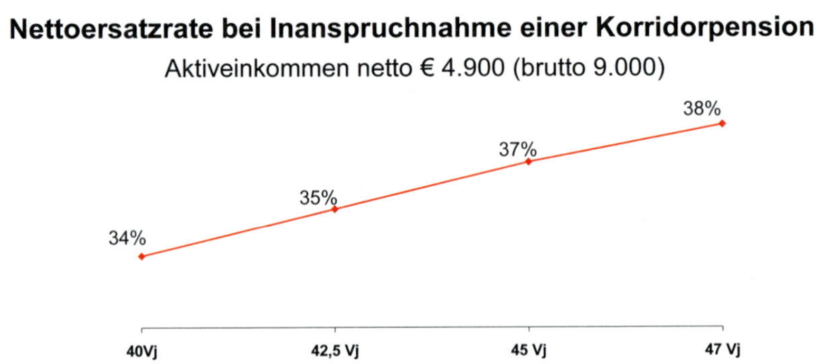

Ob ein Versicherter ein monatliches Aktiveinkommen von netto € 2.600 oder von € 4.900 bezieht, ändert an seiner Pensionshöhe nichts. Die Nettopensionen betragen – abhängig von den erworbenen Versicherungsjahren – immer € 1.650 bis € 1.850. Je höher das vorherige Aktiveinkommen ist, desto niedriger ist die Nettoersatzrate.

➲ Beispiel:

Herr H., 62 Jahre, Korridorpension, 40 Versicherungsjahre;
letztes Aktiveinkommen: brutto € 9.000, netto € 4.900;
Pension: brutto € 2.200, netto € 1.650.

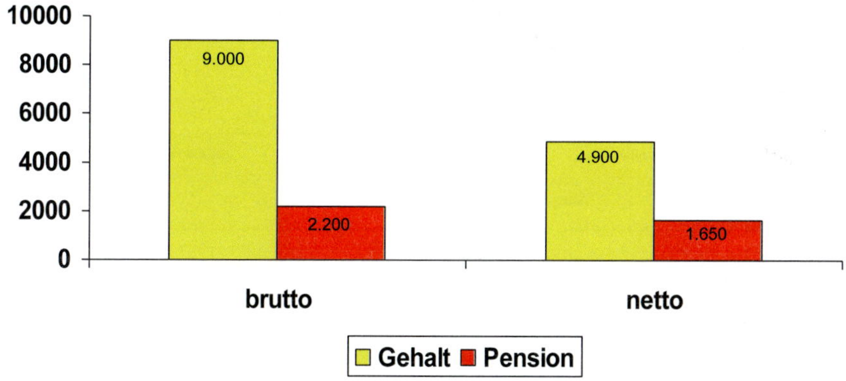

2.5.4 Nettoersatzrate bei Inanspruchnahme einer Berufsunfähigkeitspension (Invaliditätspension, Erwerbsunfähigkeitspension)

Bei Zuerkennung einer Berufsunfähigkeitspension (Invaliditätspension, Erwerbsunfähigkeitspension) vor Vollendung des 60. Lebensjahres wird die zunächst ermittelte Leistung mit einem bestimmten Faktor multipliziert. Je jünger der Versicherte ist, desto höher ist der Faktor, sodass eine in jungen Jahren vorhandene niedrige Gesamtgutschrift durch einen höheren Faktor ausgeglichen wird.

Vor allem bei Zuerkennung einer Berufsunfähigkeitspension (Invaliditätspension, Erwerbsunfähigkeitspension) wirkt sich ein späterer Eintritt in das Berufsleben negativ aus, da er nicht durch ein längeres Verbleiben im Arbeitsprozess kompensiert werden kann. Erfolgt der Eintritt in das **Berufsleben** erst nach dem vollendeten 20. Lebensjahr, sinkt die Nettoersatzrate. Das Gleiche gilt auch bei Unterbrechungen im Versicherungsverlauf.

In den folgenden Grafiken werden die Nettoersatzraten bei Eintritt in das Berufsleben mit 20 Jahren (oder früher), mit 25 Jahren, mit 30 Jahren und mit 35 Jahren gezeigt.

Vorheriges Aktiveinkommen: netto € 1.800 (brutto € 2.800)

Alter bei Eintritt in das Berufsleben	Nettoersatzrate in %
20 Jahre oder jünger	65
25 Jahre	61
30 Jahre	54
35 Jahre	45

Nettoersatzrate bei Inanspruchnahme einer Berufsunfähigkeitspension

Aktiveinkommen netto € 1.800 (brutto 2.800)

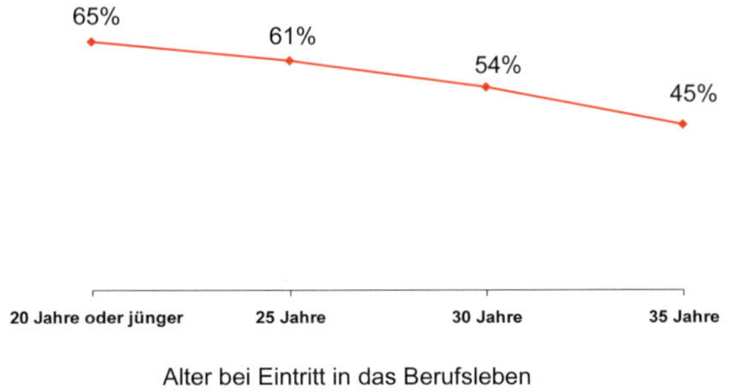

Bei einem vorherigen Aktiveinkommen von netto € 1.800 wird bei einem frühen Eintritt in das Berufsleben eine Nettoersatzrate von 65% erreicht. Aber auch in diesem Fall erreicht die monatliche Nettopension nur € 1.180. Bei späterem Eintritt in das Berufsleben sinkt die Nettopension erheblich.

➲ Beispiel:

Frau J., 40 Jahre, Invaliditätspension, zehn Versicherungsjahre;
letztes Aktiveinkommen: brutto € 2.800, netto € 1.800;
Pension brutto: € 1.030, netto € 980.

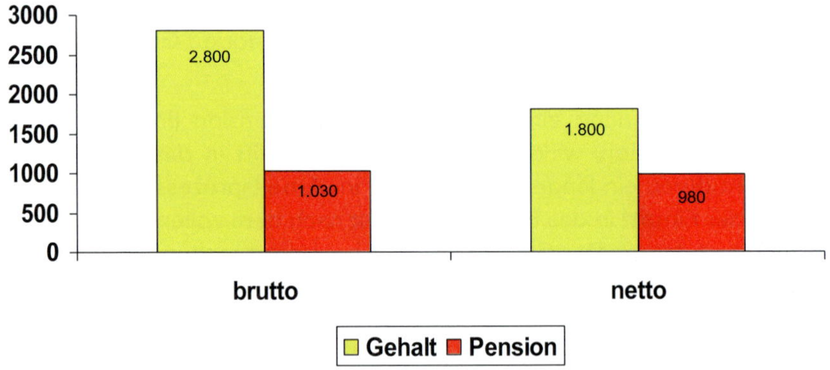

Vorheriges Aktiveinkommen: netto € 2.600 (brutto € 4.530)

Alter bei Eintritt in das Berufsleben	Nettoersatzrate in %
20 Jahre oder jünger	63
25 Jahre	58
30 Jahre	52
35 Jahre	46

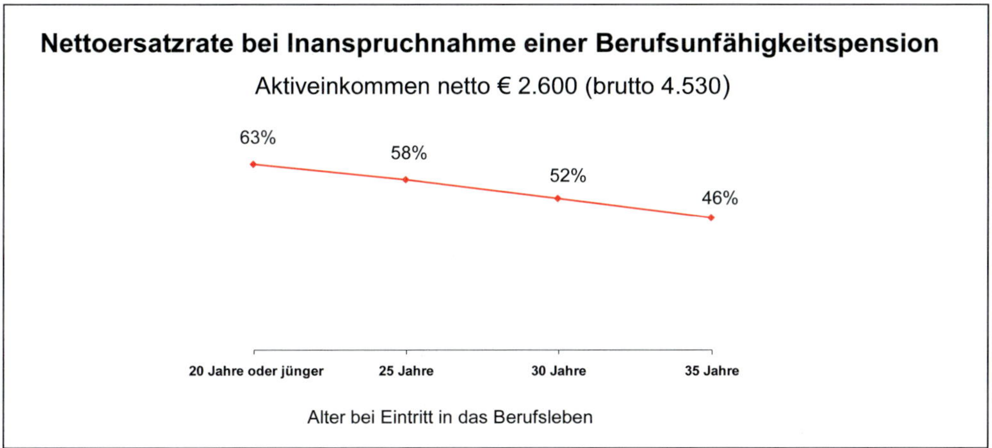

Bei frühem Berufseintritt ist die Nettoersatzrate etwas niedriger als im vorigen Beispiel. Die Ursache liegt wieder im Steuerrecht. Bei einem vorigen Aktiveinkommen von netto € 2.600 beträgt die Nettopension (falls bei Zuerkennung der Pension nicht mehr als 40 Versicherungsjahre vorliegen, höchstens € 1.650), bei späterem Eintritt in das Berufsleben (oder bei Unterbrechungen der Erwerbstätigkeit) sinkt sie in unterschiedlichem Ausmaß.

➲ Beispiel:

Frau K., 50 Jahre, Berufsunfähigkeitspension, 30 Versicherungsjahre;
letztes Aktiveinkommen: brutto € 4.530, netto € 2.600;
Pension: brutto € 2.200, netto € 1.650.

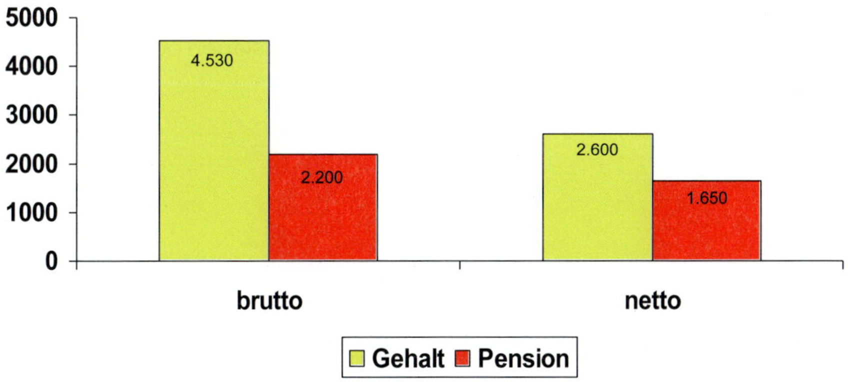

Vorheriges Aktiveinkommen: netto € 3.600 (brutto € 6.300)

Alter bei Eintritt in das Berufsleben	Nettoersatzrate in %
20 Jahre oder jünger	46
25 Jahre	42
30 Jahre	38
35 Jahre	34

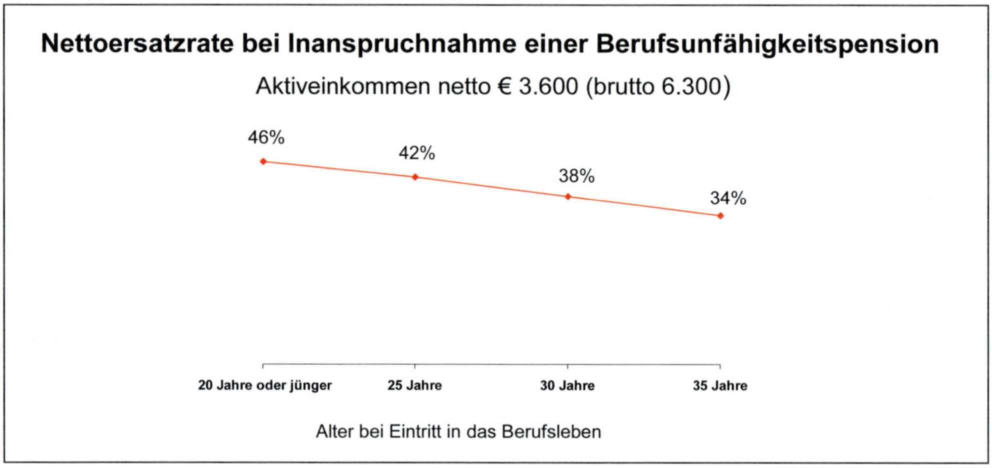

Wie schon bei der normalen Alterspension gezeigt, sinkt bei einem monatlichen Aktiveinkommen von netto € 3.600 die Nettoersatzrate sehr stark. Sie erreicht bei einer Berufsunfähigkeitspension (Invaliditätspension, Erwerbsunfähigkeitspension), falls am Pensionsstichtag nicht mehr als 40 Versicherungsjahre vorhanden sind, höchstens 46%, das sind € 1.650. Bei einem späteren Eintritt in das Berufsleben oder Unterbrechungen im Versicherungsverlauf ist sie viel niedriger.

➲ Beispiel:

Herr L., 55 Jahre, Berufsunfähigkeitspension, 30 Versicherungsjahre;
letztes Aktiveinkommen: brutto € 6.300, netto € 3.600;
Pension: brutto € 1.950, netto € 1.520.

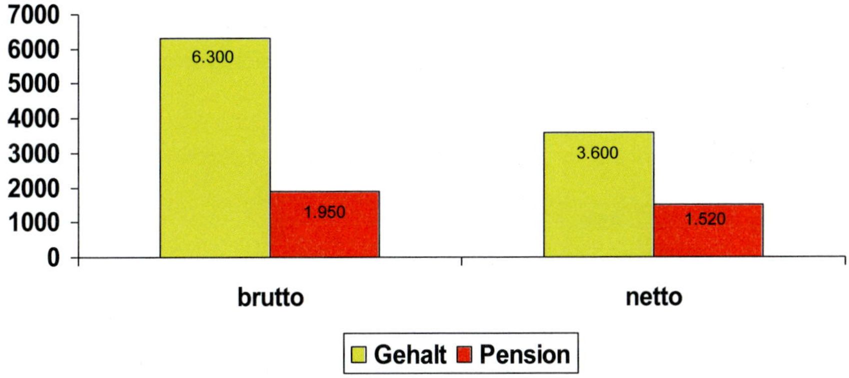

Obwohl Herr L. ein weit höheres Aktiveinkommen erzielte als Frau K., ist seine Pension niedriger, weil Herr L. erst nach Absolvierung seines Universitätsstudiums in das Erwerbsleben eintrat.

Vorheriges Aktiveinkommen: netto € 4.900 (brutto € 9.000)

Alter bei Eintritt in das Berufsleben	Nettoersatzrate in %
20 Jahre oder jünger	34
25 Jahre	31
30 Jahre	28
35 Jahre	25

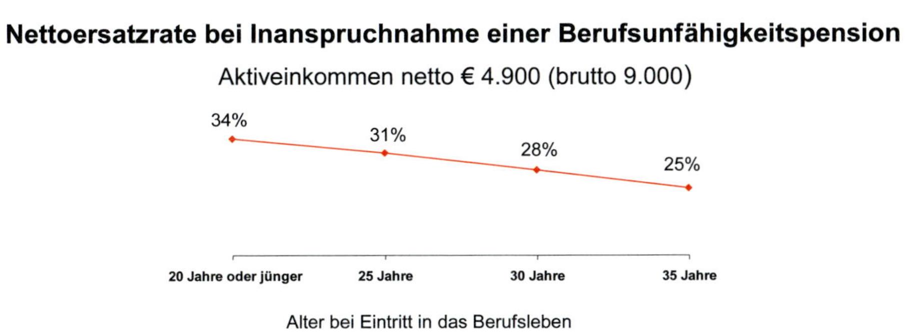

Ob ein Versicherter ein monatliches Aktiveinkommen von netto € 2.600 oder von netto € 4.900 bezieht, ist für die Pensionshöhe irrelevant. Die Nettopension beträgt höchstens € 1.650. Je höher das vorherige Aktiveinkommen ist, desto niedriger ist die Nettoersatzrate.

➲ Beispiel:

Herr M., 57 Jahre, Erwerbsunfähigkeitspension, 40 Versicherungsjahre;
letztes Aktiveinkommen: brutto € 9.000, netto € 4.900;
Pension: brutto € 2.200, netto € 1.650.

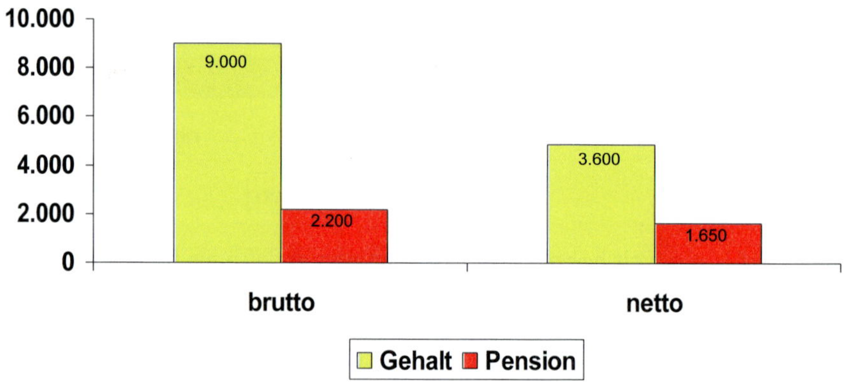

2.5.5 Schlussbemerkungen

Pensionsversicherungsbeiträge werden nur bis zur jeweils geltenden **Höchstbeitragsgrundlage** entrichtet. Die monatliche Höchstbeitragsgrundlage beträgt im Jahr 2014 für ASVG-Versicherte € 4.530.[15] Von übersteigenden Einkommensteilen werden keine Pensionsversicherungsbeiträge entrichtet, und dafür gebührt auch keine Leistung.

Außerdem ist zu beachten, dass

- im ASVG die Höchstbeitragsgrundlage für den **Kalendermonat** gilt und niedrige Einkünfte in einigen Kalendermonaten nicht durch höhere Einkünfte in anderen Kalendermonaten desselben Kalenderjahres ausgeglichen werden können;[16]
- **beitragsfreie Bezüge** (zB Diäten, vorwiegend bei Auslandseinsätzen) in manchen Bereichen einen erheblichen Einkommensbestandteil[17] ausmachen;
- für GSVG-Versicherte, FSVG-Versicherte und teilweise auch für Bauern die Sozialversicherungsbeitragsgrundlage aus den im Steuerbescheid ausgewiesenen **Einkünf-**

15 Für Versicherte nach dem GSVG, FSVG und BSVG ist die monatliche Höchstbeitragsgrundlage um 1/6 höher, beträgt somit im Jahr 2014 € 5.285. Die Jahreshöchstbeitragsgrundlage ist für alle Versicherten gleich hoch.

16 Im GSVG, FSVG und BSVG erfolgt eine gleichmäßige Einkommensverteilung über alle Monate des gleichen Kalenderjahres.

17 Sie wirken vor allem deswegen so stark einkommenserhöhend, weil davon weder Sozialversicherungsbeiträge noch Lohnsteuer bezahlt werden.

ten ermittelt wird[18] und die legale Nutzung steuerlicher Gestaltungsmöglichkeiten zu niedrigen Beitragsgrundlagen und damit auch zu niedrigen Pensionen führt;

- das Einkommen von selbständig Erwerbstätigen sehr starken Schwankungen unterworfen ist, und daher die tatsächliche Pension von der prognostizierten Pensionshöhe stark abweichen kann.

Vor allem Personen, deren Einkommen zum Teil in der Sozialversicherung beitragsfrei ist (Überschreitung der Höchstbeitragsgrundlage, Erhalt von Diäten und Kilometergeldern, legale Nutzung steuerlicher Gestaltungsmöglichkeiten), müssen im Alter bzw bei Erwerbsunfähigkeit mit einem sehr hohen Einkommensabfall rechnen, wenn sie ausschließlich auf die gesetzliche Pension angewiesen sind.

[18] Die monatliche Beitragsgrundlage ist 1/12 des steuerpflichtigen Jahreseinkommens, erhöht um die in diesem Kalenderjahr vorgeschriebenen Kranken- und Pensionsversicherungsbeiträge.

2a. Exkurs: Altersteilzeit

2a.1 Allgemeines

Grundkonzept der Altersteilzeit: Ältere Menschen können ihre Arbeitszeit reduzieren und erhalten vom Arbeitgeber ein höheres Entgelt, als ihrer reduzierten Arbeitszeit entspricht, wobei das AMS dem Arbeitgeber einen Teil der zusätzlichen Kosten ersetzt.

Die Vereinbarung einer Altersteilzeit beruht auf einer **freien Entscheidung** zwischen Arbeitgeber und Arbeitnehmer. **Keiner** der beiden Vertragspartner **kann** die Vereinbarung einer Altersteilzeit **erzwingen**.

Ein Arbeitnehmer, der in Altersteilzeit geht, erhält

- das **Arbeitsentgelt** für seine verringerte Arbeitszeit und
- einen **Lohnausgleich** in der Höhe von 50% der Differenz zwischen dem durchschnittlichen Entgelt der letzten zwölf Monate und dem neuen Teilzeitentgelt.

Durch die Inanspruchnahme der Altersteilzeit erleidet der Arbeitnehmer **keinen pensionsrechtlichen Schaden**, da während der Altersteilzeit die Sozialversicherungsbeiträge von der vor Beginn der Altersteilzeit geltenden Beitragsgrundlage weiterhin entrichtet werden.

Die **Abfertigung** Alt ist auf Grundlage der **Arbeitszeit vor Herabsetzung** der Normalarbeitszeit zu zahlen.

Eine nach dem 31. Dezember 2012 begonnene Altersteilzeit ist **mit fünf Jahren begrenzt.**

2a.2 Altersteilzeitmodelle

Es gibt zwei Altersteilzeitmodelle: kontinuierliche Arbeitszeitverkürzung und Blockzeitvereinbarung. Unabhängig davon, welches Modell gewählt wird, ist das Einkommen des Arbeitnehmers (Entgelt und Lohnausgleich) in der Mehrarbeitsphase und in der Minderarbeitsphase gleich hoch.

2a.2.1 Kontinuierliche Arbeitszeitverkürzung

Eine kontinuierliche Arbeitszeitverkürzung liegt vor, wenn

- die Arbeitszeit gleichmäßig reduziert wird oder
- ein **Ausgleich** der Zeitguthaben mit Zeitschulden innerhalb von **zwölf Monaten** erfolgt (**kleine Blockung)** oder
- die jeweiligen Abweichungen zum gewählten Modell nicht mehr als **20%** der vorherigen Normalarbeitszeit betragen (zulässige **Schwankungsbreite**) und Zeitguthaben und Zeitschulden innerhalb der gesamten Altersteilzeit ausgeglichen werden.

Kleine Blockung

Zeitguthaben und Zeitschulden werden innerhalb von zwölf Monaten ausgeglichen.

Wie dabei die Verteilung der Arbeitszeit erfolgt, vereinbaren Arbeitgeber und Arbeitnehmer. Es ist zB beim 50 %-Modell zulässig, sechs Monate voll zu arbeiten und anschließend sechs Monate Freizeit zu konsumieren. Das kann beliebig oft wiederholt werden.

Es kann aber auch eine andere Verteilung gewählt werden: einige Zeit Vollarbeit, einige Zeit Teilzeitarbeit, einige Zeit Konsumation der Zeitguthaben.

Nutzung der Schwankungsbreite

Die zulässige Abweichung vom gewählten Modell (20%) wird nach der vorherigen Normalarbeitszeit berechnet.

➲ Beispiel:

Herr K. war vor Beginn der Altersteilzeit vollbeschäftigt. Seine kollektivvertragliche Arbeitszeit beträgt 38 Wochenstunden.

Er vereinbart eine 50%ige Arbeitszeitreduktion. Seine Wochenarbeitszeit beträgt somit grundsätzlich 19 Wochenstunden.

Die zulässige Abweichung beträgt 20% von 38 Wochenstunden, somit 7,6 Wochenstunden.

Die Teilzeitarbeitszeit von 19 Wochenstunden darf somit für einige Zeit um höchstens 7,6 Wochenstunden erhöht und für einige Zeit um höchstens 7,6 Wochenstunden verringert werden.

Werden 11,4 Wochenstunden nicht unterschritten und 26,6 Wochenstunden nicht überschritten, liegt eine kontinuierliche Arbeitszeitverkürzung vor.

➲ Wichtig:

Am Ende der Altersteilzeit müssen Zeitguthaben und Zeitschulden ausgeglichen sein!

2a.2.2 Blockzeitvereinbarung

Eine Blockzeitvereinbarung liegt vor, wenn

- der **Ausgleich** der Zeitguthaben mit Zeitschulden **nicht** innerhalb von **zwölf Monaten** erfolgt **und**
- die jeweiligen **Abweichungen** zum gewählten Modell **mehr als 20%** der vorherigen Normalarbeitszeit betragen.

Am Ende der Altersteilzeit müssen Zeitguthaben und Zeitschulden immer ausgeglichen sein.

2a.2.3 Auswirkungen des gewählten Modells

Der Gesetzgeber favorisiert die kontinuierliche Arbeitszeitverkürzung:

- Diese ist bis zum Regelpensionsalter zulässig, unabhängig davon, ob schon früher ein Pensionsanspruch besteht.

- Das Altersteilzeitgeld beträgt **90%** der ersetzbaren Zusatzkosten.
- Es ist keine Ersatzarbeitskraft erforderlich.

Blockzeitvereinbarung

- Diese ist nur bis zu dem Zeitpunkt zulässig, zu dem die Anspruchsvoraussetzungen für eine Pension erfüllt sind.

  Eine Ausnahme besteht bei Erfüllung der Anspruchsvoraussetzungen für die Korridorpension. In diesem Fall ist eine Blockzeitvereinbarung bis zu einem Jahr nach Erfüllung der Anspruchsvoraussetzungen für die Korridorpension zulässig.
- Das Altersteilzeitgeld beträgt nur **50%** der ersetzbaren Zusatzkosten.
- Bei einer nach dem 31. Dezember 2012 beginnenden Altersteilzeit muss spätestens ab Beginn der Freizeitphase eine **Ersatzarbeitskraft** eingestellt werden.

2a.3 Voraussetzungen für eine geförderte Altersteilzeit

Für eine vom AMS geförderte Altersteilzeit müssen folgende Voraussetzungen erfüllt sein:

- Abschluss einer Vereinbarung zwischen Arbeitgeber und Arbeitnehmer mit einem bestimmten Mindestinhalt,
- Erfüllung bestimmter Voraussetzungen auf Arbeitnehmerseite,
- Einhaltung weiterer für eine Altersteilzeit geltender Vorschriften.

2a.3.1 Mindestinhalt einer Altersteilzeitvereinbarung

Die zwischen Arbeitgeber und Arbeitnehmer abgeschlossene Altersteilzeitvereinbarung muss Folgendes enthalten:

- Der Arbeitnehmer reduziert seine Normalarbeitszeit auf **40% bis 60%** seiner vorherigen Normalarbeitszeit.
- Der Arbeitgeber zahlt zusätzlich zum Teilzeitentgelt einen **Lohnausgleich**. Der Lohnausgleich beträgt mindestens die halbe Differenz zwischen dem durchschnittlichen monatlichen Bruttoentgelt der letzten zwölf Monate und dem der herabgesetzten Arbeitszeit entsprechenden Entgelt, wobei die Summe von Teilzeitentgelt plus Lohnausgleich mit der jeweils geltenden **Höchstbeitragsgrundlage** begrenzt werden **darf**.
- Beitragsgrundlage für die zu entrichtenden Sozialversicherungsbeiträge bleibt grundsätzlich die **Beitragsgrundlage vor Herabsetzung** der Arbeitszeit (letzte Monatsbeitragsgrundlage). Die Beitragsgrundlage steigt durch Lohnerhöhungen (kollektivvertragliche Lohnerhöhungen, Biennalsprünge, Umreihungen etc).
- Die Berechnung der **Abfertigung Alt** erfolgt nach der **Arbeitszeit vor** der **Arbeitszeitreduktion**. Dabei sind Lohnerhöhungen, Biennalsprünge und Anwartschaftssprünge bei Berechnung der Abfertigung zu berücksichtigen. Beiträge nach dem BMSVG werden von dem der vorherigen Arbeitszeit entsprechenden Entgelt entrichtet.

2a.3.2 Voraussetzungen auf Arbeitnehmerseite

- Vollendung des 58. Lebensjahres für den Arbeitnehmer, des 53. Lebensjahres für die Arbeitnehmerin.
- 15 Jahre[19] einer **arbeitslosenversicherungspflichtigen Beschäftigung** in den letzten 25 Jahren vor Beginn der Altersteilzeit (Rahmenzeitraum). Den Zeiten einer arbeitslosenversicherungspflichtigen Beschäftigung sind bei aufrechtem Dienstverhältnis Zeiten des Bezugs von Krankengeld oder von Wochengeld gleichgestellt. Der Rahmenzeitraum wird um im Rahmenzeitraum liegende Zeiten der Betreuung eines noch nicht 15 Jahre alten eigenen Kindes verlängert.
- Das Ausmaß der Normalarbeitszeit betrug in den letzten zwölf Monaten vor Beginn der Altersteilzeit mindestens **60%** der gesetzlichen oder kollektivvertraglichen Normalarbeitszeit.
- Bei Arbeitgeberwechsel dauerte die Beschäftigung beim Altersteilzeitdienstgeber vor Beginn der Altersteilzeit mindestens **drei Monate**.

2a.3.3 Weitere Bestimmungen

- Maximaldauer der Altersteilzeit: Bei einer nach dem 31. Dezember 2012 begonnenen Altersteilzeit ist Altersteilzeit höchstens für **fünf Jahre** möglich.
- Der Arbeitnehmer darf bei einer **geblockten** Altersteilzeit noch nicht die Anspruchsvoraussetzungen für **irgendeine Alterspension** erfüllen.
  - Ausnahme: Die Erfüllung der Anspruchsvoraussetzungen für eine **Korridorpension** steht einer geblockten Altersteilzeit für längstens **ein Jahr** nicht entgegen.
  - Eine kontinuierliche Altersteilzeit ist bis zum Regelpensionsalter zulässig.
- Die Freizeitphase beträgt bei einer Blockzeitvereinbarung höchstens **2½ Jahre**.
- Bei einer **Blockzeitvereinbarung** besteht die Verpflichtung zur Einstellung einer **Ersatzarbeitskraft** für die gesamte Freizeitphase bei Beginn der Altersteilzeit
  - nach dem 31. Dezember 2012 oder
  - zwischen dem 31. Dezember 2003 und dem **1. September 2009**.

2a.4 Ersatzarbeitskraft

Voraussetzungen für die Qualifikation als Ersatzarbeitskraft

Als Ersatzarbeitskraft gilt eine **zuvor arbeitslose Person**, die arbeitslosenversicherungspflichtig beschäftigt wird, oder ein **Lehrling**.

Es ist nicht erforderlich, dass die Ersatzarbeitskraft vorher beim AMS gemeldet war.

Die Dauer der vorherigen Arbeitslosigkeit ist gesetzlich nicht geregelt. Nach derzeitiger Praxis des AMS genügt es, wenn vor der Einstellung mindestens am Tag vorher Arbeitslosigkeit vorlag (wenn es sich um einen Arbeitnehmer handelt, der vorher bei einem anderen Arbeitgeber beschäftigt war).

---

[19] Genau 780 Wochen.

Zeitpunkt der Einstellung der Ersatzarbeitskraft

Die Ersatzarbeitskraft kann während der gesamten Einarbeitungsphase eingestellt werden, spätestens ist sie mit Beginn der Freizeitphase einzustellen. Eine Ersatzarbeitskraft kann auch schon vor Beginn der Altersteilzeit eingestellt werden, und zwar eine vorher arbeitslose Person frühestens einen Monat vor Beginn der Altersteilzeit, ein Lehrling frühestens drei Monate vor Beginn der Altersteilzeit.

Auswechselbarkeit der Ersatzarbeitskräfte

Scheidet eine Ersatzarbeitskraft aus dem Dienstverhältnis aus, kann jede Person, die während der Altersteilzeit aufgenommen wurde und damals die Voraussetzungen für den Status als Ersatzarbeitskraft erfüllte, als neue Ersatzarbeitskraft nachgemeldet werden.

2a.5 Lohnausgleich

Der Lohnausgleich ist mindestens die **halbe Differenz** zwischen dem durchschnittlichen monatlichen Entgelt der **letzten zwölf Monate** vor Beginn der Altersteilzeit und dem für die reduzierte Arbeitszeit gebührenden monatlichen Entgelt.

Der Arbeitgeber darf in der Altersteilzeitvereinbarung den Lohnausgleich dahin gehend begrenzen, dass dieser zusammen mit dem Teilzeitentgelt die jeweils geltende ASVG-Höchstbeitragsgrundlage nicht übersteigt. Nimmt er diese Begrenzung nicht vor, muss er eventuell einen höheren Lohnausgleich zahlen, wobei für diesen höheren Lohnausgleich das AMS keinen Ersatz leistet.

Für die Durchschnittsberechnung heranzuziehende Bezüge

Für die Durchschnittsberechnung ist nicht nur das Grundgehalt heranzuziehen, sondern alle Bezüge, die sozialversicherungsrechtlich zu den laufenden Bezügen zählen, wie zB Überstundenentlohnung, Nachtzulagen, Sonntagszulagen, Feiertagsentgelt, Erschwerniszulage, Gefahrenzulage, Sachbezüge etc. Es ist irrelevant, ob diese Bezüge regelmäßig geleistet wurden oder nicht.

Für die Durchschnittsberechnung bleiben außer Betracht:

- Auslagenersatz wie zB Diäten, Kilometergelder;
- Bezüge, die in der Sozialversicherung als Sonderzahlungen abgerechnet werden, wie zB Urlaubszuschuss, Weihnachtsremuneration, Bilanzgeld, alljährlich wiederkehrende Treueprämien etc.

Auswirkung von Krankenständen

Liegen in den letzten zwölf Monaten auch Zeiten, in denen der Arbeitnehmer wegen Erkrankung vom Arbeitgeber nur mehr halbes oder kein Entgelt bezog, werden die Zeiträume der **halben Entgeltfortzahlung** auf das **volle** Entgelt **aufgestockt**. Zeiten, in denen **nur Krankengeld** bezogen wurde, bleiben **außer Betracht**. In diesem Fall wird für die Durchschnittsberechnung ein kürzerer Zeitraum herangezogen.

Änderung des Lohnausgleichs während der Altersteilzeit

- Der Lohnausgleich steigt durch
  - kollektivvertragliche Erhöhungen,
  - Biennalsprünge,
  - Umreihungen,
  - das alljährliche Steigen der Höchstbeitragsgrundlage, wenn die Begrenzung mit der Höchstbeitragsgrundlage zum Tragen kommt.
- Der Lohnausgleich sinkt, wenn die Begrenzung mit der Höchstbeitragsgrundlage zur Anwendung kommt und das für die Arbeitsleistung gebührende Entgelt durch Lohnerhöhungen steigt.

2a.6 Leistung an den Arbeitnehmer

2a.6.1 Ab Beginn der Altersteilzeit

Der Arbeitnehmer erhält während der Altersteilzeit

- das Entgelt für die geleistete Arbeit und
- einen Lohnausgleich.

➲ Beispiel:

Ein Angestellter, geb am 15. November 1956, ist schon 20 Jahre im Betrieb beschäftigt und hat bis Ende November 2014 39 Versicherungsjahre erworben. Sein Gehalt betrug bis April 2014 € 2.900, ab Mai 2014 € 3.050. An Überstundenentlohnung erhielt er von Dezember 2013 bis November 2014 insgesamt € 642.

Er vereinbart mit seinem Arbeitgeber für die Zeit ab 1. Dezember 2014 bis 30. November 2019 (fünf Jahre) eine Herabsetzung der Arbeitszeit auf die Hälfte seiner kollektivvertraglichen Arbeitszeit.

Gehalt vor Beginn der Altersteilzeit:

brutto	€	3.050,00
– SV-B (18,07%)	€	551,14
– LSt	€	569,74
netto	**€**	**1.929,12**

Durchschnittsverdienst der letzten zwölf Monate:

Dezember 2013 bis April 2014: € 2.900 x 5	€	14.500,00			
Mai 2014 bis November 2014: € 3.050 x 7	€	21.350,00			
Überstundenentlohnung (Dezember 2013)	€	642,00			
	€	36.492,00	: 12 =	€	3.041,00
Entgelt für 50% Arbeitszeit: ½ von 3.050				€	1.525,00
Differenz				**€**	**1.516,00**

Der **Lohnausgleich** beträgt die halbe Differenz, somit € 758.

Der Arbeitnehmer erhält ab Beginn der Altersteilzeit:

50% von € 3.050	€	1.525,00	
Lohnausgleich (½ von € 1.516)	€	758,00	
brutto insgesamt	€	2.283,00	
– SV-B (17,07% von € 2.283)	€	389,71	
– KU, WF (1% von € 3.050)	€	30,50	
– LSt	€	310,75	
netto	**€**	**1.552,04**	**statt 1.929,12**

Der Arbeitnehmer hat seine vorherige Arbeitszeit auf 50% reduziert und erhält 80,5% seines vorherigen Nettoentgelts.

Die **Sozialversicherungsbeitragsgrundlage** bleibt weiterhin € 3.050.

Mit Ausnahme von Arbeiterkammerumlage und Wohnbauförderungsbeitrag trägt der Arbeitnehmer seine Sozialversicherungsbeiträge von seinem Bruttoeinkommen (Entgelt plus Lohnausgleich = € 2.283). Arbeiterkammerumlage und Wohnbauförderungsbeitrag trägt der Arbeitnehmer von der vollen Beitragsgrundlage (€ 3.050).

2a.6.2 Auswirkung von Gehaltserhöhungen

Durch Gehaltserhöhungen steigen sowohl das Entgelt für die Teilzeitarbeit als auch der Lohnausgleich.

Lohnerhöhungen um einen bestimmten Prozentsatz

Es werden sowohl das Entgelt für die Teilzeitarbeit als auch der Lohnausgleich um den angegebenen Prozentsatz erhöht.

➲ Beispiel:

Für den oben genannten Angestellten tritt ab März 2015 eine kollektivvertragliche Lohnerhöhung im Ausmaß von 3% in Kraft.

Es steigen sowohl das Teilzeitentgelt als auch der Lohnausgleich um 3%.

Der Angestellte erhält ab März 2015:

Entgelt für Arbeitsleistung: € 1.525 x 1,03	€	1.570,75
Lohnausgleich: € 758 x 1,03	€	780,74[20]
Bruttobezug	€	2.351,49

Der Arbeitgeber erhält ab März 2015 kein höheres Altersteilzeitgeld.

[20] Korrekte Berechnung des Lohnausgleichs:
Durchschnittsbezug der zwölf Monate vor Beginn der Altersteilzeit

erhöht um den Prozentsatz der Lohnerhöhung: € 3.041 x 1,03	€	3.132,23
– Entgelt für die Arbeitsleistung	€	1.570,75
Differenz	€	1.561,48
Lohnausgleich (1/2 Differenz)	€	780,74

Lohnerhöhung um einen Festbetrag

Bei einem Biennalsprung oder einer anderen Lohnerhöhung mit einem Festbetrag wird der Lohnausgleich um einen bestimmten Prozentsatz des Biennalsprungs (bzw des Festbetrags) erhöht.

Dieser beträgt (praktische Vorgangsweise):
- bei einer Arbeitszeitreduktion um 40% (60%-Modell): 20% des Biennalsprungs,
- bei einer Arbeitszeitreduktion um 50% (50%-Modell): 25% des Biennalsprungs,
- bei einer Arbeitszeitreduktion um 60% (40%-Modell): 30% des Biennalsprungs.

➲ Beispiel:

Das Gehalt des oben genannten Angestellten steigt ab 1. Juli 2015 durch einen Biennalsprung. Der Biennalsprung beträgt € 100.

Da die Arbeitszeit auf die Hälfte reduziert wurde, steigt
- das Entgelt für die Teilzeitarbeit um die Hälfte des Biennalsprungs (= € 50),
- der Lohnausgleich um 25% des Biennalsprungs (= € 25).

Der Angestellte erhält daher ab Juli 2015:

Entgelt für die Arbeitsleistung: € 1.570,75 + € 50	€	1.620,75
Lohnausgleich: € 780,74 + € 25	€	805,74[21]
Bruttobezug	€	2.426,49

Bei einer 50%igen Arbeitszeitreduktion steigt das Bruttoeinkommen des Arbeitnehmers um 75% des Biennalsprungs.

Durch den Biennalsprung steigt das Altersteilzeitgeld, wobei auch die vorige kollektivvertragliche Lohnerhöhung mitberücksichtigt wird.

2a.6.3 Sonderzahlungen während der Altersteilzeit

Die Tatsache, dass dem Arbeitgeber die ersetzbaren Zusatzkosten für Sonderzahlungen durch eine Erhöhung des Altersteilzeitgeldes abgegolten werden, beeinflusst den Sonderzahlungsanspruch des Arbeitnehmers nicht.

Die Höhe der Sonderzahlungen bestimmt der zur Anwendung kommende Kollektivvertrag. Nach den meisten Kollektivverträgen gebührt der Urlaubszuschuss in der Höhe des Junigehalts, die Weihnachtsremuneration in der Höhe des Novembergehalts.

---

21 Korrekte Berechnung des Lohnausgleichs:

erhöhter Durchschnittsbezug der zwölf Monate vor Beginn der Altersteilzeit erhöht um den Biennalsprung: € 3.132,23 + € 100	€	3.232,23
– Entgelt für die Arbeitsleistung	€	1.620,75
Differenz	€	1.611,48
Lohnausgleich (1/2 Differenz)	€	805,74

In diesem Fall setzen sich die Sonderzahlungen an den oben genannten Angestellten folgendermaßen zusammen:

Urlaubszuschuss Juni 2015

Entgelt für Arbeitsleistung	€	1.570,75	
Lohnausgleich	€	780,74	
Bruttobezug	€	2.351,49	(wie Junibezug)

Weihnachtsremuneration November 2015

Entgelt für die Arbeitsleistung	€	1.620,75	
Lohnausgleich	€	805,74	
Bruttobezug	€	2.426,49	(wie Novemberbezug)

2a.7 Leistung vom AMS an den Arbeitgeber: Altersteilzeitgeld

Das Altersteilzeitgeld ist eine Leistung, die der Arbeitgeber vom AMS erhält. Das Altersteilzeitgeld ersetzt **einen Teil der Zusatzkosten**, die dem Arbeitgeber durch Altersteilzeit erwachsen.

Für Sonderzahlungen gibt es kein eigenes Altersteilzeitgeld. Als Abgeltung für Sonderzahlungen wird das laufende Altersteilzeitgeld um 1/6 erhöht.

Ersetzbare Zusatzkosten

Für die Berechnung des Altersteilzeitgeldes werden herangezogen:

- **Lohnausgleich,** wobei die Summe aus Teilzeitarbeitsentgelt plus Lohnausgleich mit der jeweils geltenden Höchstbeitragsgrundlage begrenzt ist. Zahlt der Arbeitgeber einen höheren Lohnausgleich, wirkt sich der Mehrbetrag auf die Berechnung des Altersteilzeitgeldes nicht aus.
- **Arbeitgebersozialversicherungsbeiträge** und Zuschlag nach dem **Insolvenz-Entgeltsicherungsgesetz**, die auf den vorgeschriebenen Lohnausgleich entfallen.
- **Arbeitgeber- und Arbeitnehmersozialversicherungsbeiträge** und Zuschlag nach dem **Insolvenz-Entgeltsicherungsgesetz vom Aufstockungsbetrag. Der Aufstockungsbetrag ist** die **Differenz** zwischen dem Entgelt des Arbeitnehmers, einschließlich des Lohnausgleichs und der Beitragsgrundlage.

2a.7.1 Höhe des Altersteilzeitgeldes

Das Altersteilzeitgeld beträgt:

- bei einer kontinuierlichen Arbeitszeitverkürzung 90% der ersetzbaren Zusatzkosten,
- bei einer Blockzeitvereinbarung 50% der ersetzbaren Zusatzkosten.

➲ Beispiel:

Ein Angestellter befindet sich in Altersteilzeit mit einer 50%igen Arbeitszeitverkürzung. Seine Sozialversicherungsbeitragsgrundlage (berechnet nach der Arbeitszeit vor Beginn der Altersteilzeit) beträgt € 3.050, sein Entgelt für die Arbeitsleistung € 1.525, der Lohnausgleich € 758. Gesamteinkommen des Angestellten brutto: € 2.283.

Teilweise ersetzbare Kosten

• Lohnausgleich	€	758,00
• Arbeitgebersozialversicherungsbeiträge samt Zuschlag nach dem IESG vom Lohnausgleich: 21,23% von € 758	€	160,92
• Arbeitnehmer- und Arbeitgebersozialversicherungsbeiträge samt Zuschlag nach dem IESG vom Aufstockungsbetrag:[22] 38,3% von € 767 (€ 3.050 – € 2.283)	€	293,76
	€	1.212,68
Davon bei **kontinuierlicher Arbeitszeitverkürzung** 90%	€	1.091,41
+ 1/6 für Sonderzahlungen	€	181,90
monatlich ausgezahltes Altersteilzeitgeld	**€**	**1.273,91**
Davon bei **Blockzeitvereinbarung** 50%	€	606,34
+ 1/6 für Sonderzahlungen	€	101,06
monatlich ausgezahltes Altersteilzeitgeld	**€**	**707,40**

2a.7.2 Änderung des Altersteilzeitgeldes durch Lohnerhöhungen

Dem AMS sind zu melden:

- Entgeltänderungen, die nicht auf einer kollektivvertraglichen Lohnerhöhung beruhen, wenn die Entgeltdifferenz mehr als € 20 beträgt:
  - **Biennalsprung** oder Umreihung,
  - **Sinken** des **Entgeltanspruchs** wegen **Krankheit** auf 50%, 25% oder 0%,
  - Wiederantritt des Entgeltanspruchs nach Krankengeldbezug,
  - sonstige Entgeltänderungen.
- Änderung der **Beitragsgruppe** bzw Entfall des Zuschlags nach dem IESG – dazu gehören insbesondere:
  - Vollendung des 60. Lebensjahres,
  - Erfüllung der Anspruchsvoraussetzungen für eine (vorzeitige) Alterspension,
  - Vollendung des 63. Lebensjahres.

Diese Meldungen führen zu einer **Änderung des Altersteilzeitgeldes**.

---

22 Der Aufstockungsbetrag ist die Differenz zwischen der Beitragsgrundlage von € 3.050 und dem Bruttoeinkommen des Arbeitnehmers von € 2.283.

Dem AMS sind grundsätzlich nicht zu melden:

- **Kollektivvertragliche** Lohnerhöhung,
  - Ausnahme: Wenn der vom AMS zu erstattende Lohnausgleich gekürzt ist, weil ohne Kürzung die Summe von Teilzeitentgelt plus Lohnausgleich die Höchstbeitragsgrundlage überschreiten würde.
- Entgeltänderungen, die nicht mehr als monatlich € 20 betragen.

Erhöhung des Altersteilzeitgeldes mit dem Tariflohnindex

Durch kollektivvertragliche Lohnerhöhungen steigt das Altersteilzeitgeld nicht. Die Abgeltung der kollektivvertraglichen Lohnerhöhungen erfolgt durch die Erhöhung des Altersteilzeitgeldes mit 1. Mai eines jeden Jahres mit dem Tariflohnindex des Vorjahres. Der Tariflohnindex des Jahres 2013 betrug 2,6%. Das Altersteilzeitgeld wurde somit mit 1. Mai 2014 um 2,6% erhöht.

Keine Erhöhung des Altersteilzeitgeldes mit dem Tariflohnindex

Das Altersteilzeitgeld steigt nicht mit dem Tariflohnindex, wenn

- der vom AMS zu erstattende Lohnausgleich gekürzt ist, weil ohne Kürzung die Summe von Teilzeitentgelt plus Lohnausgleich die Höchstbeitragsgrundlage überschreiten würde,
- die Altersteilzeit in diesem Kalenderjahr begonnen hat oder
- in der Zeit vom 1. Jänner bis 1. Mai eine Änderung des Altersteilzeitgeldes erfolgte.

B. Ein Weg durch den Dschungel der Vorsorgeprodukte

Die Möglichkeiten der „nicht-staatlichen" Altersvorsorge sind vielfältig und die Anzahl der verschiedenen Produkte am Markt ist bereits schier **unüberschaubar** geworden.

Sparbuch, Bausparvertrag, einen reichen Partner heiraten, eine Wohnung vermieten, ein Grundstück kaufen, Anleihen, Aktien, Fonds, Dachfonds, Hedgefonds, Immobilienfonds, ein Fondssparplan, in- oder ausländische Kapitalversicherungen, Rentenversicherungen, ein Versicherungseinmalerlag, fondsgebundene Lebensversicherung, Pensionszusatzversicherung, Pensionsinvestmentfonds, andere staatlich geförderte Vorsorgeprodukte, Golddukaten, viele Kinder, die Abfertigung „Neu", ein betriebliches Pensionsversprechen, eine betriebliche oder überbetriebliche Pensionskasse, eine betriebliche Kollektivversicherung, ein Zukunftssicherungsmodell im Unternehmen etc – dies ist nur ein Ausschnitt der Antworten auf die Frage, wie denn die Österreicher für die Zeit nach ihrem aktiven Arbeitsleben **vorsorgen**, und die Liste ließe sich noch deutlich verlängern.

Deshalb wollen wir jetzt versuchen, eine **überschaubare Systematik** zu erstellen, in die sich die wichtigsten Vorsorgeprodukte zur **kapitalgedeckten Altersvorsorge** einordnen lassen. Dabei spannt sich der Bogen von der **privaten** Vorsorge hin bis zu den Möglichkeiten, die sich durch die **betriebliche** Vorsorge eröffnen. **Versicherungsnahe Produkte** wie Risikoversicherungen, Er- und Ablebensversicherungen und staatlich geförderte Sonderformen in ihren vielfältigen Ausprägungen sollen dabei genauso analysiert werden wie **bankennahe Spar- und Vorsorgeformen**, also beispielsweise Anleihen, Aktien oder Fondsprodukte.

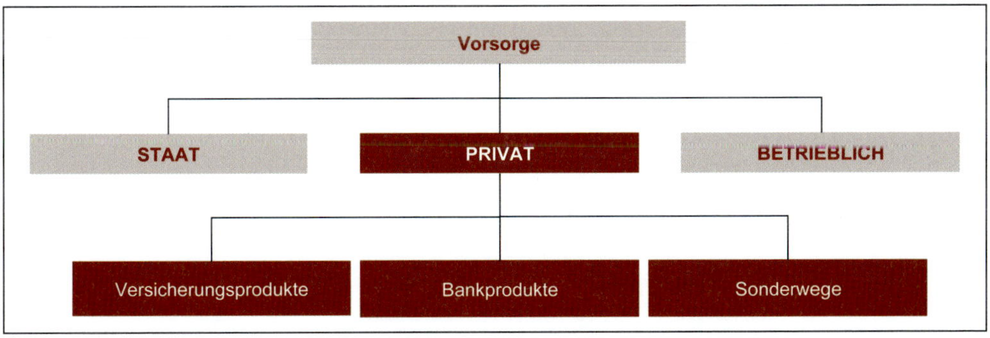

Nach einer grundsätzlichen Beschreibung der diversen Vorsorgemöglichkeiten soll eine Antwort darauf gegeben werden, welche **Ertragserwartungen** und welche **Risiken** sie bergen, ob und welche **steuerlichen Vorteile** sie kennzeichnen, wie Auszahlungen steuerlich zu behandeln sind, wie **flexibel** sie gehandhabt werden können, welche Möglichkeiten sie bei finanziellen Notlagen bieten und für wen oder für welche Zwecke sie sich am besten einsetzen lassen.

Jeder Leser soll im Anschluss in der Lage sein, aufgrund seiner ganz spezifischen und persönlichen Ausgangslage (Alter, Familienstand, Gesundheitszustand etc) sowie seiner

Pensionslücke, seines finanziellen Spielraums und seiner Risikobereitschaft das (die) für ihn geeignete(n) Vorsorgeprodukt(e) herauszufinden.

Zuvor wollen wir jedoch noch einige **Grundregeln** der Vorsorge herausarbeiten, die jeder beachten sollte, der sich für alternative Vorsorgeformen interessiert, unabhängig davon, für welches konkrete Produkt man sich letztendlich entscheiden möchte.

3. Grundsatzüberlegungen der Vorsorge

3.1 Die Bedarfsermittlung

Bevor man sich für eine oder mehrere Vorsorgevarianten entscheidet, sollte man sich die Zeit nehmen, seinen **Bedarf** danach zu analysieren – das heißt, die Frage zu klären, wie hoch mein Einkommen oder das Einkommen meiner Familie in einer bestimmten Situation (nach dem Pensionsantritt, bei Eintritt einer Berufsunfähigkeit oder bei einem Todesfall) sein wird und wie viel Geld ich dann brauchen werde. Wie viel Geld werde ich[23] nach dem Pensionsantritt zur Aufrechterhaltung meines Lebensstandards und zur Verwirklichung meiner Lebensvorstellungen benötigen und wie viel Geld kann ich im Gegenzug aus der gesetzlichen Pensionsversicherung oder sonstigen Einnahmequellen erwarten?

Die Differenz, die sich daraus ergibt, ist die **(Pensions-)Lücke**, die man mit alternativen Vorsorgewegen versuchen sollte zu schließen. Danach erst kommt die Auswahl des geeigneten **Vorsorgeproduktes** und die Frage, ob man sich im Moment eine Vollabsicherung überhaupt leisten kann oder ob zumindest vorerst mit geringeren Sparleistungen gestartet werden soll.

Ein guter Ausgangspunkt für die Bestimmung der **Pensionslücke** ist die Bestimmung der momentanen **laufenden Ausgaben** und der heutigen **Fixkosten**.

Versuchen Sie, auf Anhieb zu schätzen, wie hoch Ihre laufenden Belastungen denn im Durchschnitt im Monat sind. Danach nehmen Sie sich einmal ein paar Minuten Zeit und denken Sie anhand folgender Liste nach, wie viel Geld sie eigentlich wirklich laufend ausgeben. Die meisten werden überrascht sein, wie hoch die Ausgaben tatsächlich sind, die man **regelmäßig** zu tätigen hat. Und dann vergleichen Sie diese Kosten mit der Leistung, die Sie aus der gesetzlichen Pensionsversicherung (oder sonstigen Einnahmequellen) erwarten können.

Dabei ist es auch wichtig, **größere Ausgaben**, die nicht monatlich anfallen, ebenfalls mitzuberücksichtigen, wie beispielsweise die Anschaffung eines neuen Autos. Dividiert man den Anschaffungspreis durch die Nutzungsdauer und berücksichtigt man noch einen gewissen Abschlag (bzw Zuschlag bei Kreditfinanzierung) als Zinsfaktor, kann man diese Belastung auch auf Monatsbasis darstellen.

---

[23] Bzw: Wie viel Geld werden meine Hinterbliebenen benötigen, um nach meinem Tod ihren Lebensstandard aufrechterhalten zu können und die gesteckten Ziele (Schulausbildung der Kinder, Schuldenfreiheit etc) verwirklichen zu können?

Ausgaben für	monatliche Belastung	Ausgaben für	monatliche Belastung
Wohnen		**Versicherungen**	
Miete		Autoversicherung	
Rückzahlungen		Krankenversicherung	
Parkplatz		Unfallversicherung	
Betriebskosten		Haushaltsversicherung	
Rundfunkgebühren		Gebäudeversicherung	
Kabelanschluss		Sonstige Versicherungen	
Internet		**Auto**	
Telefon (Festnetz, Handy)		Treibstoff	
Reparaturen, Erneuerungen		Service, Vignette, Jahresüberprüfung	
Freizeit		Reparaturen	
Sport		Leasingrate	
Ausflüge		Vorsorge für Neukauf	
Abendgestaltung		Sommer-/Winterreifen	
Rauchen		**Leben**	
Bekleidung		Essen und Trinken	
Urlaub, Reisen		Sehhilfen (Linsen, Brillen)	
Sonstige Hobbys		Arzneikosten	
Diverses		Haushaltsgeräte	
Geburtstagsgeschenke		Sonstige Ausgaben	
Weihnachtsgeschenke			
Kirchenbeitrag			
Vereinsmitgliedschaft			
Spenden			
Summe		**Summe**	

Vielleicht werden einige der hier vorgegebenen Kosten in der **Pensionsphase** nicht mehr anfallen, weil man beispielsweise die Kreditraten für das Haus oder die Wohnung dann bereits abbezahlt hat. Vielleicht wird man auch auf andere heute notwendigen Ausgaben verzichten können. Dafür hat man dann in der Pension aber auch viel mehr Zeit, um das Leben zu genießen und sich Dinge zu gönnen, die man sich vorher nicht leisten konnte.

Auf der anderen Seite werden auch **neue Ausgaben** dazukommen und Neuanschaffungen fällig werden, mit denen man im Moment nicht rechnet. Ein Fernseher, der kaputt wird, eine Waschmaschine, die repariert werden muss, der Balkon, der neu gestrichen werden muss, ein Dach, das bereits löchrig geworden ist etc.

Außerdem muss man sich bewusst machen, dass heutige Pensionisten aktiver sind denn je zuvor. Schon lange hat sich die Aussage, dass man als Pensionist ohnehin kein Geld mehr braucht, eher in das Gegenteil verkehrt. Die **durchschnittliche Lebenserwartung** eines 60-jährigen Mannes beträgt noch rund 22 Jahre, die einer 60-jährigen Frau sogar noch fast 26 Jahre und jedes Jahr steigt die Lebenserwartung weiter an. Der **medizinische Fortschritt** und bessere **Arbeitsbedingungen** sorgen dafür, dass sich ein sehr großer Teil der Bevölkerung bei Pensionsantritt bester Gesundheit erfreuen kann.

Und endlich kann man sich auch die Zeit nehmen für jene Dinge, die im hektischen Berufsalltag nicht möglich waren. Plötzlich hat man 365 Tage im Jahr **Freizeit** und die will man auch vernünftig und abwechslungsreich gestalten. Viele beginnen erst beim Pensionsantritt mit neuen Sportarten oder haben zumindest jetzt die Möglichkeit, sie intensiver zu betreiben.

Andere möchten neue Länder kennenlernen, machen Bus-, Flug- oder Schiffsreisen, gönnen sich angenehme Wellness-Tage in einer Therme oder kaufen sich das lang ersehnte neue Auto. Vielleicht möchte man aber auch das Schrebergartenhaus im Grünen mieten oder einfach seine Kinder bei bestimmten Anschaffungen unterstützen. Die Frage ist, ob man sich diese Dinge dann auch wirklich leisten kann oder ob man sich lieber auf 20 oder mehr „**magere**" Jahre einstellen sollte.

Aber auch die Wohnung oder das eigene Haus stellen für einen Pensionisten eine ständige Kostenbelastung dar. Auch wenn die Schulden dafür vielleicht bereits abbezahlt sind, bleiben bestimmte Fixkosten immer bestehen und laufende Renovierungsarbeiten und teure Reparaturen werden nicht ausbleiben.

Nachdem es auch trotz besten Gesundheitssystems und langer Lebenserwartung nicht ausbleiben wird, dass im hohen Alter einfach bestimmte **körperliche Probleme** auf uns zukommen, werden wir zunehmend auf fremde Leistungen angewiesen sein.

Auch einfache Reparaturen oder Arbeiten am Haus, die man früher vielleicht selbst erledigen konnte, werden sehr teuer, wenn man plötzlich auf **fremde Hilfe** angewiesen ist und sämtliche Leistungen bezahlen muss. Dabei geht es jetzt nicht nur um Arbeiten am Haus und im Garten, dabei geht es um die alltäglichsten Dinge im Leben. Der eine geht auswärts essen, die andere braucht Hilfe beim Schneeschaufeln, ein dritter benötigt jemanden zum Putzen, eine Haushaltshilfe oder vielleicht eine Hauspflege.

Mit dem Pensionsantritt braucht man also in der Regel nicht weniger Geld als im aktiven Erwerbsleben, eher gleich viel oder mehr.

Nachdem die individuellen Wünsche und Vorstellungen sehr verschieden sind, gehen wir in der Folge zur Vereinfachung davon aus, dass es das letzte Aktiveinkommen vor Pensionsantritt ist, das man auch in Zukunft zur Aufrechterhaltung des Lebensstandards braucht. Die **Pensionslücke** ist dann die Differenz zwischen diesem letzten Einkommen und der Pension, die man aus der gesetzlichen Pensionsversicherung erwarten kann. Ergibt die Analyse, dass man auch mit 80% des letzten Aktiveinkommens oder mit einem anderen Prozentsatz davon auskommen wird, dann nimmt man eben diesen Wert für die Bestimmung der Lücke her.

In den Kapiteln 2.5.2 bis 2.5.4 haben wir einige Praxisbeispiele berechnet und auch Überblicksgraphiken erstellt, die eine Orientierung erlauben, mit welcher **Netto-Pensionslücke** jeder von uns rechnen muss. Die Lücke gibt hier immer einen Nettowert pro Monat an, also wie viel Geld uns Monat für Monat im Vergleich zum **Letztbezug** fehlen wird.

3.2 Der Barwert einer Pension

Der **Barwert** einer Pension gibt an, wie viel Kapital man (in diesem Beispiel über eine Versicherung) nach heutigen Gegebenheiten bis zum Pensionsantritt ansparen muss, um damit eine lebenslange Rente finanzieren zu können, die den Einkommensverlust (die Pensionslücke) abdecken kann. Er vermittelt ein besseres Gefühl, um welche Größenordnungen es sich beim Thema „Pensionsverluste" tatsächlich handelt.

In der folgenden Tabelle[24] kann man den Barwert einer Rentenverpflichtung für verschiedene Altersvarianten erkennen. Auf die unterschiedliche Lebenserwartung von Frauen und Männern, die hier deutliche geschlechtsspezifische Unterschiede ergeben würden, darf seit der Umsetzung der sogenannten „Unisex-Richtlinie" Ende 2012 hierbei nicht mehr Rücksicht genommen werden. Seit diesem Zeitpunkt müssen auch bei Lebensversicherungen „Unisex-Tarife"[25] verwendet werden. Eine **höhere Lebenserwartung** führt allgemein dazu, dass die Rente für einen längeren Zeitraum bezahlt werden muss, und folglich zu einem **höheren Kapitalbedarf**. Eine Frau würde aufgrund ihrer **höheren** statistischen **Lebenserwartung** für dieselbe Rente rund 5 bis 15% mehr Kapital benötigen als ein gleichaltriger Mann. Da auf dieses Faktum (geschlechterspezifische Unterscheidungen wie Lebenserwartung bzw Sterbewahrscheinlichkeit) – wie oben erwähnt – nicht mehr Rücksicht genommen werden darf, ergibt sich jetzt ein Mischfaktor, der den einheitlichen Kapitalbedarf für Männer und Frauen bei gleicher Rente bestimmt.

Alter	Barwert der 14-mal jährlichen Rente von:				
	100	300	500	1.000	3.000
Person 57 ohne Wertsicherung	30.090	90.269	150.448	300.895	902.686
mit Wertsicherung 1,5%	37.686	113.058	188.430	376.861	1.130.583
Person 60 ohne Wertsicherung	28.643	85.929	143.215	286.430	859.291
mit Wertsicherung 1,5%	35.353	106.059	176.764	353.528	1.060.585
Person 62 ohne Wertsicherung	27.069	81.209	135.348	270.695	812.086
mit Wertsicherung 1,5%	32.915	98.745	164.575	329.149	987.448
Person 65 ohne Wertsicherung	25.369	76.106	126.843	253.686	761.058
mit Wertsicherung 1,5%	30.381	91.142	151.904	303.808	911.423

Eine 65-jährige Person benötigt heute zum Schließen einer **lebenslangen Pensionslücke** von monatlich € 100 (14-mal jährlich) ein Kapital von € 25.369. Sollen die € 100

24 Ausgangsbasis ist dabei die Frage, wie viel Kapital nach heutigen Sterbewahrscheinlichkeiten für eine monatliche Zusatzpension in der angegebenen Höhe notwendig ist. Die Pension soll 14-mal jährlich und lebenslang ausbezahlt werden. Die Höhe des Barwertes wird mitbestimmt von der Annahme der Verzinsung des eingesetzten Kapitals und der Wertsicherung der Pension. Die Verzinsung (= Gesamtgewinnbeteiligung) wurde hier mit 3,25% kalkuliert. Der erste Wert stellt den Barwert ohne jährliche Steigerung der Rente dar; der zweite Wert unterstellt, dass die Rente jedes Jahr um 1,5% angepasst wird.

25 Ein Unisex-Tarif ist ein Versicherungstarif, der das Geschlecht des Versicherungsnehmers nicht als Tarifkriterium verwendet, obwohl es die Risikobewertung beeinflusst. Seit dem 21. Dezember 2012 gelten für alle neu abgeschlossenen Versicherungsverträge die Unisex-Tarife. Nach einem Urteil des Europäischen Gerichtshofes (EuGH) darf das Geschlecht, im Gegensatz zu anderen Faktoren, bei der Tarifkalkulation nicht mehr berücksichtigt werden.

jährlich um 1,5% steigen, erhöht sich der Barwert bereits auf € 30.381. Möchte man diese Rente bereits ab einem Alter von 62 Jahren bekommen, sollte man bis dahin bereits € 32.915 angespart haben. Möchte man eine höhere Wertsicherung haben als 1,5%, erhöht dies den Kapitalbedarf zusätzlich.

Nachdem die Pensionslücke bei den meisten Österreichern jedoch deutlich höher ausfallen wird als € 100 im Monat, erreichen die Barwerte schwindelerregende Höhen, wie aus obiger Tabelle deutlich zu entnehmen ist.

Daneben gibt es weitere Faktoren, welche den soeben berechneten Barwert noch mehr nach oben treiben:

Übergang im Todesfall

Möchte man, dass die Rente nach dem Tod beispielsweise zu 60% auf den/die hinterbliebene(n) Ehegatten/-in übergeht, so erhöht sich der Barwert im Schnitt noch einmal deutlich.[26]

Karrieresprung

Weiters muss man sich bewusst sein, dass die Lücke auf Basis heutiger Gegebenheiten, somit auch auf Basis des heutigen Einkommens und der heutigen Kaufkraft berechnet wird. Ergeben sich in der Zukunft vielleicht überdurchschnittliche Gehaltssteigerungen durch Karrieresprünge oder andere positive Entwicklungen im Beruf, so kann die Differenz zwischen letztem Aktiveinkommen und Pension noch deutlich höher ausfallen.

Steigende Lebenserwartung

Auch kann eine in der Zukunft vielleicht noch steigende Lebenserwartung den Kapitalbedarf für eine lebenslange Rente noch weiter nach oben treiben, weil von einer längeren Rentenzahlungsdauer ausgegangen werden muss. Somit stellen die hier dargestellten Zahlen eher eine sehr vorsichtige und wahrscheinlich eher relativ tief angesetzte Prognose dar und man kann davon ausgehen, dass in der Zukunft die Barwerte noch steigen werden, also noch mehr Kapital angespart werden muss.

Eine Gegenstrategie wäre hierbei der Abschluss einer Rentenversicherung, bei der garantiert wird, dass bei der Berechnung der Rentenhöhe von der heutigen Lebenserwartung ausgegangen wird und nicht von jener bei Vertragsablauf. Details dazu finden sich ab dem Kapitel 4.1.2.6.

Kaufkraftverlust

Zu berücksichtigen ist ebenfalls, dass bei der Bestimmung der Pensionslücke noch keine Überlegungen zum Erhalt der Kaufkraft des heute ermittelten Fehlbetrages angestellt worden sind. Geht ein heute 35-jähriger Mann beispielsweise laut Tabelle von einer Lücke von € 500 und einem Barwert von € 151.904 (Pensionsantritt mit 65, 1,5% Wertsicherung, ohne Witwenpension) aus, so soll ja die Kaufkraft der € 500 in 30 Jahren

[26] Um wie viel sich der Barwert tatsächlich erhöht, hängt vom Altersunterschied der beiden Partner ab. Je jünger der hinterbliebene Partner ist, desto länger muss statistisch die Rente an ihn bezahlt werden und desto höher wird der Barwert.

zum Pensionsantritt der heutigen Kaufkraft entsprechen. Die heute errechneten Werte sind also einer **Indexierung** zu unterziehen.

Wie weit der errechnete Barwert durch diese Indexierung steigt, hängt davon ab, wie viele Jahre der Pensionsantritt noch entfernt ist und welchen **Zinssatz** man als jährlichen Kaufkraftverlust (Inflationsrate) unterstellt. Geht man von einer durchschnittlichen Inflationsrate von 2,5% pro Jahr aus, so müsste der bisher errechnete Barwert für jedes Jahr bis zur Pensionierung um 2,5% erhöht werden.

Folgende **Tabelle** zeigt, um wie viel der berechnete Barwert (oder die gewünschte Rente) erhöht werden muss, damit er in einer bestimmten Anzahl von Jahren die Kaufkraft bewahrt, wenn man eine durchschnittliche Inflationsrate von 2,5% pro Jahr unterstellt.

Laufzeit	Faktor	Laufzeit	Faktor	Laufzeit	Faktor	Laufzeit	Faktor
6	1,1597	**16**	1,4845	**26**	1,9003	**36**	2,4325
7	1,1887	**17**	1,5216	**27**	1,9478	**37**	2,4933
8	1,2184	**18**	1,5597	**28**	1,9965	**38**	2,5557
9	1,2489	**19**	1,5987	**29**	2,0464	**39**	2,6196
10	1,2801	**20**	1,6386	**30**	2,0976	**40**	2,6851
11	1,3121	**21**	1,6796	**31**	2,1500	**41**	2,7522
12	1,3449	**22**	1,7216	**32**	2,2038	**42**	2,8210
13	1,3785	**23**	1,7646	**33**	2,2589	**43**	2,8915
14	1,4130	**24**	1,8087	**34**	2,3153	**44**	2,9638
15	1,4483	**25**	1,8539	**35**	2,3732	**45**	3,0379

Hat man vor, in zehn Jahren in Pension zu gehen, ist der heute ermittelte Barwert mit 1,2801 zu multiplizieren. Liegt der Pensionsantritt 30 Jahre entfernt, ist der Barwert in etwa zu verdoppeln (Faktor 2,0976).

Folgendes **Beispiel** soll nun konkret die Bestimmung des Barwertes einer Pensionslücke nachvollziehen:

Ausgangsbasis:	Mann, 35 Jahre alt, Pensionsalter 65, somit in 30 Jahren; erwartete Pensionslücke: € 1.000 netto
Barwertberechnung:	
Barwert ab 65[27] ohne Wertsicherung in Pensionsphase:	253.686
Barwert ab 65 mit Wertsicherung in der Pensionsphase:	303.808
Indexierter Barwert (Faktor 2,0976):	637.267
Indexierte Pensionslücke:	2.098
Barwert mit Wertsicherung und Witwenpension:	337.008[28]
Indexierter Barwert (Faktor 2,0976):	706.908

27 Barwert einer lebenslangen Rente in der Höhe von 1.000 Euro, 14x pro Jahr, zahlbar an einen 65 Jahre alten Mann.

28 Annahme, dass der Partner um drei Jahre jünger ist; ohne Indexierung.

Um seine **Pensionslücke** in voller Höhe schließen zu können, müsste der Mann aus unserem Beispiel in den nächsten 30 Jahren ein Kapital von insgesamt € 637.276 ansparen. Möchte er dazu noch, dass im Falle seines Todes die Rente zu 60% an seine Gattin **übergeht**, so würde er sogar einen Betrag von € 706.908 benötigen.
Wie viel Geld jedes Jahr auf die Seite gelegt werden müsste, um in 30 Jahren einen bestimmten Kapitalbetrag anzusparen, hängt hauptsächlich vom Zinssatz ab, den man bei der Ansparung erreichen kann. Nehmen wir einmal an, dass man mit einem jährlichen Betrag zu sparen beginnt und diesen jedes Jahr um 2,5% erhöht, so müsste man bei einem **effektiven Zinssatz**[29] von

- 2% mit € 1.713,
- 3% mit € 1.473,
- 4% mit € 1.259,
- 5% mit € 1.070,
- 6% mit € 905,
- 7% mit € 763

jährlicher Ansparung beginnen, um ein Kapital von € 100.000 zu erreichen. Bei einem Zielkapital von 637.267 müssen diese Werte also mit einem Faktor von rund 6,4 multipliziert werden.

Vorsorge-Mix

Natürlich ist es in vielen Fällen gar nicht notwendig und auch schwer durchführbar, diese Lücke nur durch **private Vorsorge** zu schließen. Mit einem **Mix** aus privater Vorsorge, betrieblicher Vorsorge und der Abfertigung „Neu" (oder auch der Abfertigung „Alt") sollte es aber möglich sein, den gesamten oder zumindest einen wesentlichen Teil des Verlustes bei Pensionsantritt auszugleichen. Wichtig ist es auf jeden Fall, seinen Bedarf annähernd abzuschätzen und seine gesamten Vorsorgeaktivitäten danach auszurichten.

Kann man fix mit einer Abfertigung von seinem Arbeitgeber bzw aus einer Vorsorgekasse rechnen, erhält man beim Austritt eine Firmenpension oder bezahlt der **Arbeitgeber** Beiträge in eine Pensionskasse oder eine Direktversicherung, so kann man die voraussichtlichen Leistungen daraus von der benötigten Zusatzrente bzw vom Barwert abziehen.

Vor allem wird aus den vorliegenden Berechnungen klar, dass es meist wesentlich **höhere** Summen sind, die zur Absicherung einer Pensionslücke notwendig sind, als man bei einer ersten Schätzung glauben würde. Erhält beispielsweise eine Frau zum Alter 57 eine Abfertigung in der Höhe von € 37.686, so kann sie sich damit eine lebenslange Zusatzrente in der Höhe von € 100 finanzieren. Dabei ist auch darauf zu achten, ob je nach gewähltem Produkt auch **Steuern** anfallen, welche die Rente dann noch deutlich schmälern würden.

Genauso, wie wir bei der Darstellung der Lücke zum Pensionsantritt vorgegangen sind, empfiehlt es sich zu überlegen, wie man selbst im Falle einer **Berufsunfähigkeit** oder

[29] Dargestellt ist hier die effektive Rendite, somit nach Abzug aller Kosten und Steuern. Der erreichte Zinssatz muss somit deutlich höher liegen.

die Familie im **Todesfall** abgesichert ist. Die Grafiken und Musterberechnungen in den Kapiteln 2.5.2 bis 2.5.4 können auch hier als Grundlage dienen.

Im Gegensatz zur Pensionsvorsorge, bei der man das nötige Kapital bis zu einem berechenbaren Pensionsstichtag anspart, kann der Tod oder eine Berufsunfähigkeit jeden **plötzlich** und völlig **unvorbereitet** treffen. Hier geht es somit darum, die entsprechenden Lücken nicht durch eine längerfristige Ansparung abzusichern, sondern durch private **Risikoversicherungen**, die im Ernstfall sofort Geldleistungen zur Verfügung stellen, unabhängig davon, wie viel Geld man bereits einbezahlt hat (siehe dazu Kapitel 4.1.1).

3.3 Die richtige Art der Ansparung

Im Beispiel des letzten Kapitels sind wir von einer Pensionslücke von € 1.000 und einem Barwert von € 303.808 bei einer Wertsicherung der Pension nach Pensionsantritt von 1,5% ausgegangen, ohne Vorsorge für einen Übergang der Rente auf Hinterbliebene. Bezieht man den Kaufkraftverlust mit ein, dann soll die tatsächliche Pension in 30 Jahren € 2.098 betragen, der Barwert sohin rund € 637.267.

In der Praxis findet man verschiedene Varianten, wie bei einer solchen Ansparung grundsätzlich vorgegangen wird. Hierbei wollen wir eine „aufgezinste Variante" und eine „nichtaufgezinste Variante" unterscheiden.

Nichtaufgezinste Variante

Dabei geht man von der ursprünglich berechneten Lücke aus (€ 1.000 Rente/**€ 303.808 Kapital**) und stellt die Berechnung der notwendigen Ansparprämie auf diese Werte ab. Unterstellt man eine effektive Rendite von 4%, so ließe sich das gewünschte Kapital in 30 Jahren mit einer jährlich gleichbleibenden Prämie von rund € 5.210 erreichen.

Oft wird damit argumentiert, dass man diese Prämie **indexiert**, also jedes Jahr um einen bestimmten Wert (zB nach dem jeweiligen Verbraucherpreisindex oder mit einem fixen Prozentsatz) erhöht und somit die Sicherung der Kaufkraft gegeben bleibt.

Dabei unterliegt man jedoch der Täuschung, dass zwar die Prämien jedes Jahr um einen gewissen Prozentsatz steigen, das gewünschte Ablaufkapital bzw die gewünschte Rente jedoch nie im gleichen Prozentsatz mitwachsen können. Die erste Prämienerhöhung findet nach einem Jahr statt, wirkt sich jetzt aber nur mehr für 29 Jahre aus, die zweite Erhöhung nur mehr für 28 Jahre etc.

Auch wenn man die Prämie jedes Jahr um 4% steigen lassen würde, kommt man zum Ablauf nach 30 Jahren nur auf ein Ergebnis von **€ 506.928** (statt der gewünschten € 637.267). Dies entspricht einer Wertsicherung des Kapitals von rund 1,7% anstatt der gewünschten 2,5%. In diesem Beispiel müsste man die Prämien jährlich um rund 5,6% steigen lassen, um am Ende eine Wertsicherung des Kapitals von 2,5% zu erreichen!

Aufgezinste Variante

Bei der aufgezinsten Variante nimmt man die **Indexierung** des Barwertes bzw der gewünschten Rente vorweg und zielt von Beginn an auf den höheren Wert ab, sprich auf die € 637.267 bzw die Rente von € 2.098. Dadurch ergibt sich ab dem ersten Tag eine höhere Prämie, die jedoch in der Zukunft nicht so stark angepasst werden braucht.

Dabei kann man sich überlegen, ob man das Ziel mit einer über die Laufzeit gleichbleibenden Prämie erreichen möchte, oder ob die Prämie über die Jahre hinweg steigen soll. Die folgende Tabelle gibt einen Überblick über die soeben besprochenen Varianten, die alle, ausgenommen der ersten Variante, zum selben Ergebnis führen, jedoch mit einer unterschiedlichen Entwicklung der Prämie im Zeitverlauf.

Jahre	nicht aufgezinst	nicht aufgezinst	aufgezinst	aufgezinst
	Steigerung 4%	Steigerung 5,6%	ohne Steigerung	Steigerung 2,5%
1	5.210	5.210	10.925	8.020
2	5.418	5.501	10.925	8.221
3	5.635	5.809	10.925	8.427
4	5.860	6.134	10.925	8.638
5	6.094	6.477	10.925	8.854
6	6.338	6.839	10.925	9.075
7	6.592	7.221	10.925	9.302
8	6.856	7.625	10.925	9.535
9	7.130	8.051	10.925	9.773
10	7.415	8.501	10.925	10.017
11	7.712	8.976	10.925	10.267
12	8.020	9.478	10.925	10.524
13	8.341	10.008	10.925	10.787
14	8.675	10.567	10.925	11.057
15	9.022	11.158	10.925	11.333
16	9.383	11.782	10.925	11.616
17	9.758	12.441	10.925	11.906
18	10.148	13.136	10.925	12.204
19	10.554	13.870	10.925	12.509
20	10.976	14.645	10.925	12.822
21	11.415	15.464	10.925	13.143
22	11.872	16.328	10.925	13.472
23	12.347	17.241	10.925	13.809
24	12.841	18.205	10.925	14.154
25	13.355	19.223	10.925	14.508
26	13.889	20.298	10.925	14.871

Jahre	nicht aufgezinst	nicht aufgezinst	aufgezinst	aufgezinst
	Steigerung 4%	Steigerung 5,6%	ohne Steigerung	Steigerung 2,5%
27	14.445	21.433	10.925	15.243
28	15.023	22.631	10.925	15.624
29	15.624	23.896	10.925	16.015
30	16.249	25.232	10.925	16.415
Kapital	**506.928**	**637.267**	**637.267**	**637.267**

Zahlweise

Neben der Frage, ob man sich für eine aufgezinste oder nicht aufgezinste Variante entscheidet, sollte man sich auch über die gewünschte Zahlweise Gedanken machen.

Möchte man seine Prämien monatlich entrichten, vierteljährlich, halbjährlich oder jährlich? Gibt es vielleicht bestimmte Zeitpunkte (Urlaubsgeld, Weihnachtsgeld), zu denen man einen größeren Betrag sparen möchte, oder ist eine **gleichmäßige** Verteilung des Aufwandes besser?

Abzuwägen und zu erfragen sind auch die **Zuschläge**, die bei den unterschiedlichen Produkten für eine unterjährige Zahlweise zu entrichten sind. Bei Versicherungsprodukten gibt es in der Regel Zuschläge; dafür wird der Vertrag so gestellt, als wäre die Prämie bereits zu Beginn jedes Versicherungsjahres bezahlt worden. Bei Bankprodukten gibt es idR keine Zuschläge, dafür wird das Geld aber auch erst ab der tatsächlichen Zahlung veranlagt bzw verzinst.

Einmalerlag

Eine Pensionsvorsorge muss aber nicht unbedingt nur mit laufenden Prämien erfolgen. Jederzeit kann auch ein größerer Geldbetrag als Einmalerlag veranlagt oder in den Vertrag mit laufender Prämie eingeschossen werden. Die laufenden Prämien könnten dadurch deutlich verringert werden.

3.4 Der richtige Zeitpunkt

Die Frage, wann denn der richtige Zeitpunkt gekommen ist, mit einer Pensionsvorsorge zu beginnen, ist leicht zu beantworten: **Je früher, desto besser**.

Je länger der Zeitraum der Ansparung ist, desto mehr greift der sogenannte **Zinseszins-Effekt** und umso geringer ist der (monatliche) Sparaufwand, um das gewünschte Kapital oder die gewünschte Rente zu erreichen.

Folgende **Tabelle** zeigt je nach Alter bei Beginn der Vorsorge auf, wie viel man im Monat sparen müsste, wenn man bis zum Alter 65 ein Kapital von € 100.000 erreichen möchte.[30]

Beginnt man bereits mit einem Alter von 20 Jahren mit der Ansparung, genügt bereits ein jährlicher Betrag von rund € 1.060, um das gewünschte Kapital zu erreichen. Beginnt man mit 30 Jahren, sind es immerhin schon deutlich über € 1.600, mit 40 Jahren über € 2.800, mit 50 bereits sogar fast € 5.600. Mit jedem Jahr, das man vergehen lässt, steigt der Sparaufwand deutlich an.

Alter	Laufzeit	Prämie/Jahr	Alter	Laufzeit	Prämie/Jahr
20	45	1.058	40	25	2.806
21	44	1.105	41	24	2.976
22	43	1.153	42	23	3.162
23	42	1.205	43	22	3.366
24	41	1.260	44	21	3.589
25	40	1.318	45	20	3.836
26	39	1.379	46	19	4.110
27	38	1.444	47	18	4.415
28	37	1.513	48	17	4.757
29	36	1.587	49	16	5.143
30	35	1.666	50	15	5.582
31	34	1.750	51	14	6.085
32	33	1.839	52	13	6.667
33	32	1.932	53	12	7.347
34	31	2.032	54	11	8.152
35	30	2.139	55	10	9.120
36	29	2.253	56	9	10.256
37	28	2.377	57	8	11.692
38	27	2.510	58	7	13.542
39	26	2.655	59	6	16.013

Natürlich darf man hierbei nicht vergessen, dass jemand, der über einen sehr langen Zeitraum hinweg ein bestimmtes Zielkapital ansparen möchte, auch einen höheren **Kaufkraftverlust** mitberücksichtigen muss und daher ein entsprechend höheres Zielkapital angestrebt werden sollte, wie im Kapitel 3.3 bereits ausführlich behandelt worden ist.

30 Die Werte stammen von österreichischen Lebensversicherungs-Gesellschaften und beziehen sich auf eine Erlebens-Versicherung mit einer Laufzeit bis zum Alter 65. Die Gewinnerwartung ist hierbei mit 3,25 kalkuliert und unverbindlich.

3.5 Die Höhe der Vorsorgeprämie

Die Höhe der Vorsorgeprämie sollte sich grundsätzlich am ermittelten Bedarf orientieren, der sich aus dem **Vergleich** ergibt, wie viel Geld ich in der Pensionsphase brauchen werde (Fixkosten + was ich mir zusätzlich leisten möchte) und dem, was ich aus der gesetzlichen Pensionsversicherung oder sonstigen bestehenden Vorsorgeformen erwarten kann.

Oft kann man es sich aber nicht leisten, die **ganze** Lücke, die sich bei Pensionsantritt ergibt, zu schließen – vielleicht, weil der Ansparzeitraum zu kurz ist, weil man momentan über nicht genügend unverplantes Einkommen verfügt, weil man erst am Beginn seiner beruflichen Laufbahn steht, weil man gerade mit sonstigen Rückzahlungen zu kämpfen hat etc.

Obwohl die Vorsorge **bedarfsorientiert** sein soll, muss sie auch **leistbar** bleiben und soll das momentane Leben nicht allzu sehr einengen. Natürlich heißt Vorsorgen auch Sparen, aber es ist sicher besser, in etwas schwierigeren Phasen mit kleineren Vorsorgebeträgen zu beginnen, als sich zu hohen Zahlungen zu verpflichten, die man sich dann bald nicht mehr leisten kann.

Gerade wenn man **rechtzeitig** mit der Vorsorge beginnt, ist es ein guter Weg, mit geringeren Beiträgen die Vorsorge zu starten und diese Beiträge im Laufe der Zeit zu erhöhen und auch somit den errechneten Bedarf als Zielgröße zu erreichen.

Vielleicht kann man ja auch, wenn sich die Gelegenheit ergibt, bestimmte größere Geldbeträge (Bonifikationen, Abfertigungen) als Einmalzahlungen in die Vorsorge einfließen lassen und dadurch die geringeren laufenden Prämienzahlungen wieder ausgleichen.

3.6 Die Wahl der richtigen Laufzeit

Die Laufzeit der Ansparung sollte grundsätzlich so gewählt werden, dass man spätestens ab **Pensionsantritt** über das angesparte Kapital oder die Zusatzpension frei verfügen kann. Dabei muss hier mit Pensionsantritt nicht unbedingt der Beginn der Leistungen aus der **gesetzlichen** Pensionsversicherung gemeint sein. Vielmehr geht es einfach um jenen Zeitpunkt, ab dem das Aktiveinkommen zum Teil oder zur Gänze wegfällt und kein adäquater Ausgleich mehr gegeben ist.

Ab diesem Zeitpunkt muss die alternative **Eigenvorsorge** einspringen können, um die Lücke zum bisherigen Einkommen zu schließen bzw zu verkleinern. Hat sich jemand zum Ziel gesetzt, nur bis zur Vollendung des 55. Lebensjahres arbeiten zu wollen, obwohl erst mit der Vollendung des 65. Lebensjahres mit einer Leistung aus der gesetzlichen Pensionsversicherung zu rechnen ist, wird die Ansparung bereits auf das 55. Lebensjahr auszurichten sein.

Hierbei sollte die private Vorsorge also zwei Forderungen erfüllen: eine private **Übergangsrente** zwischen dem 55. und dem 65. Lebensjahr bzw einen Kapitalbetrag, mit dem man sich den gewohnten Lebensstandard innerhalb dieser zehn Jahre sichern kann, und eine **lebenslange Absicherung** ab dem 65. Lebensjahr, welche dann die Leistung aus der gesetzlichen Pensionsversicherung mitberücksichtigt.

➲ Beispiel:

Ausgangslage			
		Brutto	**Netto**
Gehalt mit 55		€ 3.000	€ 1.900
Pension aus gesetzlicher PV mit 55		€ 0	€ 0
Pension aus gesetzlicher PV mit 65		€ 1.620	€ 1.308
Vorsorge			
von 55 bis 65	Rente in der Höhe von €1.900 14-mal jährlich pa Entspricht einem Barwert[31] von € 254.280		
ab 65 lebenslang	Rente in der Höhe von (€ 1.900 minus € 1.308) = € 592 14-mal jährlich pa; *Entspricht einem Barwert von:* € 179.850		

Bis zum Alter 55 müsste also hier ein Kapital in der Höhe von € 254.280 angespart werden, bis zum Alter 65 zusätzlich € 179.850.

Zur Bestimmung des tatsächlichen Vorsorgebedarfes sind die eben ermittelten Barwerte noch um den erwarteten **Kaufkraftverlust** bis zum Alter 55 bzw 65 zu erhöhen, sprich aufzuzinsen, wie im Kapitel 3.3 dargestellt.

Gerade der Versuch der Politik, Pensionsantritte vor Vollendung des 65. Lebensjahres in der Zukunft zu erschweren oder überhaupt zu verhindern (Wegfall der Frühpension), stellt eine neue Herausforderung für die private Pensionsvorsorge dar und verlangt eine noch genauere und **individuellere Planung** seiner Vorsorgeaktivitäten.

Anstatt wie im obigen Beispiel ein Produkt zu wählen, das zum Alter 55 eine Rente in der Höhe von € 1.900 monatlich bietet, oder ein Kapital von € 254.280, könnte man zehn Einmalerläge mit solchen Laufzeiten abschließen, dass zwischen dem Alter von 55 und 65 jedes Jahr einer zur Auszahlung kommt und jeder in etwa eine Leistung von € 26.600 (= € 1.900 x 14) erbringt. Der Kreativität sind hierbei also kaum Grenzen gesetzt.

Die Wahl der **Laufzeit** hat aber auch eine Auswirkung auf die Auswahl des geeigneten **Vorsorgeproduktes**.

Wenn man die persönliche Vorsorge so plant, dass zu einem bestimmten **Stichtag** das gewünschte Kapital oder die gewünschte Rente mit höchstmöglicher Sicherheit auch

[31] Der Barwert ist der Kapitalbetrag, der angespart werden muss, um die gewünschte Rente zu erreichen.

vorhanden sein soll, dann werden eher Produkte mit geringeren **Veranlagungsrisiken** in Frage kommen. Dasselbe gilt grundsätzlich auch für einen relativ kurzen Ansparzeitraum.

Ist der Veranlagungshorizont dementsprechend länger, wird die Beimischung risikoreicherer Produkte je nach persönlicher Risikoneigung vielleicht eine interessante Alternative darstellen.

3.7 Rendite und Sicherheit

Die Rendite einer bestimmten Vorsorgeform ist ein zentrales Thema bei der Entscheidung für ein bestimmtes Vorsorgeprodukt. Je höher die Rendite ist, desto weniger Geld muss ich aufwenden, um zum gewünschten Kapital oder zur gewünschten Rente zu kommen. Eine höhere Rendite führt also zu einem **geringeren Aufwand**, zu einer „billigeren" Vorsorge.

Angenommen, man möchte über einen Zeitraum von 25 Jahren hinweg ein bestimmtes Kapital ansparen und dafür Jahr für Jahr einen bestimmten Betrag auf die Seite legen: Wie hoch der Betrag ist, den man auf die Seite legen muss, hängt also von der **Rendite** ab, die man vom gewählten Vorsorgeprodukt erwartet. Wie sehr die angenommene Rendite den Sparbeitrag beeinflusst, zeigt die folgende Tabelle.

Laufzeit: 25 Jahre; wie viel Prämie benötige ich für dasselbe Zielkapital?						
Rendite	**12%**	**10%**	**8%**	**6%**	**4%**	**2%**
jährliche Prämie	290	400	550	740	1.000	1.333

Nehmen wir jetzt an, dass man ein bestimmtes Zielkapital bei einer Rendite von 4% mit einer jährlichen Ansparung von € 1.000 erreicht, so muss der Ansparbetrag für exakt dasselbe Zielkapital bereits um 33% höher sein, also € 1.330 betragen, wenn die Rendite nur 2% ausmacht. Erreicht man 8%, dann benötigt man nur mehr etwas mehr als den halben jährlichen Beitrag, also € 550 statt € 1.000.

Man darf aber nicht den Fehler machen, sich von hohen **Renditeprognosen** blenden zu lassen und sofort das Produkt mit der höchsten dargestellten Rendite wählen, sondern man sollte die in Aussicht gestellte Rendite vor allem in Bezug auf drei Aspekte hinterfragen, nämlich in Bezug auf die begriffliche Definition, auf die Sicherheit der Veranlagung und auf die steuerliche Behandlung des Ertrages.

3.7.1 Der begriffliche Aspekt und die steuerliche Behandlung

In der Praxis gibt es eine Vielzahl von Begriffen, mit denen man versucht, verschiedene Vorsorgeprodukte zu bewerben, sie mit anderen Produkten vergleichbar zu machen und ihre Ertragschancen zu beschreiben.

Einmal ist von einer Performance die Rede, dann wieder von einem Veranlagungserfolg, manchmal von einer Verzinsung, einer Effektivverzinsung, einer Rendite, einer Rendite vor Steuern oder einer Rendite nach Steuern.

Als **Rendite** bezeichnet man den Ertrag einer Vorsorgeform, ausgedrückt in Prozenten des tatsächlich investierten Kapitals, also den Gesamterfolg einer Kapitalanlage. Man stellt somit gegenüber, was für die Veranlagung unter Berücksichtigung aller Kosten tatsächlich aufgewendet worden ist und was im Endeffekt dabei herausgekommen ist. Nachdem hierbei sämtliche Gebühren, Aufschläge oder sonstigen Kosten, welche das Ergebnis beeinträchtigen, bereits berücksichtigt sind, spricht man auch von der **effektiven Verzinsung** (= Rendite) einer Kapitalanlage. Bei einer mehrjährigen Veranlagung stellt die Rendite einen realen durchschnittlichen Zinssatz dar, der alle Erträge und Kosten für die gesamte Laufzeit umfasst.

Nachdem unterschiedliche Vorsorgeprodukte auch steuerlich unterschiedlich behandelt werden oder manchmal die steuerliche Behandlung sogar von der jeweiligen Person (Ausländer/Inländer, Einkommenshöhe etc) abhängig ist, werden steuerliche Effekte in der Regel bei Renditeberechnungen nicht mitberücksichtigt („**Rendite vor Steuern**"). Bezieht man steuerliche Effekte mit ein, so spricht man von einer „**Rendite nach Steuern**" bzw von einer „Rendite unter Berücksichtigung steuerlicher Effekte".

Wird nur eine „**Performance**", ein „**Veranlagungserfolg**" oder eine „**Verzinsung**" dargestellt, handelt es sich meist um den reinen Ertrag der Veranlagung selbst, ohne eine Berücksichtigung von Kosten oder Steuern.

Veranlagt man beispielsweise € 10.000 für 20 Jahre in einem Investmentfonds, könnte sich folgendes Bild ergeben:

Performance: 5%
Der Fonds selbst erreicht eine Performance, Verzinsung bzw einen Veranlagungserfolg von 5% für den Anleger.
Rendite vor Steuern: 4,65%
Berücksichtigt man, dass beim Kauf ein Ausgabeaufschlag zu bezahlen ist, dass Ankaufs- und Verkaufsspesen und eine Depotgebühr fällig werden, ergibt sich für den Anleger eine Rendite bzw eine effektive Verzinsung von 4,65%.
Rendite nach Steuern: 3,4875%
Geht man davon aus, dass es sich um ein Produkt handelt, bei dem der Ertrag einer Kapitalertragsteuer von 25% unterliegt, schmälert diese das Endergebnis für den Anleger auf endgültige 3,4875%.

Vergleicht man also verschiedene Produkte miteinander, ist darauf zu achten, mit welchem dieser Werte argumentiert wird. Vor allem ist aber auch die **steuerliche Situation** mitzuberücksichtigen, weil unter Umständen ein Produkt mit einer Rendite von 4% besser sein könnte als ein Produkt mit einer Rendite von 5%, falls der Ertrag beim ersten unbesteuert bleibt, beim zweiten jedoch erst einer Besteuerung unterzogen werden muss.

Auf die steuerlichen Aspekte werden wir bei der Darstellung der einzelnen Vorsorgeprodukte noch näher eingehen.

3.7.2 Der Aspekt „Sicherheit"

Wie im obigen Kapitel dargestellt, kommt der **Rendite** bei der Gestaltung seiner individuellen Pensionsvorsorge eine große Bedeutung zu. Wichtig ist aber auch, dass die Rendite, mit der man kalkuliert und plant, nicht nur als eine Art „**Wunschdenken**" im Raum steht, sondern mit größtmöglicher Wahrscheinlichkeit auch erreicht wird.

Gerade am Ende der 1990er Jahre war ein verstärkter Trend zu spüren, dass sich viele Anleger von den **Traumrenditen**, die auf den Aktienmärkten zu erzielen waren, zu einer Art der Vorsorge verlocken ließen, die ihrer persönlichen, vor allem finanziellen Situation nicht angepasst war.

Renditen von 10%, 20% und mehr pro Jahr waren keine Seltenheit und so mancher hat sein Sparbuch aufgelöst, seine klassische Versicherung rückgekauft oder Rentenpapiere abgestoßen, um in risikoreichere Investments, in diesem Fall speziell in Aktien oder Fonds mit hohem Aktienanteil, einzusteigen. Das Problem dabei war, dass sich viele – teils durch falsche Beratung, teils durch die Verlockung des schnellen Gewinns – nicht der **Risiken** bewusst waren, die damit verbunden waren.

Ich selbst war durch Zufall Zeuge eines **Verkaufsgespräches**, in dem der Berater seinem 50-jährigen Kunden einen Fonds mit 100% Aktienanteil empfohlen hat, mit dem Argument, dass bisher jedes Jahr ein Wertzuwachs von 15% die Regel war und man somit auch in der Zukunft einen Zuwachs von mindestens 10% schon fast als „**garantiert**" annehmen könne. Auch sei „die Investition in Aktienfonds die langfristig beste Vorsorgeform".

Der Fehler liegt hier grundsätzlich ganz sicher nicht in der Investition in Aktienfonds. Der Fehler liegt jedoch eindeutig in der falschen **Erwartungshaltung**, die dem Kunden vermittelt worden ist. Dieser hat auf die **Sicherheit** der ihm empfohlenen Veranlagung vertraut und wurde ziemlich hart getroffen, als dann ab dem Jahr 2000 die große Talfahrt auf den internationalen Börsen begann.

Das „Platzen" der Seifenblase „New Economy", vermischt mit einer schlechten Konjunkturlage, Terroranschlägen und Wetterkatastrophen, hat zu massiven **Einbrüchen** bei den meisten Aktien geführt und viele Anleger an den Rand des Ruins getrieben. Besonders hart hat es jene getroffen, deren Wertpapiere zusätzlich ab 2008 durch die Banken und Eurokrise an Wert verloren haben.

Trotz der inzwischen eingetretenen Erholung der Kapitalmärkte hat der eben erwähnte Kunde nicht nur rund 50% seines eingesetzten Kapitals, sondern auch das Vertrauen in alle Vorsorgeberater verloren. Einige „schwarze Schafe" können somit den Ruf einer ganzen Branche negativ beeinflussen.

Ich möchte hier nochmals wiederholen, dass die eben erwähnte Problematik keinesfalls ein Abraten von Investitionen in Aktien, Fonds, fondsgebundene Lebensversicherungen oder andere risikoreichere Veranlagungs- oder Vorsorgeformen darstellen soll. Man muss sich nur bewusst sein, dass **Rendite** und **Sicherheit** ein klassisches **Gegenpaar** sind. Je mehr ich vom einen möchte, desto weniger werde ich vom anderen bekommen.

Lockt mich die Aussicht auf hohe Renditen, muss ich mir aber auch bewusst sein, dass **Kapitalverluste** genauso möglich sind wie hohe Erträge. Bin ich eher auf Sicherheit bedacht, werde ich die Renditeerwartungen deutlich niedriger ansetzen müssen. Auch bei Produkten, die sich im Bereich größerer Risiken bewegen, dabei aber garantieren, dass es zu keinen Verlusten kommen kann (Kapitalgarantie), muss man damit rechnen, dass diese **Garantien** und **Sicherungsmaßnahmen** etwas kosten und die Rendite letztendlich schmälern.

Setzt man die Verzinsung von österreichischen **Bundesanleihen**[32] als Basis, kann man davon ausgehen, dass jede darüber hinausgehende Ertragserwartung mit einem mehr an Risiko „erkauft" werden muss.

Entwicklung: SMR von Bundesanleihen

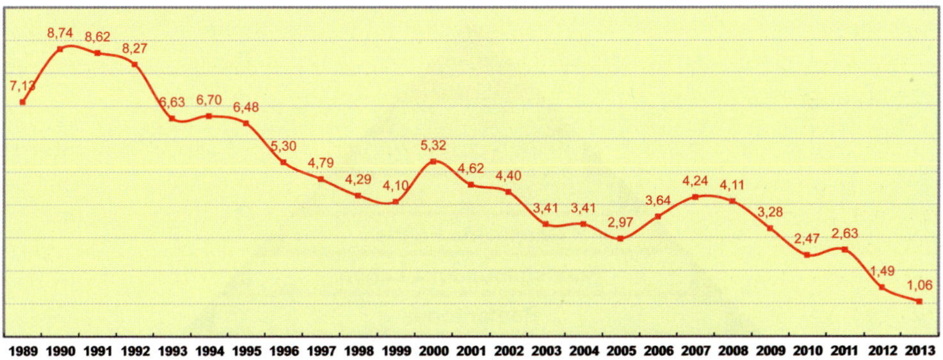

Quelle: OeNB, OeKB

Liegt beispielsweise die Verzinsung österreichischer **Bundesanleihen** bei einem Wert von rund 1,5% und werden bei einem Vorsorgeprodukt 5% in Aussicht gestellt, dann muss man sich einfach die Frage stellen, mit welchen Hintergrundannahmen, mit welchen Investments und mit welchem Risiko eine solch hohe Rendite erzielt werden soll.

Nicht die **absolute Höhe** einer Rendite ist somit bei der Entscheidung ausschlaggebend, sondern das Verhältnis zu einer beinahe risikolosen Veranlagung im jeweiligen Zeitraum. Wäre beispielsweise ein Produkt, das eine Garantieverzinsung von 4% bietet, im Jahr 1990 nicht unbedingt der große Renner gewesen, weil man mit Bundesanleihen schon fast das Doppelte erreichen konnte, so müsste man dasselbe Produkt heute schon wieder mit ganz anderen Augen betrachten.

Möchte man keine unliebsamen Überraschungen erleben, sollte man sich über die **Risiken** der einzelnen Produktvarianten eingehend informieren und danach abstim-

32 Bundesanleihen sind festverzinsliche Wertpapiere in Form von Schuldverschreibungen mit unterschiedlichen Laufzeiten. Hierbei leiht sich praktisch der Staat von seinen Bürgern Geld aus, zahlt dafür während der Laufzeit einen festen Zinssatz und bezahlt das ausgeliehene Geld am Ende der Laufzeit wieder zurück. Auch bei Bundesanleihen gibt es keine absolute Sicherheit, jedoch müsste schon der Staat bankrottgehen, damit die Anleger ihr Geld verlieren. Durch die gute Bonität des Staates Österreich als Schuldner gilt die Bundesanleihe als mündelsichere Anlageform.

men, ob das Risiko mit den eigenen, **individuellen Zielsetzungen**, den **finanziellen Möglichkeiten** und der **persönlichen Risikoneigung** übereinstimmt. Die im Folgenden angeführten Grundregeln können zwar keine generelle Anleitung bei der Entscheidung für bestimmte Vorsorgeprodukte darstellen, sollen jedoch eine zusätzliche Orientierungshilfe bieten.

Zuvor soll noch in einer kurzen Überblicksgrafik dargestellt werden, wie verschiedene Vorsorgeprodukte in **Risikoklassen** eingeteilt werden, um bei seinen persönlichen Vorsorgeplanungen darauf Rücksicht nehmen zu können. Die Einordnung der fondsgebundenen Lebensversicherung ist hier etwas schwierig, weil der Versicherungsnehmer selbst entscheiden kann, in welche Fonds investiert werden soll. Somit deckt sie auch noch zwei Stufen nach oben und nach unten ab, je nach individueller Risikoneigung.

Ziel der Veranlagung

Tatsache ist, dass es das allgemein gültige „**beste Produkt**" im Vorsorgebereich einfach nicht gibt und nicht geben kann. Vielmehr muss jeder für sich selbst versuchen, jene Produkte herauszufinden, die in seiner spezifischen Situation und für seine persönlichen Zielsetzungen am besten **geeignet** sind.

Die Höhe der wahrscheinlichen Pensionslücke, die finanziellen Möglichkeiten oder das Alter und die Zeit bis zum geplanten Pensionsantritt spielen hier genauso eine Rolle wie die individuelle Risikobereitschaft oder die steuerliche Behandlung bestimmter Vorsorgeformen.

Spricht man von einem Ziel der Veranlagung, so wird es sich in unserem Fall vor allem um die ganz **individuellen Vorsorgeziele** handeln, nicht um die bestmögliche Ansparung für ein neues Auto oder eine kurzfristige Kapitaloptimierung.

Geht es um die **Basisabsicherung** des Lebensstandards, also um jenes Kapital oder jene Rente, das/die man bei Pensionsantritt unbedingt zur Verfügung haben möchte, dann sollte es eher der konservativere Weg sein mit einem Schwerpunkt auf Sicherheit und weniger auf Renditechancen.

Hat man neben der eher konservativ angelegten Basisabsicherung noch **finanziellen Spielraum**, kann je nach individueller Risikobereitschaft die Tendenz zu Produkten mit höheren Renditechancen verlagert werden.

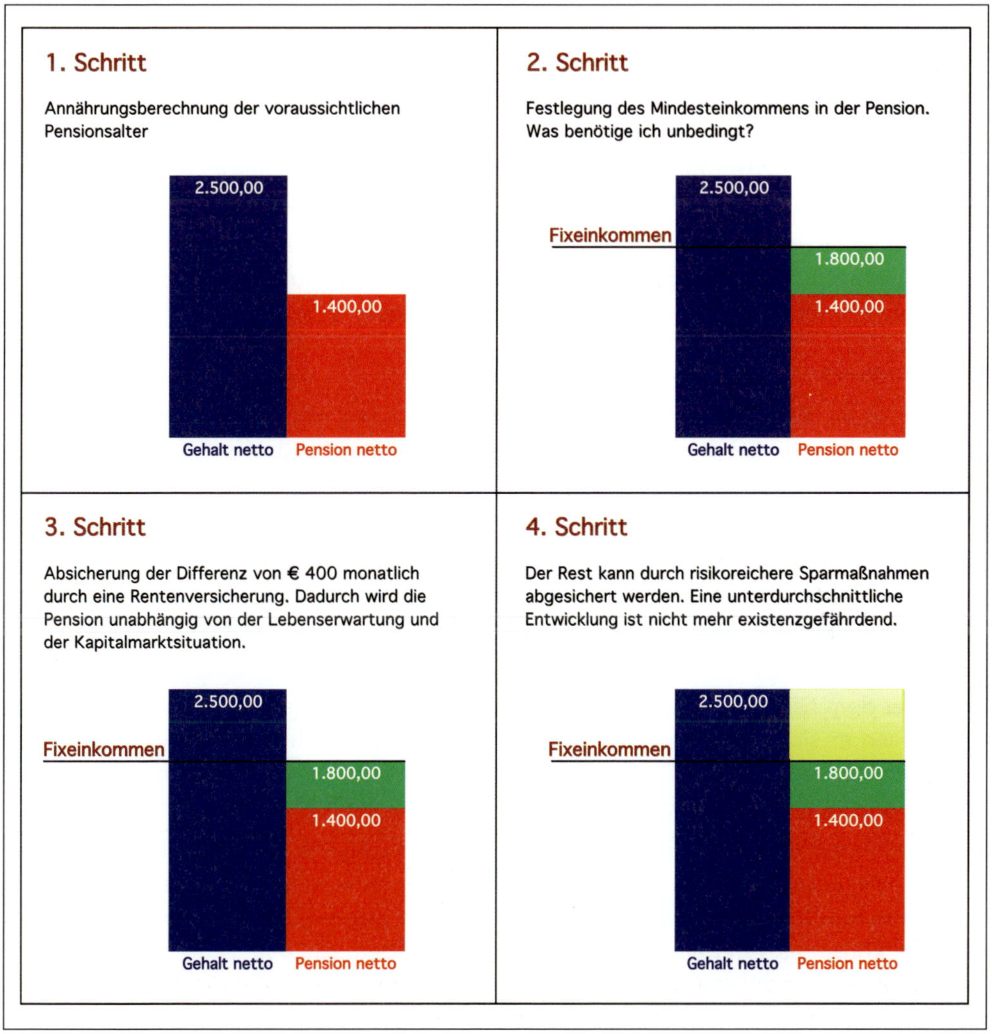

Anlagehorizont

Als Faustregel hört man hier oft, dass das Risiko umso höher sein kann, je länger der Zeitraum bis zur Pensionierung ist, und dass bei kürzeren Laufzeiten eher auf risikoarme Produkte ausgewichen werden sollte. So belegen auch zahlreiche **Statistiken**, dass über einen sehr langfristigen Zeitraum die Veranlagung in **Aktien**[33] deutlich besser ist als die Veranlagung in **Rentenpapieren**[34]. Auf einen kürzeren Zeitraum gesehen, sind risikoreichere Veranlagungsformen naturgemäß aber höheren Schwankungen ausgesetzt und es werden eher risikoärmere Produkte empfohlen.

Solche **Faustregeln** sollten jedoch höchstens als **Denkanstöße** verwendet werden und nicht unbedingt als verbindliche **Handlungsempfehlung**. Alle Statistiken zu Vorsorge- bzw Veranlagungsprodukten können immer nur Betrachtungen der Vergangenheit darstellen und es gibt keine Garantien, dass sich diese Werte eins zu eins auch in die Zukunft projizieren lassen.

Auch nützt mir beispielsweise die Gewissheit, dass ich mit risikoreicheren Produkten über einen Zeitraum von 50 Jahren höhere Renditen erwirtschaften kann, nur sehr wenig, wenn ich bereits in 15 Jahren in Pension gehen möchte und das Pech habe, zu einem so schlechten Zeitpunkt einzusteigen, dass mich vielleicht gerade die zehn schlechten Anlagejahre treffen und ich die Hälfte meines Kapitals verliere.

Genauso ist es umgekehrt möglich, dass jemand, der fünf Jahre vor der Pension steht und zu einem glücklichen Zeitpunkt in ein risikoreiches Produkt investiert, seinen Kapitaleinsatz vervielfacht und sich damit seinen Lebensabend finanziert.

Risikoneigung

Deshalb ist es hier wichtig, einen Vorsorgeweg zu finden, mit dem man sich persönlich auch **identifizieren** kann, also eine Vorsorgeentscheidung zu treffen, bei der man sich auch wohl fühlt. Niemand sollte sich in eine Risikokategorie drängen lassen, die seiner eigenen **Grundeinstellung** widerspricht.

Wer grundlegend auf Sicherheit bedacht ist oder etwa bei jeder schlechten Nachricht aus der Welt der Börse „Bauchweh" bekommt, sollte risikoreichere oder sogar hochspekulative Produkte meiden, vor allem, wenn es sich um die persönliche **Basisversorgung** handelt.

Wer eher dem risikofreudigeren Typ entspricht, kann durchaus mehr Risiko in Kauf nehmen, wenn er sich zuvor über die Gefahren und die Möglichkeiten ein umfangreiches Bild gemacht hat und die **Chancen-Risiken-Abwägung** für ihn persönlich akzeptabel erscheint oder ein entsprechender Mix an Produkten zur Risikostreuung gewählt wird.

Zusätzlich wird die Wahl einer bestimmten Risikokategorie auch von der Frage bestimmt, wie viel ich mich über die ganze Zeit hinweg laufend mit der Vorsorge **beschäftigen** möchte. Bei Produkten wie einer klassischen Kapital- oder Rentenversicherung oder bei konservativen Bankprodukten wird es genügen, alle paar Jahre zu überprüfen, inwieweit der persönliche Bedarf und die prognostizierte Ablaufleistung noch übereinstimmen und etwaige Anpassungen in der Prämie vorzunehmen.

---

[33] Diese Aussage ist natürlich ebenso auf Aktienfonds, auf fondsgebundene Lebensversicherungen mit hohem Aktienanteil oder auf eine Pensionskasse (Veranlagungs- und Risikogemeinschaft) anwendbar, falls diese sich für einen hohen Aktienanteil in der Veranlagung entschließt.

[34] Als Synonym für konservative Wege der Veranlagung zu verstehen.

Bei Produkten in höheren Risikoklassen wie etwa bei fondsgebundenen Lebensversicherungen mit hohem Aktienanteil, bei Aktienfonds oder natürlich bei der direkten Investition in Einzelaktien wird es durch die naturgemäß auftretenden **Schwankungen** auf den Kapitalmärkten notwendig sein, sich regelmäßig über aktuelle Kurse zu informieren und bei Bedarf notwendige Umschichtungen vorzunehmen.

Auch hier bestätigt sich wieder, dass es ein „bestes Vorsorgeprodukt" einfach nicht gibt und jeder anhand einer Vielzahl von individuellen Faktoren das für sich persönlich am besten geeignete Produkt herausfinden muss.

Dazu ist es aber notwendig, sich einen dementsprechenden **Überblick** über die verschiedenen Vorsorgemöglichkeiten zu verschaffen und sich näher mit deren Stärken und Schwächen auseinanderzusetzen, vor allem, was die Aspekte Sicherheit und Risiko, steuerliche Behandlung und Flexibilität bzw Verfügbarkeit betrifft. Das Kapitel 4 soll dazu die notwendige Unterstützung bieten.

3.8 Private Vorsorge oder Höherversicherung in der gesetzlichen Pensionsversicherung?

Wenn man erkennt, dass die Leistung aus der gesetzlichen Pensionsversicherung nicht ausreicht, um den eigenen **Lebensstandard** aufrechtzuerhalten, gibt es eine Fülle von Möglichkeiten, hier mittels privater oder betrieblicher Vorsorgemaßnahmen entgegenzuwirken.

Anstatt Prämien für eine private Vorsorge zu bezahlen, könnte man aber ebenso einfach (freiwillig) die Beiträge zur gesetzlichen Pensionsversicherung erhöhen und es gibt auch einige gute Gründe, die dafür sprechen würden.

Vorteile der gesetzlichen Pensionsversicherung

In der gesetzlichen Pensionsversicherung gibt es im Gegensatz zur privaten Vorsorge keine **Risikoprüfung**. Es besteht daher keine Gefahr, dass ein bestimmtes Risiko vom Versicherer nicht übernommen wird oder dass Prämienzuschläge verlangt werden.

Die gesetzliche Pensionsversicherung unterliegt einem **Solidaritätsprinzip**, wonach besser verdienende Versicherte die Leistungen für schlechter verdienende Versicherte mitfinanzieren. Deshalb werden hier auch Ausgleichszulagen gewährt, die dem Einzelnen ein Einkommen in Höhe des **Existenzminimums** garantieren.

Hinterbliebenenvorsorge und Schutz bei Invalidität, Berufs- und Erwerbsunfähigkeit sind mitversichert.

In Zeiten finanzieller **Notlagen**, die etwa durch Arbeitslosigkeit oder längere Krankheiten verursacht werden, können sich viele Menschen keine private Vorsorge leisten. Die gesetzliche Pensionsvorsorge kann diese Zeiten trotzdem als Ersatzzeiten leistungsbegründend mitberücksichtigen.

Eine starke Inflation, abstürzende Aktienmärkte oder beispielsweise kriegerische Auseinandersetzungen belasten ein **Umlagesystem** und somit die gesetzliche Pensionsversicherung bei weitem nicht so stark wie ein **Kapitaldeckungssystem**.

Die **Pflichtbeiträge** sorgen dafür, dass auch ganz junge Erwerbstätige Beiträge zur Pensionsvorsorge leisten, die dazu freiwillig noch gar nicht bereit wären, wobei sich die Beitragshöhe immer am **Einkommen** orientiert und somit auch niemand überfordert.

Nachteile und (psychologische) Grenzen der Pflichtversicherung

Die eben genannten Vorteile können von einem Teil der Versicherten aber auch als Nachteil des Systems empfunden werden. Der Vorteil, dass es keine Prämienzuschläge für besondere Risiken gibt und niemand von der Versicherung ausgeschlossen werden kann, führt natürlich dazu, dass die **Gesamtheit** der Versicherten diese Belastungen tragen muss. Und natürlich muss die Gesamtheit auch die Leistungen für jene Personen finanzieren, die nicht genügend Beiträge einbezahlt haben und die somit eine Ausgleichszulage erhalten.

Vor allem aber gibt es gegen die Erhöhung der Beiträge zur gesetzlichen Pensionsversicherung eine **psychologische** Barriere. Zum einen sind die **Sozialabgaben** und die **Steuerbelastung** bereits auf einem sehr hohen Niveau. Zum anderen ist das gesetzliche Pensionssystem im Grunde ein System, in das man einbezahlt, bei dem aber niemand genau weiß, wie viel man irgendwann einmal zurückbekommt, und es wird auch nicht immer das Prinzip verwirklicht, dass derjenige, der mehr einbezahlt hat, auch mehr an Pension herausbekommt.

Jeder hat genügend Erfahrungen mit den letzten **Pensionsreformen** gemacht und erkannt, dass ein Gesetzesbeschluss mit einfacher Mehrheit genügt, um die zukünftigen Leistungen deutlich zu kürzen; unabhängig davon, wie viel man in seinem Leben bereits einbezahlt hat. Wer heute bereit ist, höhere Beiträge in die Pensionsversicherung einzubezahlen, kann deshalb noch lange nicht damit rechnen, dass später auch die nächste Generation bereit sein wird, so hohe Beiträge für die Finanzierung **seiner** Pension zu leisten.

Schließt man eine **private Vorsorge** ab, so zahlt man Beiträge nur für sich, zahlt nur für die Risiken, die man selbst auch absichern möchte, finanziert keine sozialen Leistungselemente mit, ist laufend über seinen Kapitalstand informiert, ist frei in der Wahl des Risikos in der Veranlagung, profitiert von einem angenehmen Zinseszins-Effekt und ist unabhängig vom Wohlwollen zukünftiger Generationen. Eine sicherlich etwas egoistische Denkweise, aber aus der persönlichen Situation vieler Versicherter heraus durchaus nachvollziehbar.

Somit erkennt man, dass sich die Vorteile der **kapitalgedeckten Vorsorge** ziemlich genau mit den Nachteilen der **gesetzlichen Pensionsversicherung** decken und umgekehrt. Nachdem keines der Modelle für sich beanspruchen kann, dem anderen Modell in allen Belangen überlegen zu sein, scheint eine Kombination der beiden Modelle eine vernünftige Lösung für die Zukunft zu sein: die gesetzliche Pensionsversicherung zur unverzichtbaren **Grundsicherung** auf einem Niveau, das sich künftige Generationen auch noch leisten können, und die **kapitalgedeckte** Vorsorge in Form von privater und betrieblicher Vorsorge, um in der Pension keine allzu großen Abstriche vom gewohnten Lebensstandard machen zu müssen.

3.9 Das Drei-Säulen-Modell der Altersvorsorge

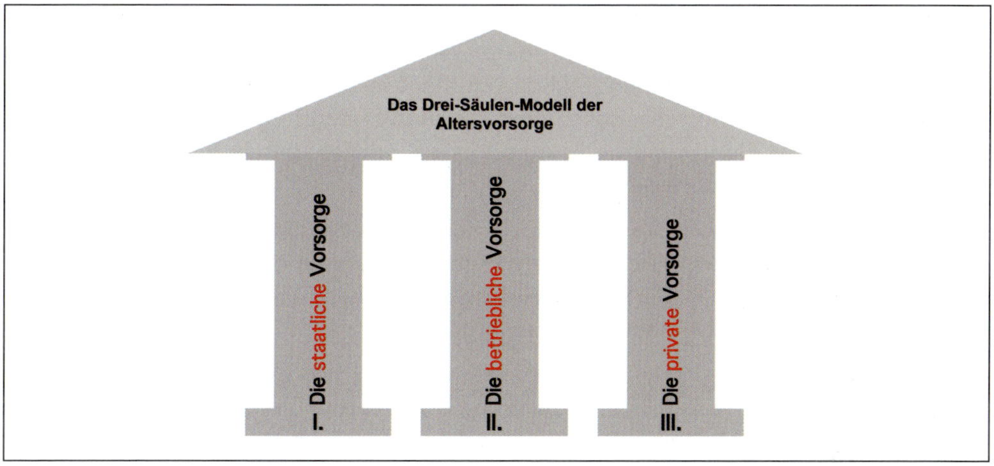

Das Drei-Säulen-Modell der Altersvorsorge ist genau jener Versuch, die Säule der gesetzlichen Basisversorgung, die in der Zukunft doch etwas brüchiger zu werden scheint, durch eine zweite Säule, die betriebliche Altersvorsorge, und eine dritte Säule, die private Altersvorsorge, zu ergänzen und somit auch **abzusichern**.

Laut einer Studie eines internationalen Versicherungsunternehmens aus dem Jahr 2010 ist der Anteil der betrieblichen und privaten Vorsorge am gesamten **Pensionseinkommen** heutiger Pensionisten in Österreich noch ziemlich gering. Mehr als 80% der gesamten Pensionszahlungen kommen heute aus dem Bereich der ersten Säule (Staat). In Deutschland sind dies auch noch über 70%, in der Schweiz und den Niederlanden jedoch nur mehr rund 43% und in den USA 47%.

Das zeigt, dass man sich in Österreich bisher zum größten Teil auf die Leistungen aus der **gesetzlichen Pensionsversicherung** verlassen hat. Die meisten anderen Länder haben bereits vor längerer Zeit den Wechsel zu einem System vollzogen, das auf mehreren Standbeinen ruht.

Obige Zahlen zeigen jedoch nur den IST-Stand an momentan bereits ausbezahlten **Pensionen** auf. Sie berücksichtigen nicht, wie viele Menschen bereits seit vielen Jahren private Altersvorsorge betreiben oder in der letzten Zeit damit begonnen haben und wie viele Arbeitnehmer eine zukünftige Leistung aus einer betrieblichen Vorsorge erwarten können.

Die intensiven Diskussionen über die Pensionsreformen und eine intensivere Beschäftigung mit der Problematik einer Vorsorge auf rein gesetzlicher Basis bzw mit den demografischen Entwicklungen in den nächsten 30 Jahren werden in den kommenden Jahren noch zu einer deutlichen **Steigerung** der Bedeutung der zweiten und dritten Säule führen. Durch eine immer wiederkehrende öffentliche Darstellung wurde in der Bevölkerung ein relativ hohes **Problembewusstsein** geschaffen.

Laut einer Meinungserhebung (Fessel & GfK) im Jahr 2006 ist die Pensionsvorsorge bereits zum wichtigsten Sparmotiv avanciert. Eine Studie der psychonomics AG ergab, dass für 83% der Befragten das Thema **Eigenvorsorge** „wichtig" ist, für 41% ist sie sogar „überaus wichtig". Dass sich daran nichts geändert hat, zeigt eine aktuelle Studie aus dem Jahr 2014, durchgeführt vom Marktforschungsinstitut TNS Infratest in Deutschland, wonach weiterhin das Sparen für die Altersvorsorge auf Platz 1 liegt. Die Notwendigkeit der Eigenvorsorge ist somit in den letzten Jahren für breite Bevölkerungsteile selbstverständlich geworden.

Dabei liegt auch eine große Verantwortung bei der Politik, die notwendigen **Rahmenbedingungen** zu schaffen, welche es dem Einzelnen oder einem Arbeitgeber ermöglichen, nach individuellen Präferenzen bei möglichst hoher Sicherheit eigenverantwortlich bzw im Sinne der Arbeitnehmer vorzusorgen.

Die Möglichkeiten dazu sind in Österreich sehr vielfältig, teils gepaart mit interessanten steuerlichen Effekten, jedoch in ihrer Summe bereits fast unüberschaubar und oft sehr kompliziert gestaltet. Die folgenden Seiten sollen nun versuchen, mehr **Transparenz** in die Möglichkeiten der zweiten und dritten Säule der Vorsorge in Österreich zu bringen.

4. Die private Pensionsvorsorge

Die Schwerpunkte der privaten Pensionsvorsorge in Österreich liegen hauptsächlich in dem Bereich von **Versicherungsprodukten** und **Bankprodukten**, wobei die Grenzen der beiden Bereiche zunehmend verschwimmen. Eine große Mehrheit der Österreicher präferiert Banken oder Versicherungen bei der Abwicklung ihrer Vorsorgemaßnahmen. Dabei wird das Einstiegsalter für die Vorsorge immer jünger. Laut einer Untersuchung von Fessel & GfK sprachen sich 2/3 der Befragten dafür aus, dass der **optimale Einstieg** bereits mit einem Alter von unter 30 Jahren erfolgen sollte; 11% der Befragten sprachen sich sogar für einen Einstieg vor dem 20. Lebensjahr aus.

Daneben gibt es auch eine große Anzahl an **Sonderwegen**, wie man ebenfalls seinen Lebensstandard im Alter sichern könnte, die aber nicht das Thema dieses Buches sein sollen. Der Kreativität sind hier kaum Grenzen gesetzt und die Antworten auf die Frage nach den persönlichen Vorsorgeideen oft überraschend. Der Bogen spannt sich hierbei von „arbeiten, bis ich sterbe", „möglichst viele Kinder haben" oder „einen reichen Partner heiraten" bis hin zum „Auswandern in eine billige Gegend" oder zum „Kauf eines Hauses oder Grundstückes", das man dann gewinnbringend vermieten oder verkaufen kann.

Unser Ziel wird es jetzt sein, jene Vorsorgewege zu beschreiben, die materiell auch **greifbar** sind und bei denen über die Zeit hinweg in **regelmäßigen Abständen** bestimmte Geldbeträge auf die Seite gelegt werden, um zu einem ziemlich **genau definierten Zeitpunkt** (Pensionsantritt, Todesfall, Berufsunfähigkeit) mit größter Wahrscheinlichkeit eine gewünschte **Zusatzleistung** zu erhalten. Immerhin 90% der Österreicher tendieren hin zu einem dieser „konventionellen" Vorsorgewege, die wir jetzt näher durchleuchten werden.

4.1 Versicherungsprodukte

Die Vorsorgeprodukte am Versicherungsmarkt treten vielfach unter dem Sammelbegriff „**Lebensversicherung**" in Erscheinung, ohne dass man sich über die Vielfalt ihrer möglichen Ausprägungen eigentlich bewusst ist. Lebensversicherungen lassen sich grundsätzlich in **Risikoversicherungen** (Risikoschutz ohne Kapitalbildung), **Erlebensversicherungen** (= **kapitalbildende Versicherung**) und staatlich speziell geförderte **Sonderformen** unterteilen.

Bevor wir uns jetzt im Detail mit diesen Varianten befassen, sollen noch kurz wichtige **Grundbegriffe** geklärt werden, auf die man im Umgang mit Versicherungsprodukten häufig stößt:

Als **Versicherer** wird das Versicherungsunternehmen bezeichnet, das ein Produkt anbietet, bei dem die Versicherung abgeschlossen wird und das auch die entsprechenden vertraglichen Leistungen erbringt.

Als **Versicherungsnehmer** bezeichnet man jene Person, die den Versicherungsvertrag mit dem Versicherer abschließt, also den Vertragspartner des Versicherungsunternehmens.

Als **Versicherte(n)** oder als **versicherte Person** bezeichnet man jene Person, deren Leben versichert ist und die Grundlage für die Vertragskalkulation ist.

Versicherungsnehmer und versicherte Person sind zumeist dieselbe Person, können aber auch voneinander abweichen. Eine schriftliche Einwilligung der versicherten Person ist dazu jedoch erforderlich, sofern der Todesfallschutz die Höhe von gewöhnlichen Beerdigungskosten übersteigt. Ansonsten könnte jeder das Leben einer anderen Person versichern und im Todesfall die Versicherungsleistung kassieren.

Das Bezugsrecht

Die Person, die zum Empfang der Versicherungsleistung bestimmt ist, nennt man den **Bezugsberechtigten** oder **Begünstigten**. Dabei ist zwischen dem Bezugsrecht im Erlebensfall und dem Bezugsrecht im Ablebensfall zu unterscheiden.

In der Regel liegt das **Bezugsrecht im Erlebensfall** beim Versicherungsnehmer selbst.

Im **Ablebensfall** ist es sinnvoll, die bezugsberechtigte(n) Person(en) namentlich festzuhalten und bei mehreren Personen auch das **Teilungsverhältnis** anzuführen. Gibt man nur „die gesetzlichen Erben" als bezugsberechtigt an, müssen die Bezugsberechtigten die Verlassenschaftsabhandlung abwarten, bevor sie ihr Geld bekommen.

Der Versicherungsnehmer bestimmt, wer **bezugsberechtigt** ist. Er hat auch das Recht, das Bezugsrecht jederzeit vor Eintritt des Leistungsfalles zu ändern. Man kann auch bestimmen, dass der Bezugsberechtigte das Recht auf die zukünftige Leistung **unwiderruflich** erwerben soll. Danach ist eine Änderung des Bezugsrechtes, aber auch ein eventueller Rückkauf des Vertrages nur mehr mit Zustimmung des Bezugsberechtigten möglich (**unwiderrufliches Bezugsrecht**).

Fehlt ein Bezugsrecht, so fällt die Leistung in den Nachlass des Verstorbenen. Möchte man **minderjährige Personen** als Bezugsberechtigte (zB im Todesfall) einsetzen, so ist zu bedenken, dass im Versicherungsfall das Pflegschaftsgericht eingeschaltet wird und die bezugsberechtigte Person bis zur Volljährigkeit nicht frei über die Leistung verfügen kann.

Beginn und Ende des Versicherungsschutzes

Der Versicherungsschutz beginnt grundsätzlich, wenn man die Versicherungspolizze erhalten und die erste Prämie einbezahlt hat. Einige Versicherer bieten bereits unter gewissen Voraussetzungen ab der Vertragsunterzeichnung und dem Einlangen des Vertrages in einer ihrer Geschäftsstellen einen vorläufigen **Sofortschutz** an – frühestens jedoch zum vereinbarten und in der Polizze angegebenen Versicherungsbeginn.

Der Versicherungsvertrag und folglich auch der Versicherungsschutz enden zum vereinbarten Ablauftermin oder in den meisten Fällen im Leistungsfall mit der Erbringung der vereinbarten Leistung. Werden mehrere Produkte in einem Versicherungsvertrag kombiniert, kann durchaus der Versicherungsschutz bei einem Produkt enden, während der Versicherungsschutz oder die Ansparung im anderen Produkt noch weiterlaufen.

Unbedingt sollte man darauf achten, dass der Versicherungsschutz in der Regel **aufgehoben** ist, wenn die erste Prämie nicht innerhalb von 14 Tagen nach Zugang der Versicherungsurkunde einbezahlt wird oder während der Laufzeit nach Ablauf der Mahnfrist die Prämie nicht beim Versicherer eingegangen ist.

4.1.1 Risikoversicherungen

Reine Risikoversicherungen dienen zur Vorsorge gegen die finanziellen Folgen bestimmter Schicksalsschläge. Dazu gehören vor allem der Tod und der Eintritt einer Berufsunfähigkeit bzw Erwerbsunfähigkeit, einer Invalidität oder einer schweren Krankheit.

Der Zweck

Risikoversicherungen haben den Zweck, einen **hohen finanziellen Schutz** zu bieten bei gleichzeitig relativ **niedrigen Beiträgen**. Mit Risikoversicherungen wird kein Kapital angespart, das bei Vertragsablauf ausbezahlt werden könnte. Tritt das jeweils versicherte Schadensereignis ein, kommt die vereinbarte Versicherungssumme zur Auszahlung. Tritt kein Schadensfall ein, gibt es auch keine Leistung aus der Risikoversicherung.

Jedoch sind die meisten Risikoversicherungen auch mit einer Erlebensversicherung, also mit einer kapitalbildenden Versicherung, kombinierbar. Die wohl bekannteste Form ist die sogenannte **Er- und Ablebensversicherung**, somit eine Kombination aus einer Risikoversicherung für den Fall des Ablebens und einer Erlebensversicherung. Ein Teil der bezahlten Prämie wird somit zur Risikoabdeckung verwendet, der andere Teil für die Ansparung.

Die Gesundheitsprüfung

Wer eine Risikoversicherung abschließen möchte, muss sich in der Regel einer **Gesundheitsprüfung** unterziehen. Je nach Höhe des Risikos für den Versicherer kann diese Prüfung in der einfachen Beantwortung von Fragen zum eigenen Gesundheitszustand (Gesundheitsfragen) liegen oder aber auch ein ärztliches Attest mit einer Blutuntersuchung und einer Feststellung des körperlichen Zustandes erfordern.

Die **Gesundheitsfragen**, die meist auch noch kombiniert sind mit Fragen nach besonderen Risiken, denen man im Beruf oder im Sport ausgesetzt ist, müssen immer wahrheitsgetreu von der versicherten Person beantwortet werden. Bei falscher Beantwortung kann der Versicherer innerhalb von drei Jahren vom Vertrag zurücktreten, bei arglistiger Täuschung auch danach, und ist unter Umständen auch von der Leistungspflicht befreit. Der Versicherer kann jedoch nur dann vom Vertrag zurücktreten, wenn der verschwiegene Umstand auch tatsächlich einen Einfluss auf den Eintritt des Versicherungsfalles gehabt hat.

Die **Kosten** für die Risikoprüfung (ärztliches Attest) werden in der Regel vom Versicherer getragen, jedoch gibt es auch Tarife am Markt, bei denen der Versicherungsnehmer bzw die versicherte Person diese Kosten zu tragen haben. Hier lohnt es sich, vor Vertragsabschluss noch einmal genau nachzufragen.

Ergibt die Gesundheitsprüfung, dass die versicherte Person für den Versicherer ein erhöhtes Risiko darstellt, kann es ein, dass bestimmte **Zuschläge** zur Prämie verlangt werden, bestimmte **Leistungen ausgeschlossen** werden oder überhaupt **kein Risikoschutz** geboten werden kann. Diese Einschätzung liegt im Ermessen des Versicherers.

Ein erhöhtes Risiko kann sich zum Beispiel durch einen besonders gefährlichen Beruf, eine gefährliche Sportart, schlechte Blutwerte oder bestimmte Vorerkrankungen ergeben. Jedoch ist es auch durchaus möglich, den Zuschlag zur Prämie wieder wegfallen zu lassen, wenn sich nach einer bestimmten Zeit eine andere Ausgangssituation ergibt, weil man beispielsweise den Beruf gewechselt oder die Sportart aufgegeben hat oder sich bestimmte (Blut-)Werte wieder normalisiert haben.

Leistungsausschlüsse

Je nach Risikoversicherung kann es neben der falschen Beantwortung der Fragen zur Risikoprüfung noch weitere Leistungsausschlüsse geben. Dies ist vor allem dann der Fall, wenn der Schaden selbst bewusst herbeigeführt worden ist, bei der Teilnahme an Unruhen, Aufständen oder Kriegshandlungen entsteht oder man nach Ablauf der Mahnfrist seine Prämien noch immer nicht bezahlt hat.

Besonders geregelt ist in den meisten Ablebensversicherungen der Fall des Selbstmordes. Bei **Selbstmord** innerhalb einer bestimmten Frist (meistens die ersten drei Jahre nach Vertragsabschluss) wird nur eine eingeschränkte Leistung[35] erbracht. Nach Ablauf der Frist besteht jedoch voller Versicherungsschutz.

Bei Versicherungen, die der Kreditdeckung dienen, kann eine sogenannte **Unanfechtbarkeitsklausel** eingeschlossen werden. Diese Klausel ist kostenpflichtig und bewirkt, dass die Versicherungsleistung auch bei Selbstmord innerhalb der ersten drei Jahre sowie bei Verletzungen der Anzeigepflicht (Gesundheitsprüfung) im Ausmaß der offenen Kreditsumme bezahlt wird. Die Unanfechtbarkeitsklausel ist also unabdingbar an eine Vinkulierung, Verpfändung oder Abtretung gekoppelt.

Nachdem es eine Vielzahl von verschiedenen Risikoprodukten gibt und jeder Anbieter hier eigene Regelungen trifft, kann nur ein Blick in die **Versicherungsbedingungen** eine genaue Auskunft über mögliche Leistungsausschlüsse geben. Diese muss jeder Antragsteller entweder bereits bei Vertragsunterzeichnung, spätestens jedoch mit dem **Versicherungsschein (Polizze)** erhalten.

[35] Wird nachgewiesen, dass die Tat in einem die freie Willensbestimmung ausschließenden Zustand krankhafter Störung der Geistestätigkeit begangen wurde, besteht bereits früher voller Versicherungsschutz.

4.1.1.1 Die Ablebensversicherung

Die Ablebensversicherung ist eine Vorsorge gegen das finanzielle Risiko eines **Todesfalles**. Man schafft damit praktisch einen Versicherungsschutz für die Hinterbliebenen.

Die Höhe der **Versicherungssumme**, also die Leistung, die im Todesfall ausbezahlt werden soll, ist frei wählbar und sollte sich am Bedarf der Hinterbliebenen orientieren, wenn die versicherte Person plötzlich ablebt.

Nachdem das Risiko zu sterben grundsätzlich immer höher wird, je älter man wird, ist die Prämie umso höher, je älter die versicherte Person ist oder je länger die Laufzeit gewählt wird.

Schließt man mit einem Alter von 30 Jahren eine Risikoversicherung für eine Laufzeit von zehn Jahren ab, so wird diese sehr günstig zu bekommen sein. Schließt man sie für eine Laufzeit von 35 Jahren ab, steigt die Wahrscheinlichkeit, dass man innerhalb dieser Zeit sterben könnte, deutlich an, was sich auch in der Prämie klar widerspiegeln wird.

Folgende **Beispiele** sollen nun näher illustrieren, mit welchen Prämien man bei einer Versicherungssumme von € 100.000 rechnen muss, absolute Gesundheit und Einstufung als Nichtraucher vorausgesetzt. Die dargestellten Werte dienen nur zu einer ungefähren Orientierung. Ein entsprechender Rauchertarif würde ca das Doppelte kosten. Die Prämien für Männer und Frauen sind, wie bereits in Kapital 3.2 erwähnt, aufgrund der Unisex-Richlinie der EU gleich hoch – dies, obwohl die höhere Sterbewahrscheinlichkeit der Männer rein versicherungstechnisch auch eine höhere Prämie zur Folge hätte als jene der Frauen. Somit kommt es auch hier zu einer Mischprämie,[36] bei deren Kalkulation beide Lebenserwartungen (von Männern und Frauen) in einem bestimmten Verhältnis berücksichtigt werden.

Alter	Laufzeit	Prämie/Jahr	Alter	Laufzeit	Prämie/Jahr
20	45	205	**20**	10	97
25	40	222	**25**	10	83
30	35	249	**30**	10	87
35	30	286	**35**	10	107
40	25	336	**40**	10	154
45	20	403	**45**	10	248
50	15	488	**50**	10	392
55	10	588	**55**	10	588

Die gewählte Laufzeit sollte sich genauso wie die gewählte Höhe der Versicherungssumme am **individuellen Bedarf** orientieren. Möchte man nur sicherstellen, dass ein eventuell offener Kredit die Nachkommen nicht belastet, wird eine Laufzeit von zehn

[36] Diese Prämien stellen den Durchschnittswert von großen österreichischen Lebensversicherungen dar. Nachdem der Versicherungsmarkt ständig in Bewegung ist und die Prämien zwischen den einzelnen Versicherungsanstalten auch differieren, wollen wir hier keine Prämienvergleiche darstellen, sondern nur ein Gefühl dafür vermitteln, wie groß der finanzielle Aufwand für eine Ablebensvorsorge ungefähr sein kann.

Jahren genügen, wenn man weiß, dass dieser in zehn Jahren zurückgezahlt sein wird. Möchte man das Einkommen des Familienerhalters und die Finanzierung sonstiger Zukunftspläne sicherstellen, wird vielleicht eine längere Laufzeit Sinn machen.

Eine Ablebensversicherung kann als Einzelprodukt abgeschlossen werden oder aber auch in **Tarifkombination** mit kapitalbildenden Versicherungen oder Rentenversicherungen. Bei solchen Tarifkombinationen ist zwischen einer **Versicherungssumme im Ablebensfall** (Todesfallschutz) und einer **Versicherungssumme im Erlebensfall** (garantierte Auszahlungssumme bei Vertragsablauf) zu unterscheiden.

4.1.1.2 Die Berufsunfähigkeitsversicherung

Die Berufsunfähigkeitsversicherung stellt eine Vorsorge gegen die finanziellen Folgen einer Berufsunfähigkeit dar. Vielfach denkt man beim Thema Versicherung zuerst an sein Auto, an eine Haushaltsversicherung, an eine Versicherung für ein Haus, vielleicht sogar an eine Reisegepäcksversicherung. Es ist selbstverständlich geworden, diese Dinge des Alltags gegen alle möglichen Risiken abzusichern.

Viel weniger denkt man allerdings an sich selbst, an die Absicherung seiner eigenen **Arbeitskraft**. Wird das Reisegepäck gestohlen, ist das sicher ärgerlich und unangenehm, es ist aber in der Regel nicht existenzbedrohend.

Sehr wohl kann es einen Menschen oder eine ganze Familie plötzlich an den Rand des **Ruins** treiben, wenn man durch ein völlig unvorhergesehenes schicksalhaftes Ereignis von einem Tag auf den anderen seinen Beruf nicht mehr ausüben kann, weil man invalid oder berufsunfähig geworden ist.

Wie hoch die Leistungen der Sozialversicherung in solchen Fällen sind, haben wir bereits in den Kapiteln 2.3.6 und 2.5.4 ausführlicher dargestellt. Auf jeden Fall werden sie nicht hoch genug sein, um den gewohnten **Lebensstandard** weiterhin aufrechterhalten zu können und die zusätzlichen Kosten, die in solchen Situationen anfallen auch tatsächlich abdecken zu können.

Eine Berufsunfähigkeitsversicherung kann hierbei eine vernünftige Absicherung zu leistbaren Prämien bieten. Sie kann als Einzeltarif oder aber zumeist als **Zusatzprodukt** zu kapitalbildenden Versicherungen bzw zur Rentenversicherung in Erscheinung treten.

Grundsätzlich erbringt eine Berufsunfähigkeitsversicherung eine Rentenleistung (**Zusatzpension**) ab jenem Zeitpunkt, ab dem eine Berufsunfähigkeit eintritt und solange die Berufsunfähigkeit andauert. Die Leistung soll den Einkommensabfall mildern, wenn man seinen Beruf nicht mehr ausüben kann und fällt somit auch wieder weg, wenn keine Berufsunfähigkeit mehr gegeben ist.

Wird die Berufsunfähigkeitsversicherung mit einer kapitalbildenden Versicherung oder einer Rentenversicherung kombiniert, kann auch vereinbart werden, dass die Sparbeiträge von der Versicherung weiterbezahlt werden, solange die Berufsunfähigkeit andauert. Dies hat den Vorteil, dass ohne weitere Beitragszahlung durch den Versicherungsnehmer trotzdem das gewünschte Zielkapital bis zum Vertragsablauf angespart wird. Dieser Zusatzbaustein wird meistens als **Prämienbefreiung bei Berufsunfähigkeit** bezeichnet.

Bei einer andauernden Berufsunfähigkeit wird die Leistung (Rente oder Prämienbefreiung) in der Regel bis zum Ende der **Vertragslaufzeit** erbracht. Somit macht es wenig Sinn, Berufsunfähigkeitsversicherungen auf kurze Laufzeiten abzuschließen oder mit Stammverträgen (Kapitalbildung) zu kombinieren, die nicht bis zum Pensionsalter laufen.

Schließt man als 20-Jähriger eine Kapitalversicherung mit einer Laufzeit von 25 Jahren ab und kombiniert man beispielsweise diesen Vertrag mit einer Berufsunfähigkeitsversicherung, so sind üblicherweise sowohl die Rentenleistung als auch die Beitragsbefreiung ebenfalls mit dieser Laufzeit begrenzt. Wird man dann mit einem Alter von 40 Jahren berufsunfähig, gibt es die Leistung somit nur mehr für fünf weitere Jahre.

In der Regel haben die Versicherer die längstmögliche Leistung aus einer Berufsunfähigkeitsversicherung mit dem **gesetzlichen Pensionsalter** oder einer fix definierten früheren Altersgrenze beschränkt.

Ab wann ist man berufsunfähig?

Das Hauptproblem bei der Beschäftigung mit einer Berufsunfähigkeitsversicherung liegt in der Frage, ab wann man eigentlich berufsunfähig ist. Hier können die **Bedingungen** der einzelnen Anbieter sehr wohl voneinander abweichen. Die folgende Definition des Begriffes der Berufsunfähigkeit einer österreichischen Versicherung zeigt schon, wie komplex diese Frage angelegt ist.

Berufsunfähigkeit liegt vor, *„wenn der Versicherte infolge Krankheit, Körperverletzung oder Kräfteverfalls, die ärztlich nachzuweisen sind, voraussichtlich dauernd außerstande ist, seinem ausgeübten Beruf nachzugehen. Berufsunfähigkeit ist jedenfalls gegeben, wenn die Arbeitsfähigkeit des Versicherten in diesem Beruf infolge Krankheit, Körperverletzung oder Kräfteverfalls voraussichtlich dauernd auf weniger als die Hälfte derjenigen eines körperlich und geistig Gesunden mit vergleichbaren Kenntnissen und Fähigkeiten herabgesunken ist."*

Ob jemand voraussichtlich auf Dauer seinen Beruf nicht mehr ausüben wird können oder ob seine Arbeitsfähigkeit auf unter 50% herabgesunken ist, kann nur im **Einzelfall** und auf den konkreten Beruf bezogen beurteilt werden.

Wer beabsichtigt, eine Berufsunfähigkeitsversicherung abzuschließen, sollte auch darauf achten, dass bestimmte Personengruppen gar **nicht** gegen Berufsunfähigkeit **versicherbar** sind.

Das betrifft vor allem Personen, die von der Definition her schon gar nicht berufsunfähig sein können, weil sie keinen Beruf ausüben, wie etwa Schüler, Studenten oder Hausfrauen. Es kann aber auch ausgefallene oder besonders gefährdete Berufe betreffen, wie zB Künstler, Artisten oder Berufssportler, denen von vielen Versicherungen kein Schutz geboten wird.

Hier wird in Ausnahmefällen maximal ein Schutz gegen **Erwerbsunfähigkeit** gewährt, der deutlich geringer ist als ein Schutz gegen Berufsunfähigkeit. Berufsunfähig ist man, wenn man seinen Beruf nicht mehr ausüben kann; erwerbsunfähig ist man jedoch erst, wenn man überhaupt keiner regelmäßigen Erwerbstätigkeit mehr nachgehen kann.[37]

Die Auswahl eines geeigneten Anbieters ist gerade bei Berufsunfähigkeitsversicherungen besonders schwierig, weil sie sich vielfach in ihrem **Bedingungswerk** massiv voneinander unterscheiden.

Ist der Verweis auf einen Beruf mit ähnlichen Kenntnissen und Fähigkeiten möglich? Werden, wenn der Versicherungsnehmer eine neue Tätigkeit ausübt, neu erworbene Kenntnisse und Fähigkeiten bei der Nachprüfung der Berufsunfähigkeit berücksichtigt? Besteht auch nach dem Ausscheiden aus dem Berufsleben Leistungsanspruch? Umfasst der Versicherungsschutz auch die Pflegebedürftigkeit? Wo ist Versicherungsschutz gegeben – nur in Österreich, Europa oder weltweit? Wann beginnt der Anspruch auf Leistung, mit dem Eintritt der Berufsunfähigkeit oder erst mit der Meldung an die Versicherung? Steigt die Rente aufgrund einer Gewinnbeteiligung in der Leistungsphase? Welche Leistungsausschlüsse sind vorgesehen?

Es stellt sich also eine Vielzahl von Fragen, die erst nach ausführlichem Studium von Bedingungen geklärt werden können. Möchte man nicht selbst viele Stunden damit verbringen, ist eine **Beratung** durch Fachleute, die ständig mit dem Thema befasst sind, unerlässlich.

Was kostet eine Vorsorge gegen Berufsunfähigkeit?

Über die Kosten einer Berufsunfähigkeitsversicherung kann hier nur sehr schwer Auskunft gegeben werden, weil sie sehr stark altersabhängig sind und zusätzlich vom tatsächlich ausgeübten Beruf und dem jeweiligen Gesundheitszustand beeinflusst werden.

Bei der Gestaltung der Prämienhöhe bieten die Versicherer in der Regel unterschiedliche Prämien für unterschiedliche Berufsgruppen an. Die Prämie orientiert sich somit an der statistischen Wahrscheinlichkeit bestimmter Personen, tatsächlich berufsunfähig zu werden. Hinzu kommt, dass die Risikoprüfung noch zu weiteren Zuschlägen oder Leistungsausschlüssen führen kann.

Um eine ganz **grobe Orientierung** zu geben, kann man davon ausgehen, dass ein 30-Jähriger mit einem wenig gefährdenden Beruf für eine monatliche Berufsunfähigkeitsrente von € 500 (12-mal jährlich) bei einer Laufzeit bis zum Endalter 62 rund € 290 jährlich benötigen wird, ein 40-Jähriger rund € 370, ein 50-Jähriger bereits rund € 460.[38] Hinzu kommen bei Tarifkombinationen noch die Prämien für eine eventuelle Prämienbefreiung bei Berufsunfähigkeit und jener Betrag, der für die Ansparung eines gewünschten Kapitals oder einer gewünschten Rente notwendig ist.

---

37 So wird beispielsweise ein Chirurg berufsunfähig sein, wenn er nicht mehr in der Lage ist, eine Operation durchzuführen. Erwerbsunfähig ist er deshalb noch lange nicht, weil er ja vielleicht immer noch eine Verwaltungstätigkeit im Krankenhaus ausüben könnte.

38 Diese Werte entsprechen dem Durchschnittswert von großen österreichischen Versicherern für völlig gesunde Personen ohne die Berücksichtigung von etwaigen Zuschlägen für bestimmte Berufe oder Sportarten. Diese können bis zu 100% und mehr betragen.

4.1.1.3 Die Unfalltod-Zusatzversicherung

Im Gegensatz zur Ablebensversicherung, die grundsätzlich jede Form des Ablebens abdeckt (von bestimmten Leistungsausschlüssen abgesehen), gibt es aus einer Unfalltod-Zusatzversicherung nur dann eine Leistung, wenn der Tod als Folge eines **Unfalles** eintritt. Bei Krankheiten aller Art oder bei Selbstmord gibt es somit keinen Versicherungsschutz.

Zu beachten ist dabei auch, dass die meisten Versicherungsbedingungen gerade im Bereich der Unfallversicherung einen **Leistungsausschluss** vorsehen, wenn man mit einem Kraftfahrzeug bei Wettbewerben oder Veranstaltungen teilnimmt, bei denen es auf die Erzielung einer Höchstgeschwindigkeit ankommt. Auch für Unfälle bei Flugfahrten gibt es vielfach Leistungssausschlüsse.

Jedoch können viele dieser Risiken durch eine **spezielle Vereinbarung** mit dem Versicherer mit oder teilweise sogar ohne Mehrprämie mitversichert werden.

Bei jeder Risikoversicherung sollte man sich somit vor dem Abschluss über den konkreten **Leistungsumfang** informieren und klären, ob eventuelle gefährliche Sportarten oder berufliche Tätigkeiten, die man regelmäßig ausübt, auch tatsächlich mitversichert sind.

Wie der Name „Zusatzversicherung" schon sagt, ist dies bei den meisten Versicherern ein **Zusatzbaustein** zu einem anderen Versicherungstarif. Natürlich bieten die meisten Versicherer aber auch reine klassische Unfallversicherungen an, bei denen das Todesfallrisiko ebenfalls (mit)versichert werden kann.

4.1.1.4 Die Unfallinvaliditäts-Zusatzversicherung

Eine Unfallinvaliditätsversicherung zielt darauf ab, sich selbst gegen die finanziellen Folgen einer **unfallbedingten Invalidität** abzusichern.

Somit ähnelt ihre Zielsetzung jener der Berufsunfähigkeitsversicherung, sie kann diese jedoch nur ergänzen und nicht ersetzen, da beide Versicherungen unterschiedliche Zugänge zu diesem Problem wählen.

Bei der **Berufsunfähigkeitsversicherung** geht es um die Feststellung, ob eine Berufsunfähigkeit tatsächlich gegeben ist (siehe Kapitel 4.1.1.2). Dabei ist es grundsätzlich egal, wie sie eingetreten ist – beispielsweise durch Krankheit oder durch einen Unfall.

Bei der Unfallinvaliditätsversicherung gibt es eine Leistung nur dann, wenn die Invalidität als Folge eines **Unfalles** eintritt. Dafür ist die Frage der Leistungsverpflichtung der Versicherung leichter nachvollziehbar.

Bei der Unfallinvaliditätsversicherung wird mit dem Versicherer eine bestimmte **Versicherungssumme** vereinbart. Dazu gibt es eine auf den ersten Blick sehr makaber wirkende **Gliedertaxe**, die genau festlegt, wie viel dem Versicherten bei welcher Beeinträchtigung zusteht.

So kann dort zum Beispiel festgelegt sein, dass man bei völligem Verlust oder völliger Funktionsunfähigkeit eines Auges 50% dieser Versicherungssumme erhält, bei einem Daumen 20%, bei einem Zeigefinger 10%.

Wenn sich der Invaliditätsgrad nach einer solchen Tabelle nicht festlegen lässt, kommt es darauf an, inwieweit die körperliche oder geistige Funktionsfähigkeit nach medizinischen Gesichtspunkten eingeschränkt ist. Auch hierbei wird sich ein **Invaliditätsgrad** zwischen 0 und 100% ergeben und somit ein prozentueller Anteil an der Versicherungssumme in diesem Ausmaß.

Auch hier lohnt sich wieder ein Blick auf die Versicherungsbedingungen, weil fast jede Versicherung gerade bei diesen Prozentsätzen eigene **Besonderheiten** eingebaut hat.

Manche Versicherungen gehen davon aus, dass gerade höhere Invaliditätsgrade einen deutlich besseren Schutz benötigen und haben sogenannte **progressive Gliedertaxen** eingeführt. Das heißt, dass beispielsweise bis zu einem Invaliditätsgrad von 50% auch 50% von der Versicherungssumme ausbezahlt werden, bei 60% Invalidität jedoch bereits 75% oder bei 100% Invalidität sogar 200% der Versicherungssumme oder mehr.

Einige wiederum bringen bis zu einem Invaliditätsgrad von 25% oder 50% gar keine Leistung, andere bieten freiwillig erhöhte Gliedertaxen an. Der Kreativität und den Gestaltungsvarianten sind hier keine Grenzen gesetzt und es genügt bei der Beschäftigung mit einer Unfallversicherung nicht, sich nur auf die vereinbarte **Versicherungssumme** zu konzentrieren. Die konkreten Leistungen bei verschiedenen **Invaliditätsgraden** sollten auf jeden Fall hinterfragt werden – ebenso wie bestimmte **Leistungsausschlüsse** oder die Möglichkeit, **besondere Gefahren** mitzuversichern.

Aufgrund der Unterschiedlichkeit der am Markt vorzufindenden Produkte und diverser integrierter Sonderleistungen ist es auch hier nicht möglich, eine **Empfehlung** abzugeben, in welchem Rahmen sich die Kosten für diese Art der Versicherung bewegen können. Auch wird die konkrete Berufsausübung die Prämienkalkulation maßgeblich beeinflussen.

Unfallinvaliditätsversicherungen sind in der Regel als **Ergänzungstarife** zu den verschiedensten Formen der Kapital- oder Rentenversicherung abschließbar oder auch als **Einzeltarife**.

4.1.1.5 Die Versicherung, die bei schwerer Krankheit bezahlt

Die Diagnose einer **schweren Erkrankung** bringt für die meisten Betroffenen neben den psychologischen und menschlichen Problemen vielfach auch zusätzliche finanzielle Belastungen mit sich. Laut Statistik muss jeder dritte Österreicher damit rechnen, bis zum 65. Lebensjahr einen Herzinfarkt oder Schlaganfall zu erleiden oder an einem Krebsleiden zu erkranken.

Manche Erkrankungen erfordern gewisse kostspielige Umbauten im Haus oder in der Wohnung. Viele Personen wollen sich spezialisierten Ärzten, vielleicht sogar im Ausland, anvertrauen, andere hätten gerne eine individuelle kostspielige Betreuung. Bestimmte finanzielle Verpflichtungen müssen weiter bedient werden, obwohl plötzlich ein **gravierender Einschnitt** im Einkommen entsteht.

Eine Ablebensversicherung sorgt für den Fall des Todes vor, eine Berufsunfähigkeitsversicherung soll eine Zusatzrente sichern. Einen großen Kapitalbetrag, der gerade bei der Diagnose einer schweren Krankheit benötigt würde, können beide nicht bieten und die Unfallinvaliditätsversicherung, die grundsätzlich auf Kapitalzahlungen ausgerichtet ist, deckt keine Krankheiten ab.

In diese Lücke stößt jetzt die sogenannte **Dread-Disease-Versicherung**. Dabei handelt es sich in der Regel um eine Lebensversicherung, bei der neben dem Todes- oder Erlebensfall auch eine **schwere Erkrankung** (= „dread disease") als Versicherungsfall gilt und die Versicherungssumme (inklusive angefallener Gewinnanteile) somit sofort fällig wird.

Grundsätzlich können Erkrankungen wie Herzinfarkt, Schlaganfall, Multiple Sklerose, chronisches Nierenversagen, Erblindung, Taubheit, Krebs, Parkinson, HIV-Infektion, diverse Operationen am Herzen, Querschnittlähmung oder Organtransplantationen versichert werden.

Das Problem bei der Beschäftigung mit der Dread-Disease-Versicherung ist, dass die Krankheiten, die versichert sind, in den Bedingungen **ausdrücklich angeführt** sein müssen. Bei anderen als den angeführten und zumeist noch genau definierten Krankheiten gibt es **keine** Leistung. Welche Krankheiten jetzt vom Versicherungsschutz umfasst sind und in welcher Ausprägung sie auftreten müssen, um eine Leistungspflicht zu erwirken, das ist bei den meisten Anbietern unterschiedlich geregelt und sollte genau hinterfragt werden.

Auf jeden Fall sollte eine Dread-Disease-Versicherung aufgrund ihres Leistungsspektrums nicht als Ersatz, sondern nur als **Ergänzung** der bisher besprochenen Möglichkeiten der Risikovorsorge gesehen werden.

Eine Aussage über die **ungefähre Prämienhöhe**, mit der man beim Abschluss einer Dread-Disease-Versicherung rechnen muss, kann hier leider nicht gegeben werden, weil der Leistungsumfang, dh die Art und die Anzahl der Krankheiten, für die Versicherungsschutz gewährt wird, von Anbieter zu Anbieter so stark variiert und dementsprechend unterschiedlich auch die Prämien sein können.

4.1.2 Erlebensversicherungen (bzw Er- und Ablebensversicherungen)

Eine Erlebensversicherung ist eine Versicherung, die zu einem vereinbarten Termin eine bestimmte Leistung an die bezugsberechtigte Person (zumeist an den Versicherungsnehmer) erbringt. Diese Leistung besteht üblicherweise in einer **Kapitalzahlung** oder in einer lebenslangen bzw zeitlich begrenzten **Rente**, die zum (ab) Ablauf der Versicherung erbracht wird.

Im Vordergrund steht hierbei der Anspargedanke (Kapitalaufbau), nicht die Risikoabsicherung. Im Todesfall wird zumeist nur ein Betrag zurückerstattet, der sich in der Höhe der einbezahlten Beiträge inklusive einer angefallenen Gewinnbeteiligung bewegt.

Eine Erlebensversicherung kann aber auch mit einer Ablebensversicherung (**Er- und Ablebensversicherung**) kombiniert werden. Im Todesfall werden dann sofort die vereinbarte Versicherungssumme für den Ablebensfall und die bis dahin erreichten Gewinnanteile ausbezahlt. Erlebt man den vereinbarten Ablauftermin der Versicherung, wird das angesparte Kapital fällig.

Die folgenden Ausführungen zu den Erlebensversicherungen lassen sich somit in der Regel auch eins zu eins auf die in Österreich so beliebten Er- und Ablebensversicherungen umlegen und umgekehrt.

Erlebensversicherungen treten in verschiedensten **Erscheinungsformen** und **Produktvarianten** am Versicherungsmarkt auf. Grundsätzlich kann man zwischen der klassischen Form, der fondsgebundenen Form und bestimmten Mischformen unterscheiden.

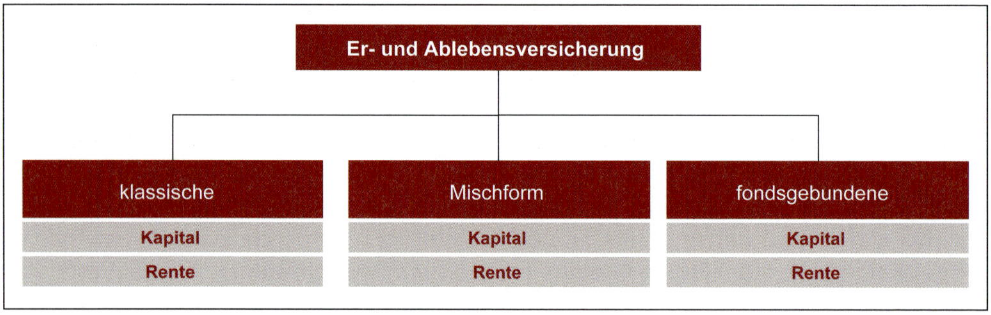

Bei der **klassischen Erlebensversicherung** fließt die Sparprämie in den sogenannten (normalen) Deckungsstock der Lebensversicherung. Hierbei gibt die FMA einen engen Rahmen vor, wie die Versicherung veranlagen darf bzw muss, und die Versicherung gewährt eine bestimmte Mindestverzinsung.

Bei der **fondsgebundenen Lebensversicherung** wird die Sparprämie zum Ankauf von Fondsanteilen verwendet, wobei sich der Versicherungsnehmer selbst zwischen bestimmten angebotenen Fonds entscheiden kann. Garantien gibt es grundsätzlich keine.

Mischformen stellen Kombinationen aus der klassischen Form und der fondsgebundenen Form dar. Ein Teil der Sparprämien fließt in den klassischen Deckungsstock, ein Teil in Fonds. Dadurch können auch bestimmte Garantien gegeben werden, wie beispielsweise eine Kapitalgarantie.

Zusätzlich kann jede dieser Grundformen in der Ausprägung einer **Kapitalversicherung** oder einer **Rentenversicherung** in Erscheinung treten.

Bei der **Kapitalversicherung** steht die Ansparung eines bestimmten Kapitalbetrages im Vordergrund. Grundsätzlich kann man sich aber bei Ablauf der Versicherung auch dafür entscheiden, anstatt des Kapitals eine lebenslange oder zeitlich begrenzte Rente (Zusatzpension) zu beziehen. Man spricht dann von einer **Kapitalversicherung mit Rentenoption**. Als Berechnungsgrundlage für die Rentenhöhe werden die dann gültigen Rechnungsgrundlagen verwendet.

Bei der **Rentenversicherung** steht die Ansparung einer bestimmten Zusatzpension (Rente) im Vordergrund. Auch hier kann man sich zwar in der Regel immer auch noch dafür entscheiden, das angesparte Kapital einmalig zu beziehen, und man spricht somit von einer **Rentenversicherung mit Kapitaloption**. Entscheidend ist jedoch, dass man bei einer echten Rentenversicherung die **Garantie** hat, dass bei der Kalkulation der Rentenhöhe die bei Vertragsabschluss gültigen Rechnungsgrundlagen zur Anwendung kommen und nicht jene, die bei Ablauf des Vertrages Gültigkeit haben (siehe dazu Kapitel 4.1.2.6).

Sowohl bei der Kapitalversicherung als auch bei der Rentenversicherung geht es darum, bis zum Pensionsantritt einen entsprechenden Kapitalstock anzusparen, wodurch sie auch als **kapitalbildende Versicherungen** bezeichnet werden. Erlebensversicherungen sind im Gegensatz zu Risikoversicherungen kapitalbildende Versicherungen.

In der Folge soll nun auf die unterschiedlichen Ausprägungen der Erlebensversicherung näher eingegangen werden. Neben einer grundsätzlichen Darstellung der wesentlichen Merkmale der einzelnen Varianten soll vor allem dem Aspekt des Risikos, der **Renditechancen** und der **Sicherheit** der Veranlagung Aufmerksamkeit geschenkt werden. Ein Blick auf die **steuerliche Behandlung** von Lebensversicherungen, auf **Kostenaspekte** und das Thema **Flexibilität** in der Vertragsgestaltung und **Verfügbarkeit** des Kapitals sollen die Betrachtung abrunden.

4.1.2.1 Die klassische Er- und Ablebensversicherung

Die klassische Erlebensversicherung, zumeist kombiniert mit einem Todesfallschutz (Er- und Ablebensversicherung), ist die in Österreich am häufigsten genutzte Vorsorgeform.

4.1.2.1.1 Sicherheit und Rendite

Die Sparprämie fließt dabei in den sogenannten **Deckungsstock** der Versicherung und die Experten des Versicherers, zumeist in einer eigenen Kapitalanlagegesellschaft angesiedelt, übernehmen die Veranlagung dieser Kundengelder (des Deckungsstockes). Durch das große Veranlagungsvolumen können dabei in der Regel interessante Kostenvorteile erzielt werden.

Eine **Mitsprache** des Kunden bei der Vermögensverwaltung ist nicht vorgesehen, er braucht sich also über die gesamte Laufzeit hinweg keine Gedanken über die Veranlagung zu machen.

Der Versicherer kauft damit beispielsweise Aktien, Anleihen und Kapitalanlagefonds, vergibt Hypothekardarlehen, hält Bankguthaben oder erwirbt Immobilien. Hierbei gibt es **detaillierte Vorschriften** und Obergrenzen für die jeweiligen Anlageformen, die berücksichtigt werden müssen.[39] Die treuhändische Verwaltung obliegt aus Gründen der Vorsicht einer oder mehreren Depotbanken. **Sicherheit** steht bei der Veranlagung an oberster Stelle, wodurch auch der maximale Anteil an Aktien mit 40% begrenzt ist.

[39] Verordnung der Finanzmarktaufsichtsbehörde über Kapitalanlagen zur Bedeckung der versicherungstechnischen Rückstellungen durch Unternehmen der Vertragsversicherung (Kapitalanlageverordnung).

Mindestverzinsung und Ablaufgewinn

Betrachtet man ein Angebot für eine klassische Erlebensversicherung bzw eine Er- und Ablebensversicherung, so sieht man, dass neben einem **garantierten Ablaufkapital** auch ein **voraussichtlicher Ablaufgewinn** angeführt ist.

Die Ablaufleistung[40] der klassischen Erlebensversicherung setzt sich aus einem garantierten Teil (= **Versicherungssumme im Erlebensfall**) und einem unverbindlichen Teil (= **Gewinnbeteiligung**) zusammen. Sie bietet somit durch die Garantie eine bestimmte **Mindestverzinsung**.

Der garantierte Teil ergibt sich daraus, dass man die **Sparprämie**[41] über die gesamte Laufzeit hinweg mit dem **garantierten Rechnungszinssatz** verzinst. Wenn die erwirtschafteten Kapitalerträge unter diesem Garantiewert liegen, muss die Versicherung die Differenz aus Eigenmitteln decken.

Damit die Versicherungen aus Wettbewerbsgründen im Kampf um Neukunden keine ruinösen Garantieversprechen abgeben, schreibt die Finanzmarktaufsicht den zulässigen Höchstzinssatz für Lebensversicherungen vor.

Dieser Höchstzinssatz für die Garantie liegt für im Jahr 2014 abgeschlossene Verträge bei 1,75%. Das Geld, das in den Deckungsstock fließt (Sparprämie), wird somit garantiert mit 1,75% verzinst. Für das Jahr 2015 ist für Neuabschlüsse mit einer Reduktion dieses Höchstzinssatzes auf wahrscheinlich 1,5% zu rechnen.

Hinzu kommt die sogenannte **Gewinnbeteiligung**. Sie soll einen Ausgleich zu jenem **Geschäftsergebnis** darstellen, das der Versicherer tatsächlich mit den Sparprämien der Kunden erwirtschaftet hat. Die Höhe der Gewinnbeteiligung muss im Geschäftsplan der Versicherung festgehalten werden und sie muss dem Versicherungsnehmer im jeweiligen Jahr auch gutgeschrieben werden.

Für die Zukunft kann die Höhe der Gewinnbeteiligung vom Versicherer jedoch jederzeit geändert und den dann aktuellen Marktgegebenheiten angepasst werden. Dies ist auch der Grund, warum man beim Vergleich diverser Versicherungsangebote nicht unbedingt den Schwerpunkt auf die prognostizierte Ablaufleistung oder den prognostizierten Gewinn legen sollte, sondern auf die **garantierte Versicherungssumme**, die man für dieselbe Prämie bekommt. Die Prognose der Gewinnbeteiligung ist **unverbindlich**.

Der im Angebot ausgewiesene **Ablaufgewinn** ergibt sich jetzt, indem man den bei Angebotslegung aktuellen Prozentsatz der Gewinnbeteiligung auch für die gesamte Laufzeit unterstellt.

---

40 Als Ablaufleistung bezeichnet man üblicherweise die tatsächliche Auszahlungssumme zum Ende der vereinbarten Laufzeit.

41 Als Sparprämie bezeichnet man die einbezahlte Prämie abzüglich Versicherungssteuer, Risikokomponenten und Kosten, also jenen Teil der Prämie, der in die Veranlagung, sprich in den Deckungsstock, fließt.

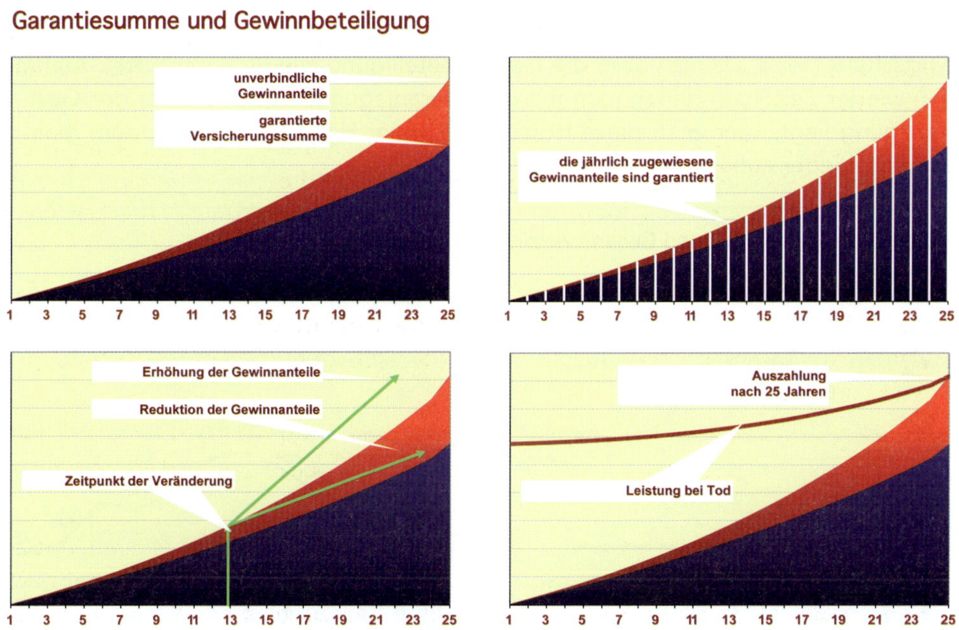

Alter 40 Jahre, 25 Jahre Laufzeit, jährliche Prämie, Er- und Ablebensversicherung

Im Jahr 2014 liegt der garantierte Rechnungszinssatz in der Regel bei 1,75%, die Gewinnbeteiligung je nach Versicherung bei 1,35% bis 1,65%. Somit wird das Deckungskapital des Versicherungsnehmers mit 3,1% bis 3,4% verzinst.

Konservative Veranlagung

Nachdem die klassische Erlebensversicherung jedes Jahr den **Garantiezinssatz** und die für das jeweilige Jahr versprochene **Gewinnbeteiligung** tatsächlich dem Versicherungsvertrag gutschreiben muss, kann es sich der Versicherer nicht leisten, schwerpunktmäßig in Investments zu veranlagen, die großen Schwankungen ausgesetzt sind. Muss man beispielsweise jährlich 3,4% zuweisen, so wird man mit einer Veranlagungsstrategie, bei der theoretisch von plus 100% oder mehr bis zum totalen Wertverlust alles möglich ist, falsch beraten sein.

Dies ist auch der Grund, warum in der Praxis der theoretisch mögliche **Aktienanteil** von 40% im Deckungsstock von den Versicherern bei weitem nicht ausgenützt wird und der tatsächliche Aktienanteil im Deckungsstock der österreichischen Lebensversicherungen momentan idR bei einem Wert zwischen 5% und 15% liegt.

Grundsätzlich versucht man bei der klassischen Erlebensversicherung, die **Schwankungen** am Kapitalmarkt so gut wie möglich **auszugleichen** und die **Gewinnbeteiligung stabil** zu halten. Kann man am eigenen Sparbuch mitverfolgen, wie beinahe monatlich eine Änderung des Zinssatzes erfolgt, so kommt es bei der klassischen Lebensversicherung zu deutlich weniger Schwankungen.

Dies geschieht vor allem durch eine breite **Streuung** in der Veranlagung und durch die Bildung von **Reserven** (Kapitalpolster) in jenen Jahren, in denen ein höherer Ertrag erwirtschaftet wird, als man über die Gewinnbeteiligung wieder ausschüttet. Kommen dann wieder Zeiten, in denen man mit dem Veranlagungsergebnis unter der Gewinnbeteiligung liegt, kann man diese trotzdem in voller Höhe auszahlen, indem man die Reserven wieder auflöst.

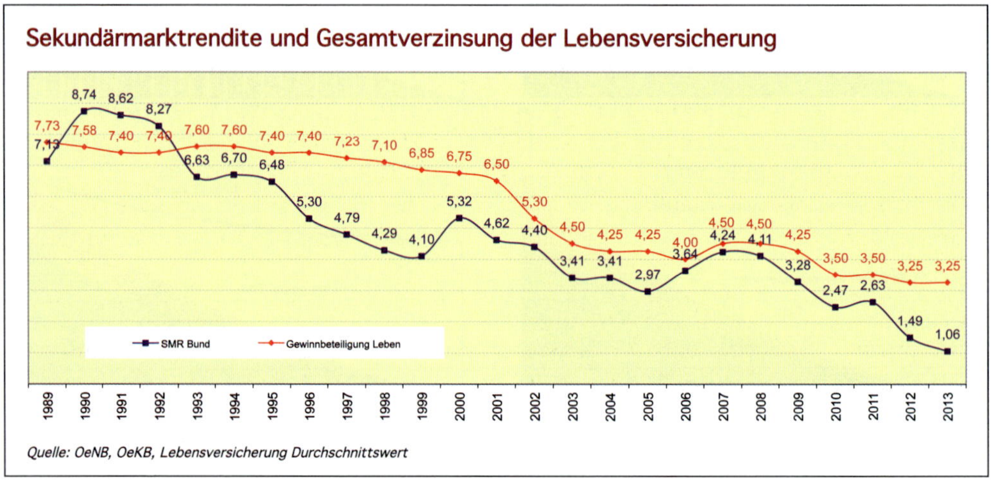

In obiger Grafik lässt sich sehr gut erkennen, dass die Jahre 1989 bis 1992 für die Versicherungen gute Zeiten waren, um dementsprechende **Kapitalreserven** zu schaffen. Seit 1993 zahlt die klassische Erlebensversicherung jedoch bereits mehr an Verzinsung aus, als mit einer sicheren Veranlagung zu erreichen ist. In den ersten Jahren wurde noch versucht, die Gewinnbeteiligung durch die **Auflösung von Reserven** konstant zu halten oder mit moderaten Senkungen das Auslangen zu finden. Mittlerweile sind jedoch die Reserven großteils aufgebraucht und seit 2001 sind auch für die Versicherungsnehmer die **Reduktionen** in der Gewinnbeteiligung deutlich spürbar.

Reduktion der Gewinnbeteiligung

Wer vielleicht vor 15–20 Jahren eine kapitalbildende Lebensversicherung abgeschlossen hat und heute bei seinem Versicherer nachfragt, wie hoch denn die **voraussichtliche Ablaufleistung** sein wird, kann leicht einen kleinen Schock bekommen. Wurde damals eine Erlebensversicherung unter der Annahme einer Gesamtverzinsung von 7,5% abgeschlossen und gibt es jetzt eine Gesamtverzinsung von 3,1% bis 3,4%, so kann die heute bekannt gegebene voraussichtliche Ablaufleistung je nach Laufzeit durchaus um 15% bis 50% geringer sein.

Wie kann es bei einer so sicheren Vorsorgeform wie der klassischen Lebensversicherung zu so großen Abweichungen kommen? Die Antwort dabei lässt sich vor allem durch den sogenannten Zinseszins-Effekt, die Länge der Laufzeit und die Verpflichtung der Versicherung, die aktuelle Gewinnbeteiligung für die gesamte Zukunft als Berechnungsbasis zu verwenden, erklären:

Der Zinseszins-Effekt

Die erste Erklärung ist eine rein **mathematische Erklärung**. Bei einer sehr langen Laufzeit hat bereits eine sehr geringe Änderung in der Verzinsung bzw der Rendite eines Vorsorgeproduktes eine große Auswirkung auf die absolute Höhe der Ablaufleistung.

➲ Beispiel:

Jemand schließt mit einem Alter von 35 Jahren eine Erlebensversicherung mit einer Laufzeit von 30 Jahren und einer jährlichen Prämie von € 1.040 ab. Die prognostizierte **Gesamtverzinsung** (Garantie plus Gewinn) des Vertrages beträgt 7,5%, so wie dies vor 15–20 Jahren bei den meisten Lebensversicherern der Fall war.
Die voraussichtliche Ablaufleistung würde dann € 100.000 ausmachen. Beträgt die Gesamtverzinsung ab Beginn statt 7,5% nur 6%, so reduziert sich die Ablaufleistung um € 23.000.

Ein Unterschied von 1,5% in der Gesamtverzinsung schmälert die Ablaufleistung bei dieser Laufzeit bereits um 23%!

Gesamtverzinsung	7,50%	6,00%	5,00%	4,25%	3,25%
Ablaufleistung	100.000	77.000	65.000	57.000	48.000

Wäre die Gesamtverzinsung über die ganze Laufzeit 4,25%, so würde der Unterschied sogar ganze € 43.000 betragen.

Bei kürzeren **Laufzeiten** des Versicherungsvertrages werden die Abweichungen in absoluten Zahlen deutlich geringer sein.

Betrachtet man die Einbrüche auf den Kapitalmärkten in den Jahren 2000 bis 2003 sowie ab 2008, dann muss man eigentlich schon fast zufrieden sein, dass die **Zinsreduktion** in einem Rahmen von 3% bis 4% geblieben ist, obwohl ein Unterschiedsbetrag von € 43.000 auf den ersten Blick sehr hoch aussieht.

Weggehen sollte man jetzt jedoch von dem **Trugschluss**, dass man plötzlich € 43.000 verloren hätte. Bei der klassischen Lebensversicherung sind nämlich Kapitalverluste so gut wie ausgeschlossen und auch die Reduktion der Gewinnbeteiligung ist immer nur für die zukünftigen Jahre möglich. Die **garantierte Versicherungssumme** im Erlebensfall und alle bis dato angefallenen **Gewinnzuweisungen** bleiben dem Versicherungsnehmer in jedem Fall erhalten.

Tatsache ist, dass man einfach nicht mehr jene Höhe der Verzinsung erreicht, die bei Vertragsabschluss vor 15–20 Jahren noch üblich war, und somit auch die Ablaufleistung geringer ausfällt als ursprünglich prognostiziert. Und wenn man heute 3,1% bis 3,4% Verzinsung statt 7,5% erreicht, dann ist das in einer Zeit, in der die Rendite von **Bundesanleihen** um 1% liegt, ein durchaus akzeptabler Wert.

Das Problem der Prognose der Gewinnbeteiligung

Das „Problem" der klassischen Lebensversicherung ist, dass sie bei der Darstellung der voraussichtlichen künftigen Ablaufleistungen nicht mit **durchschnittlichen Erfahrungswerten** aus der Vergangenheit rechnen darf, sondern immer so tun muss, als würde die **im Moment gültige Gewinnbeteiligung** für die gesamte restliche Laufzeit so bleiben wie heute.

Schließe ich einen Vertrag in einer Zeit ab, in der eine sehr **hohe Gewinnbeteiligung** vorherrscht, wird die prognostizierte Ablaufleistung sehr hoch sein, weil man unterstellt, dass die Gewinnbeteiligung die gesamte Laufzeit so hoch sein wird. Fällt dann unter der Laufzeit die Gewinnbeteiligung nach unten, ist es nachvollziehbar, wenn so mancher sich betrogen fühlt, da die Werte natürlich nicht eingehalten werden können.

Schließt man einen Vertrag in einer Zeit mit einer sehr **niedrigen Gewinnbeteiligung** ab, so wird sich umgekehrt eine prognostizierte Ablaufleistung ergeben, die wahrscheinlich deutlich unter der tatsächlichen Ablaufleistung bleiben wird, falls die Gewinnbeteiligung während der Laufzeit auch wieder nach oben geht.

Und genau diese Verpflichtung der Annahme der aktuellen Gewinnbeteiligung für die gesamte Restlaufzeit gilt nicht nur bei einem **Neuabschluss** einer klassischen Erlebensversicherung, sie gilt auch für jegliche **Auskünfte**, welche der Versicherer während der Laufzeit erteilt.

Wenn also jetzt die oben bereits erwähnte Person, die vor 15–20 Jahren einen Vertrag in Zeiten einer Gesamtgewinnprognose von 7,5% abgeschlossen hat, beim Versicherer nachfragt, wie viel Ablaufleistung sie zu erwarten hat, dann erfolgt die Berechnung ebenso auf der Basis der **heutigen** Gewinnbeteiligung.

Befindet man sich zum Zeitpunkt der Auskunft gerade an einem **historischen Tiefpunkt** der Gewinnbeteiligung, wie es heute der Fall ist, dann enthält die Ablaufleistung, die man mitgeteilt bekommt, also die Annahme, dass die Gewinnbeteiligung die gesamte Zeit so niedrig bleibt wie heute.

Geht man davon aus, dass doch innerhalb der Vertragslaufzeit eine Verbesserung der Situation am **Kapitalmarkt** eintritt, kann man jedenfalls mit einer höheren als der heute dargestellten Ablaufleistung rechnen. Genauso gut wäre aber eine weitere Reduktion möglich, wenn die Gewinnbeteiligung noch weiter nach unten fällt.

Wie hoch die Ablaufleistung tatsächlich sein wird, könnte jedoch nur dann vorausgesagt werden, wenn man die zukünftige Entwicklung der Kapitalmärkte kennen würde.

Zur letztendlichen Beurteilung eines Vorsorgeproduktes sollte es nicht von so großer Bedeutung sein, wie weit die ursprüngliche Prognose von einer Prognose in der Mitte der Laufzeit abweicht. Im Endeffekt ist die tatsächlich erzielte **Rendite** maßgeblich.

Habe ich vielleicht nicht eine ursprünglich angenommene Rendite von 4%, sondern nur von 2,5% nach Steuern erreicht, so kann das immer noch ein erfreuliches Ergebnis sein, wenn ich vielleicht parallel dazu bei vergleichbaren Vorsorgeformen im selben Zeitraum deutlich weniger erreicht hätte.

Trotzdem macht es kein gutes Bild, wenn die Abweichungen zwischen Angebot und tatsächlicher Ablaufleistung zu weit voneinander abweichen, vor allem weil eine **vernünftige Planung** der eigenen Pensionsvorsorge dadurch erschwert wird.

Deshalb sind die meisten Anbieter nach Aufforderung durch die Aufsichtsbehörde bereits dazu übergegangen, neben der aktuellen Gewinnbeteiligung noch zwei oder drei andere **Performancewerte** darzustellen, um zu zeigen, was wäre, wenn zum Beispiel ein Prozentpunkt mehr oder weniger an Gewinnbeteiligung erreicht wird. Dies erleichtert die Orientierung und verdeutlicht, dass auch bei der klassischen Lebensversicherung **Schwankungen** nach oben oder unten möglich sind.

Auch hier ist es wichtig, sich dessen bewusst zu sein, dass man sich mit seiner Vorsorge zu einem großen Teil am **Kapitalmarkt** bewegt und das Ergebnis, sprich die Ablaufleistung, von diesem mitbestimmt wird. Nachdem der Kapitalmarkt ständig in Bewegung ist, muss auch bei der Planung der eigenen Pensionsvorsorge darauf Rücksicht genommen werden.

Obwohl die klassische Lebensversicherung das Vorsorgeinstrument darstellt, bei dem die **geringsten Schwankungen** zu erwarten sind, ist es notwendig, im Abstand von mehreren Jahren zu überprüfen, inwieweit der Vorsorgebedarf und die zu erwartende Ablaufleistung noch übereinstimmen.

Noch schwieriger ist diese Planung jedoch bei all den anderen Vorsorgeprodukten, bei denen die Ablaufleistung zu 100% vom **Veranlagungserfolg** abhängig ist und noch viel größeren Schwankungen ausgesetzt sein kann. Bei der klassischen Lebensversicherung kann man sich zumindest auf den garantierten Ablaufwert mit Sicherheit verlassen.

Die Entscheidung für eine **klassische Erlebensversicherung**, in welcher Ausprägung auch immer, bedeutet grundsätzlich eine Entscheidung für einen langfristigen, stabilen, konservativen, sicheren und kontinuierlichen Kapitalaufbau. Man kann sich von ihr keine kurzfristigen Traumrenditen erwarten, die durch eine risikoreichere Veranlagung durchaus möglich wären. Man ist aber auch gegen Kapitalverluste geschützt und der garantierte Rechnungszinssatz kombiniert mit dem Prinzip, dass einmal zugewiesene Gewinne nicht mehr wegfallen oder weniger werden können, machen sie zu einem beliebten Produkt für ein **zielgerichtetes und stichtagsbezogenes Sparen**, wie dies bei der Pensionsvorsorge notwendig ist.

4.1.2.2 Die fondsgebundene Er- und Ablebensversicherung

Die fondsgebundene Lebensversicherung hat ihren Ursprung im englischsprachigen Raum und ist in Österreich erst seit ca 20 Jahren auf dem Markt. Seit dieser Zeit kann sie sich jedoch beinahe jährlich über deutliche Zuwachsraten freuen.

Bei der fondsgebundenen Lebensversicherung handelt es sich grundsätzlich um eine Er- und Ablebensversicherung, bei der die Sparprämie nicht in den klassischen Deckungsstock der Lebensversicherung fließt, sondern für den **Ankauf von Fondsanteilen** verwendet wird. Die Höhe des **Ablebensschutzes** kann bei den meisten Anbietern nach dem Wunsch des Versicherungsnehmers innerhalb eines bestimmten Rahmens flexibel gestaltet werden.

Welche Fondsanteile gekauft werden, das entscheidet jedoch nicht der Versicherer, sondern der jeweilige Kunde (der Versicherungsnehmer) selbst. Einen gesetzlichen Rahmen, wie veranlagt werden darf bzw muss, gibt es somit nicht.

4.1.2.2.1 Sicherheit und Rendite

Jeder Versicherer bietet in der Regel eine Mehrzahl von Fonds in verschiedenen **Risikokategorien** zur Auswahl an. Die Angebotspalette an Fonds ist hierbei sehr vielfältig.

Geldmarktnahe Fonds investieren in Festgelder mit kurzer Restlaufzeit und liefern dadurch einen sicheren und stabilen, dafür aber in der Regel nicht allzu hohen Ertrag. **Rentenfonds** (Anleihenfonds) investieren hauptsächlich in Bundesanleihen, Pfand- und Kommunalbriefe oder Anleihen von Unternehmen und sind trotz möglicher Kursschwankungen sehr sicher.

Aktienfonds hingegen bringen durch häufige Kursschwankungen ein hohes Risiko, aber auch dementsprechend höhere Renditechancen mit sich. Meistens setzen Aktienfonds Schwerpunkte auf die Aktien bestimmter Branchen, Länder, Regionen oder Kontinente.

Gemischte Fonds investieren sowohl in Aktien als auch in Anleihen und ihr Risiko bzw auch ihre Ertragschancen hängen hauptsächlich vom Mischverhältnis Aktien zu Anleihen ab. Gerne werden die Mischungen 25% Aktien/75% Anleihen, 50% Aktien/50% Anleihen oder 75% Aktien/25% Anleihen verwendet.

Wird bei der klassischen Lebensversicherung auf höchstmögliche Sicherheit Wert gelegt, kann hier der Versicherungsnehmer aufgrund seiner eigenen **Risikobereitschaft** entscheiden, wie viel Prozent seiner Prämie in welche der zur Verfügung stehenden Fonds investiert werden.

Somit könnte man beispielsweise verfügen, dass 50% der Prämie in einen Aktienfonds fließen sollen und 50% in einen Rentenfonds. Genauso gut könnte man aber 100% der Prämie in einen gemischten Fonds fließen lassen, der eine 50/50-Verteilung vornimmt, und somit dieselbe Risikoverteilung erreichen. Aber auch eine 100%ige Veranlagung in Aktienfonds ist ebenso möglich wie eine 100%ige Veranlagung in geldmarktnahe Fonds oder sämtliche Abstufungen dazwischen.

Der Unterschied zwischen fondsgebundenen Lebensversicherungen und einer direkten Veranlagung in Fonds liegt vor allem in der **steuerlichen Behandlung**. Diese erfolgt nach den Regelungen für Lebensversicherungen und nicht nach den Regelungen für Fondsprodukte. Grundsätzlich sind die Fonds im Rahmen der fondsgebundenen Versicherung von der KESt befreit, dafür werden 4% Versicherungssteuer von der Prämienzahlung fällig. Die Kapitalauszahlung erfolgt zum Ende ohne Steuerbelastung. Nähere Informationen zur steuerlichen Behandlung von Lebensversicherungen und von Investmentfonds finden sich in den Kapiteln 4.1.3 und 4.2.2.3.4.

In wie vielen Investmentfonds man gleichzeitig veranlagt sein kann, ist von Versicherer zu Versicherer unterschiedlich geregelt. Auf jeden Fall bestimmt der Versicherungsnehmer den **Veranlagungserfolg** seiner Pensionsvorsorge entscheidend mit.

Fondsgebundene Lebensversicherungen können sowohl mit einer **laufenden Prämie** (zB monatlich) als auch als **Einmalerlagsversicherung**, bei der einmalig eine größere Summe angelegt wird, abgeschlossen werden.

Genauso ist es möglich, sie als **Kapitalversicherung** oder als **Rentenversicherung** zu gestalten. Werden sie in der Version einer Rentenversicherung angeboten, sollte man sich informieren, ob auch tatsächlich die Garantie gegeben ist, dass bei der Berechnung der Rentenhöhe die heutigen Rechnungsgrundlagen zur Anwendung gelangen.[42]

Die Leistung zum Ablauf

Nachdem die Wertentwicklung der Fondsanteile nicht vorhergesehen werden kann, gibt es auch keine garantierten Leistungen zum Ablauf. Die Ablaufleistung der fondsgebundenen Lebensversicherung setzt sich also nicht aus einem garantierten Teil und einer Gewinnbeteiligung zusammen, sondern hängt einzig und allein davon ab, wie sich die gekauften **Fondsanteile** entwickeln. Je besser die Wertentwicklung der Fondsanteile ist, desto höher ist die Ablaufleistung, je schlechter die Wertentwicklung, desto geringer die Ablaufleistung.

Tendenziell kann man sicherlich behaupten, dass bei der fondsgebundenen Lebensversicherung langfristig ein ähnliches Ergebnis zu erwarten ist wie bei der **klassischen Lebensversicherung**, wenn man bei der Auswahl der Fonds ähnlich auf Sicherheit schaut, sprich den Schwerpunkt auf Rentenfonds legt, wie dies bei der klassischen Variante der Fall ist.

Deutlichere Abweichungen vom Ergebnis einer klassischen Er- und Ablebensversicherung wird man eher dann erreichen, wenn ein anderes **Risikoprofil** gewählt wird. Der Chance, bei guter Wertentwicklung der ausgewählten (risikoreicheren) Fonds ein deutlich besseres Ergebnis zu erreichen als bei der klassischen Lebensversicherung, steht dann jedoch das Risiko entgegen, dass ebenso eine Wertminderung, sprich ein Kapitalverlust, eintreten kann.

Bei der Auswahl der Fonds, vor allem bei der Wahl der entsprechenden Risikokategorie, ist also unbedingt auf die **Zielsetzung** der Vorsorge, die eigene **finanzielle Situation** und die individuelle **Risikobereitschaft** Rücksicht zu nehmen. Weitere Informationen zu Investmentfonds und Empfehlungen zur richtigen Vorgangsweise bei der Auswahl von Fondsprodukten finden sich in den Kapiteln 3.7.2 und 4.2.2.3.4.

Die **Ablaufleistung** einer fondsgebundenen Lebensversicherung entspricht dem Wert der angekauften Fonds zum Stichtag des Vertragsablaufes. In der Regel wird dieser Wert von dem Versicherer als Geldleistung erbracht, auf Wunsch kann man sich aber auch die Fondsanteile auf ein **Wertpapierdepot** übertragen lassen. Dies wird vor allem dann von Vorteil sein, wenn zum Stichtag ein (so schlechter) Kurs vorherrscht, zu dem man seine Fondsanteile (noch) nicht verkaufen möchte. Dazu ist es aber notwendig, den Versicherer **rechtzeitig** (in der Regel zumindest eine Woche bis zu einem Monat vor dem Fälligkeitsstichtag) und schriftlich über diesen Wunsch zu informieren.

---

[42] Zumeist wird hier jedoch nur eine Kapitalversicherung mit Rentenoption angeboten. Siehe dazu vor allem Kapitel 4.1.2.6.

Die Switch-Möglichkeit

Um eine größere **Flexibilität** zu gewähren, ist es möglich, während der Laufzeit die Investmentfonds zu wechseln, also einen sogenannten „Fonds-Switch" durchzuführen. Ein Wechsel kann zum einen bedeuten, dass nur zukünftige Prämien in andere als die bisherigen Fonds fließen sollen, das bestehende Fondsguthaben jedoch unverändert bleibt. Man kann aber auch verfügen, dass das bestehende Fondsvermögen in andere Fonds umgeschichtet wird.

Tendenziell wird empfohlen, zum Ende der Laufzeit hin auf **risikoärmere** Fondsvarianten umzusteigen, um größere Schwankungen kurz vor dem Pensionsantritt auszuschalten, wobei diese Entscheidung jeder Versicherungsnehmer nach seinem subjektiven Empfinden treffen kann.

Somit bietet die fondsgebundene Lebensversicherung dem Versicherungsnehmer die Möglichkeit, selbst aktiv auf **Veränderungen** am Kapitalmarkt zu reagieren. Diese Möglichkeit wird man aber nur dann effektiv nützen können, wenn man bereit ist, sich regelmäßig mit dem Geschehen auf den Finanzmärkten zu beschäftigen, um die richtigen Zeitpunkte zum Wechseln der Fonds besser erkennen zu können, sofern dies überhaupt möglich ist.

Es empfiehlt sich auch nachzufragen, welche **Kosten** bei einem Wechsel der Investmentfonds verrechnet werden. Bei vielen Anbietern wird eine bestimmte Anzahl von Wechselvorgängen kostenlos angeboten.

4.1.2.3 Die Mischform zwischen der klassischen und der fondsgebundenen Er- und Ablebensversicherung

Viele Versicherer sind in der letzten Zeit dazu übergegangen, die klassische und die fondsgebundene Lebensversicherung nicht mehr nur in ihrer reinen Form anzubieten, und haben bestimmte **Mischvarianten** auf den Markt gebracht.

Bei der Gestaltung der Produkte haben die Versicherer viel Phantasie bewiesen, sodass es eine Vielzahl von Mischvarianten gibt, die sich alle ein wenig voneinander unterscheiden.

So kann es beispielsweise sein, dass die ursprünglich vereinbarte Prämie wie bei der **klassischen Lebensversicherung** veranlagt wird, die jährlich anfallende Gewinnbeteiligung dafür in frei wählbare **Fondsanteile** fließt.

Bei anderen Produkten bleiben die Ursprungsprämie und die Gewinnbeteiligung klassisch veranlagt, die jährlichen Prämienerhöhungen werden dafür in Fonds veranlagt oder es wird die Ursprungsprämie von vornherein in einen klassischen Teil und einen Fondsteil gesplittet.

Grundsätzlich heißt dies einfach, dass innerhalb eines Versicherungsproduktes ein Teil der Sparprämie oder des Gewinnes in den **Deckungsstock** der klassischen Versicherung fließt oder für eine sonstige Sicherungsmaßnahme verwendet wird. Für diesen Teil gelten, vor allem was Sicherheit oder Renditechancen betrifft, die Ausführungen zur klassischen Erlebensversicherung.

Der andere Teil fließt in **Investmentfonds**, die der Kunde selbst aus dem Angebot des Versicherers auswählen und im zeitlichen Verlauf auch wechseln kann. Die Ausführungen des Kapitels 4.1.2.2 zur fondsgebundenen Lebensversicherung sind hierbei analog anzuwenden.

Durch diese Art der Gestaltung lässt sich einerseits ein bestimmtes Maß an **Sicherheit** erzeugen, zugleich eröffnet man dem Versicherungsnehmer aber auch die Möglichkeit, selbst einen Teil seiner Veranlagung mitzubestimmen und damit die eigene **Anlagestrategie** zu einem gewissen Ausmaß einzubringen.

4.1.2.3.1 Sicherheit und Rendite

Vielfach dient der Anteil der Prämie, die in den klassischen Deckungsstock fließt, um eine Art von **Garantieleistung** zu erreichen, beispielsweise in Form einer garantierten Rückerstattung der einbezahlten Beiträge zum Ablauf der Versicherung. Die Entwicklung des fondsgebundenen Anteils hängt natürlich weiterhin von der **Wertentwicklung** jener Fonds ab, für die sich der Versicherungsnehmer entschieden hat.

Die **Ablaufleistung** oder auch ein etwaiger Rückkaufswert setzen sich in der Regel aus einem garantierten Teil, der aus dem klassischen Deckungsstock resultiert, und einem nicht garantierten Teil, der sich aus der Gewinnbeteiligung oder den Fondsanteilen ergibt, zusammen. Der garantierte Teil ist jedoch logischerweise geringer als bei der klassischen Er- und Ablebensversicherung, weil eben nur ein Teil in diesen Deckungsstock der Versicherung fließt und für den Teil, der in Fonds investiert wird, keine Garantiewerte zur Verfügung stehen.

In der Regel wird die Ablaufleistung auch hier als **Geldleistung** von der Versicherung erbracht. Anstelle der Auszahlung des aktuellen Fondswertes kann aber auch die Übertragung der Fondsanteile auf ein **Wertpapierdepot** zeitgerecht verlangt werden. Genauso gut ist es möglich, statt einer Kapitalleistung die Umwandlung in eine lebenslange bzw eine zeitlich begrenzte **Rente** (Rentenoption) zu verlangen. Vielfach sind auch Mischvarianten von Beginn weg als **Kapitalversicherung** oder als **Rentenversicherung** abschließbar. Ebenso ist es möglich, sie als Versicherungen gegen laufende Prämienzahlung oder als Einmalerlagsvarianten abzuschließen.

Vergleicht man unterschiedliche Versicherungsprodukte miteinander, ist es unbedingt notwendig, nicht nur auf die prognostizierten Ablaufleistungen zu schauen, sondern auch auf die dahinter stehenden **Garantiewerte** und das jeweilige Risiko, um nicht später böse Überraschungen zu erleben.

Mischvarianten sind vor allem für Personen eine Überlegung wert, die grundsätzlich auf Sicherheit bedacht sind, jedoch trotzdem den Reiz haben wollen, auf den Kapitalmärkten „mitzuspielen" und die eigene Anlagestrategie mit in die Vorsorge einzubauen, ohne dass es notwendig ist, sich dauernd mit dem Produkt und den Vorgängen am Kapitalmarkt zu beschäftigen.

EXKURS: Kapitalanlageorientierte Lebensversicherung

Der Gesetzgeber hat mit der Novelle zum Versicherungsaufsichtsgesetz 2009 die gesetzliche Grundlage für eine weitere Form der klassischen Lebensversicherung, die kapitalanlageorientierte Lebensversicherung, geschaffen.

Ziel dieses neuen Typus der Lebensversicherung ist es, Gruppen von Versicherungsnehmern eine speziellere Veranlagungsstrategie anbieten zu können.

Dem Grund nach handelt es sich hierbei um eine Spezialform der klassischen Lebensversicherung, für die es eine eigene Deckungsstockabteilung (§ 20 Abs 2 Z 4a VAG) beim Versicherer geben muss. Innerhalb dieser Deckungsstockabteilung können nun Vermögenswerte diesen Gruppen von Versicherungsnehmern zugeordnet werden. Dies zeigt sich auch dadurch, dass hinsichtlich Garantiezins und Veranlagung nach der Kapitalanlageverordnung dieselben Regelungen wie bei der klassischen Lebensversicherung gelten.

Da diese Form der Lebensversicherung somit ebenfalls mit Garantiezins angeboten werden muss, trägt der Kunden für diesen Garantieteil, gleich wie bei der klassischen Lebensversicherung, kein Kapitalmarktrisiko. Auf der anderen Seite hat er jedoch die Möglichkeit, durch die oben erwähnte individuellere Zuordnung von Vermögenswerten stärker am Kapitalmarkt zu partizipieren. In der gedachten Ausprägung würde dies wahrscheinlich so aussehen, dass der Garantiezins etwas niedriger wäre als in der klassischen Lebensversicherung, die (erwartete aber natürlich nach wie vor unverbindliche) Gesamtverzinsung dafür aber etwas höher.

Das Produkt stellt somit eine weitere Mischform innerhalb des Spektrums klassische Er- und Ablebensversicherung – fondsgebundene Lebensversicherung dar.

4.1.2.4 Die Kosten und Rückkaufswerte bei Er- und Ablebensversicherungen

Das Produkt „Erlebensversicherung" ist eine **Dienstleistung** wie viele andere Serviceleistungen auch. Am Anfang dieser Dienstleistung sollte eine kompetente **Beratung** durch einen Fachmann stehen, die den eigenen Bedarf analysiert, einen Überblick über die diversen Vorsorgeprodukte gewährt und aufgrund der individuellen Situation gemeinsam mit dem Klienten ein für seine individuelle Situation passendes Vorsorgekonzept erarbeitet.

Danach beginnen die **Verwaltungsaufgaben** der Versicherung, die beispielsweise in einer Risikoprüfung, im Ausstellen einer Versicherungspolizze, dem regelmäßigen Inkasso der Prämie, der sicheren und rentablen Veranlagung der Sparprämien, der jährlichen Information über den jeweiligen Kontostand (Rückkaufswert), in etwaigen Vertragsänderungen oder in der Auszahlung der Versicherungsleistung liegen.

Bei den **Kosten** des Versicherers ist zwischen den sogenannten Abschlusskosten und den Verwaltungskosten zu unterscheiden. Als **Abschlusskosten** bezeichnet man die Aufwendungen für die Vertragserrichtung. Sie werden zumeist bei Vertragsbeginn abgezogen.

Die **Verwaltungskosten** lassen sich in laufende Verwaltungskosten (Kosten für Schriftwechsel, EDV etc) und Inkassokosten (Kosten der Prämienvorschreibung) unterteilen. Sie fallen an, solange der Vertrag läuft bzw solange Beiträge bezahlt werden.

Neben den Abschluss- und Verwaltungskosten enthält die Versicherungsprämie auch noch die **Versicherungssteuer** (zumeist 4%) und einen Prämienteil für einen inkludierten **Risikoschutz** (Ableben, Berufsunfähigkeit, Unfalltod, schwere Krankheit etc).

Als **Sparprämie** bezeichnet man jetzt jenen Teil der Versicherungsprämie, der tatsächlich von der Versicherung veranlagt und verzinst werden kann. Sie ergibt sich folglich aus der tatsächlich bezahlten Prämie abzüglich der Versicherungssteuer, der Risikoprämie und der Kosten des Versicherers. Die Sparprämie verzinst mit dem **garantierten Rechnungszinssatz** ergibt die **garantierte Ablaufleistung**, hinzu kommt die Gewinnbeteiligung.

Ein bekannter und viel kritisierter Nachteil der Ansparung über eine Lebensversicherung liegt im schlechten **Rückkaufswert** bei einer vorzeitigen Vertragsauflösung. Wer seinen Versicherungsvertrag nach wenigen Jahren auflösen und sein Geld zurückhaben möchte, wird zumeist weniger Kapital herausbekommen als er einbezahlt hat.

Dies liegt eben daran, dass mit der Prämie auch die Versicherungssteuer eingehoben wird und oft auch Risikokomponenten inkludiert sind. Zusätzlich sind bei einer vorzeitigen Auflösung Stornoabschläge zu bezahlen. Wer seinen **Rückkaufswert** mit der einbezahlten Prämie vergleicht, sollte jedoch auch mit berücksichtigen, dass er vielleicht über zehn Jahre hinweg gegen Berufsunfähigkeit, Tod, Unfall etc versichert war.

Hierzu gibt es jedoch eine erfreuliche Nachricht für alle Personen, die einen Versicherungsvertrag nach dem 31.12.2006 abgeschlossen haben bzw in Zukunft abschließen werden, wie in den folgenden Absätzen noch näher ausgeführt wird.

Der Rückkaufswert einer klassischen Er- und Ablebensversicherung

Bei der klassischen Versicherung lässt sich der Rückkaufswert durch den garantierten Rechnungszinssatz im Vorhinein exakt bestimmen und er wird auch in der Regel auf der Polizze angeführt. Variieren kann nur die darauf aufbauende, also zusätzlich zur Auszahlung gelangende Gewinnbeteiligung.

Hauptsächlich ergibt sich der schlechte Rückkaufswert in den Anfangsjahren (neben Versicherungssteuer, Risikokomponenten und Stornoabschlägen) jedoch durch die Tatsache, dass ein Großteil der eingehobenen Kosten (**Abschlusskosten**) gleich zu Vertragsbeginn, also von der ersten Jahresprämie, eingehoben werden.

Dadurch setzt der **Kapitalaufbau** erst zeitlich verschoben ein und der effektive Ertrag aus der Versicherung wird mit jedem Jahr, das sie länger läuft, besser, optimalerweise natürlich bis zum vereinbarten Vertragsablauf. Im letzten Jahr wird bei einigen Versicherungen eine doppelte Gewinnbeteiligung zugewiesen, was die Attraktivität, den Vertrag bis zum Ende der Laufzeit aufrechtzuerhalten, zusätzlich noch erhöht.

Für nach dem 31.12.2006 abgeschlossene Versicherungsverträge ergibt sich in den ersten Jahren jedoch eine **deutliche Verbesserung**, weil ein Gesetz besagt, dass bei einer

Beendigung eines Versicherungsvertrages vor Ablauf von fünf Jahren die einmaligen Abschlusskosten nur anteilig berücksichtigt werden dürfen.

Das heißt, dass der Kunde bei einem Rückkauf nach beispielsweise zwei Jahren auch nur 2/5 der Abschlusskosten zu tragen hat, was natürlich zu einem deutlich höheren Rückkaufswert innerhalb der ersten fünf Jahre führt als bisher.

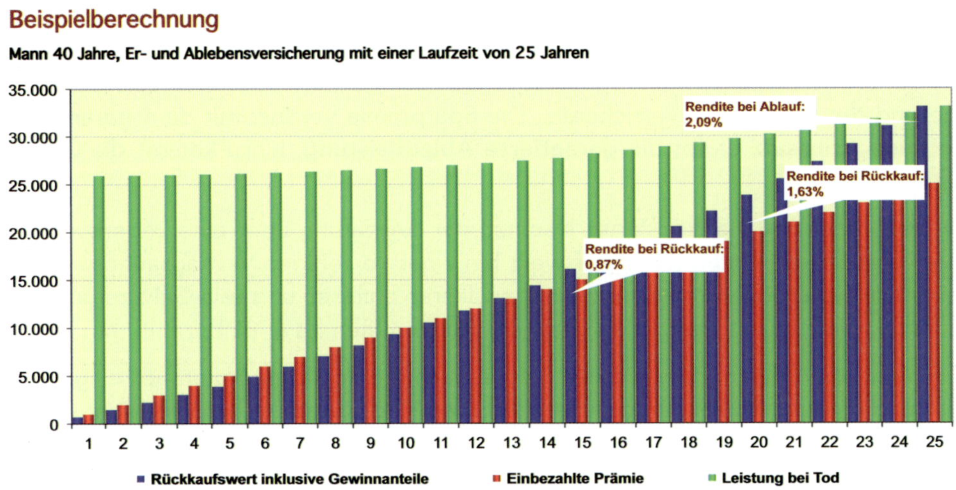

Beginn der Ansparung zum Alter 40; 25 Jahre Laufzeit, € 1.000 Jahresprämie; 1,75% Garantie, zusätzlich 1,5% unverbindliche Gewinnbeteiligung; Er- und Ablebensversicherung

Aus obiger Grafik kann man entnehmen, dass jemand, der einen Vertrag mit einer Laufzeit von 25 Jahren abgeschlossen hat und diesen nach 15 Jahren rückkaufen möchte, nur knapp jenes Kapital wieder bekommt, das er einbezahlt hat. Nach 20 Jahren ergibt sich bereits eine effektive Rendite von rund 1,6% und zum Ablauf von **2,1%**.

Diese Auszahlung erfolgt **steuerfrei**, Kosten und Versicherungssteuer sind bereits berücksichtigt. Vergleicht man sie mit dem Ergebnis einer Veranlagungsform, bei der dann noch die **Kapitalertragsteuer** zu bezahlen ist, müsste man bei dieser bereits mindestens **2,8%** erreichen, um auf dieselbe Ablaufleistung zu gelangen.

Zudem muss berücksichtigt werden, dass man ab dem ersten Tag der Prämienzahlung in einer Höhe von fast € 26.000 für den Fall des Todes versichert ist und die Prämien für diesen **Versicherungsschutz** natürlich die Rendite schmälern.

Braucht man den Schutz nicht, kann auch eine reine Erlebensversicherung abgeschlossen werden, was zu einer entsprechend höheren Rendite führt.

Die angegebenen Renditewerte sollen hier nur als gewisser Anhaltspunkt dienen und nicht als Entscheidungsgrundlage für ein bestimmtes Produkt, weil sie eine **Momentaufnahme** darstellen und die Gewinnbeteiligung von der Entwicklung auf den Kapitalmärkten abhängt.

Dieses Beispiel ist mit einer **Gesamtgewinnerwartung** von 3,25% gerechnet, vor 15 bis 20 Jahren wurden noch 7,5% zugewiesen, was auch um bis zu über 4% höheren Renditewerten führen würde – genauso, wie umgekehrt ein weiteres Absinken der Gewinnbeteiligung eine geringere Rendite mit sich bringen würde.

Der Rückkaufswert einer fondsgebundenen Er- und Ablebensversicherung

Bei der fondsgebundenen Er- und Ablebensversicherung lässt sich der Rückkaufswert im Vorhinein überhaupt nicht bestimmen. Auch hier kommt dasselbe Prinzip wie bei der klassischen Versicherung zur Anwendung, dass von der Prämie die Versicherungssteuer, die etwaigen Risikoprämien und die Verwaltungskosten abgezogen werden. Danach werden mit der **Sparprämie** Fondsanteile gekauft, die der Versicherungsnehmer bestimmen kann.

Die Höhe des Rückkaufswertes bestimmt sich hierbei aus dem Wert dieser Fondsanteile zum Stichtag des Rückkaufs. Je besser die Wertentwicklung der gekauften Fonds war, desto höher der Rückkaufswert und umgekehrt. Davon werden zuvor Stornokosten in Abzug gebracht.

Aber auch hier kann man davon ausgehen, dass der Rückkaufswert in den ersten Jahren nicht berauschend ist, bei Verträgen, die nach dem 31.12.2006 abgeschlossen wurden und werden, jedoch deutlich höher als zuvor, da dem Kunden bei einer Beendigung eines Versicherungsvertrages vor Ablauf von fünf Jahren die einmaligen Abschlusskosten nur anteilig verrechnet werden dürfen und somit nicht die gesamten Abschlusskosten von der ersten Jahresprämie abgezogen werden.

Bei manchen Produkten ist man aber bereits grundsätzlich dazu übergegangen, die Kosten besser auf die **Vertragslaufzeit** zu verteilen, was eine generelle Besserstellung des Rückkaufswertes in den Anfangsjahren mit sich bringen kann.

Kostenvorteil und besserer Rückkaufswert durch spezielle Gruppentarife

Sowohl die Rückkaufswerte als auch die Auszahlungen zum Ablaufzeitpunkt können noch deutlich erhöht werden, wenn man die Möglichkeit bekommt, über seinen **Arbeitgeber** oder vielleicht auch durch eine **Vereinszugehörigkeit** in den Genuss eines speziellen Rabattes (reduzierte Kosten) zu gelangen, wie ihn viele Versicherer Unternehmungen oder Vereinen für ihre Arbeitnehmer oder Mitglieder gewähren.

Diese reduzierten Kosten bringen eine spürbare Erhöhung des Rückkaufswertes in den Anfangsjahren mit sich und Ablaufleistungen, die um 10% bis 15% höher ausfallen als bei Einzeltarifen, sind dabei keine Seltenheit. Ein einfaches Nachfragen beim Arbeitgeber, ob er bereits eine Rahmenvereinbarung mit einem Versicherer getroffen hat, kann somit zu beträchtlichen Einsparungen führen.

Auf jeden Fall ist es zu empfehlen, die **Höhe** der Vorsorgeprämie so zu wählen, dass man sie sich voraussichtlich auch längerfristig leisten kann. Und sollten einmal finanzielle Engpässe eintreten, sollte überlegt werden, ob es tatsächlich ein Rückkauf sein muss oder ob man nicht mit einer Unterbrechung der Prämienzahlung für einen bestimmten

Zeitraum (**Prämienfreistellung/Stundung**) auch das Auslangen finden könnte. Dadurch läuft der Vertrag ohne Prämienzahlung weiter. Weitere Möglichkeiten, den Versicherungsvertrag **flexibler** zu handhaben, ohne ihn gleich rückkaufen zu müssen, finden sich im nächsten Kapitel.

4.1.2.5 Flexibilität und Verfügbarkeit

Betrachtet man Erlebensversicherungen im Hinblick auf ihre Flexibilität und die Möglichkeiten, den Vertrag nach Abschluss zu verändern, so sind es gar nicht so starre Produkte, wie man auf den ersten Blick meinen könnte. Dabei gibt es bestimmte Rechte, die dem Versicherungsnehmer bereits **bedingungsgemäß** zustehen, und bestimmte Rechte in Form von sogenannten **Zusatzklauseln**, die extra in den Versicherungsvertrag mit aufgenommen werden können. Anzahl und Inhalt dieser Zusatzklauseln können je nach Produkt und Anbieter variieren. Daher ist zu empfehlen, sich vor Vertragsabschluss über die möglichen Zusatzklauseln zu informieren und von kompetenter Seite beraten zu lassen.

Rücktrittsrecht vom Vertrag

Das Rücktrittsrecht von Versicherungsverträgen ist im Versicherungsvertragsgesetz (§ 5b und § 165a) und im Konsumentenschutzgesetz (§ 3) geregelt und beträgt je nach konkreter Sachlage zwei Wochen bis zu einem Monat ab Erhalt der Versicherungspolizze.

Kündigung des Vertrages

Der Versicherungsvertrag kann jederzeit auf den Schluss des laufenden Versicherungsjahres gekündigt werden. Dieser sogenannte **Rückkauf** sollte jedoch die letzte Alternative darstellen, weil der Rückkaufswert gerade in den Anfangsjahren deutlich unter den einbezahlten Prämien liegt, wie im letzten Kapitel ausführlich dargestellt worden ist. Rückerstattet wird die verzinste Sparprämie, also die einbezahlte Prämie, abzüglich der Versicherungssteuer, etwaiger Risikoprämien und der verrechneten Kosten, wobei der größte Teil der Kosten von der ersten Jahresprämie abgezogen wird. Dazu kommt ein **Stornoabschlag**, dessen Höhe in den Versicherungsbedingungen nachzulesen sein sollte.

Prämienfreistellung und Wiederinkraftsetzung

Als Prämienfreistellung bezeichnet man die Möglichkeit, die Prämienzahlung für einen bestimmten oder unbestimmten Zeitraum auszusetzen. Dies ist grundsätzlich jederzeit möglich, bei manchen Verträgen ist jedoch eine bestimmte **Wartezeit** (zB erst drei Jahre nach Vertragsabschluss oder nach einem 1/10 der Gesamtlaufzeit etc) vorgesehen. Nach Wiederaufnahme der Prämienzahlung (**Wiederinkraftsetzung**) kann die ausgesetzte Prämie nachgezahlt werden. Ansonsten verringert sich eben die Auszahlungssumme dementsprechend. Für die Wiederinkraftsetzung von inkludierten Risikoversicherungen kann eine erneute Gesundheitsprüfung verlangt werden.

Kapitaleinschüsse

Die meisten Versicherer ermöglichen es, während der Laufzeit Kapitaleinschüsse in den Versicherungsvertrag zu tätigen. Wenn man also gerade etwas mehr Geld zur Verfügung hat und dies für seine Pensionsvorsorge verwenden möchte, kann ein solcher Kapitaleinschuss ein interessanter Weg sein. Vielleicht möchte man dadurch einen Polster schaffen für zukünftige Jahre, in denen man sich die laufende Prämie einmal nicht leisten kann, oder man macht es anstelle der regelmäßigen Indexanpassungen. Manche Anbieter beschränken die Einschussmöglichkeit mit der Höhe der laufenden Jahresprämie, viele haben weit höhere oder gar keine Begrenzungen.[43]

Aufzupassen ist jedoch bei hohen Kapitaleinschüssen in Verträge, die eine Restlaufzeit haben, die kürzer ist als 15 Jahre (bzw 10 Jahre bei Über-50-Jährigen). Gewinnt der Vertrag dadurch den Charakter eines Einmalerlages statt einer laufenden Prämienzahlung, so droht eine Versicherungssteuer von 11% anstatt von 4%, wie im Kapitel 4.1.3 noch näher beschrieben wird.

Änderung der Zahlweise

Hat man Probleme mit der Bezahlung der Prämie, so kann die Zahlweise jederzeit geändert werden. Stellt man beispielsweise von einer jährlichen Zahlweise auf eine monatliche Zahlweise um, ist darauf zu achten, dass folglich, je nach Produkt, ein Unterjährigkeitszuschlag fällig werden kann.

Laufzeitverlängerung

Hat man beispielsweise als 25-Jährige(r) einen Vertrag mit einer Laufzeit von 20 Jahren abgeschlossen und möchte man diesen Vertrag jetzt als Pensionsvorsorge nützen, kann die Laufzeit des Vertrages jederzeit auf das voraussichtliche Pensionsantrittsalter verlängert werden.

Laufzeitverkürzung

Umgekehrt ist es aber auch möglich, die Laufzeit eines Vertrages wieder zu verkürzen. Hat man einen Vertrag auf das Pensionsalter abgeschlossen und weiß man jetzt, dass man einige Jahre früher das Kapital aus der Versicherung unbedingt für andere Zwecke brauchen wird, so kann die Laufzeit dementsprechend verkürzt werden. Die meisten Versicherer verlangen aber, dass ab der Beantragung der Verkürzung noch zumindest drei Jahre **Restlaufzeit** verbleiben. Bei älteren Verträgen sollte auch darauf geachtet werden, dass durch die Verkürzung eventuelle steuerliche Mindestbindefristen nicht unterschritten werden.

---

43 Aufzupassen ist hierbei nur bei älteren Versicherungsverträgen, die vor dem 1.6.1996 abgeschlossen worden sind und die im Rahmen der Sonderausgabenregelung abgesetzt werden. Wird die ursprüngliche Versicherungssumme auf mehr als das Dreifache erhöht, liegt eine sogenannte Novation vor, dh, der Vertrag wird steuerlich wie ein Neuvertrag behandelt und kann unter Umständen in der Zukunft nicht mehr steuerlich geltend gemacht werden. Dasselbe gilt für Verträge, die vor dem 1.1.1989 abgeschlossen worden sind und bei denen die Versicherungssumme im Ablebensfall geringer ist als die Versicherungssumme im Erlebensfall. Jegliche Erhöhung verhindert hierbei schon die steuerliche Absetzbarkeit.

Stundung

Hat man beispielsweise einen Vertrag mit wichtigen Risikokomponenten abgeschlossen und kann man sich die Beiträge im Moment nicht leisten, kann eine Stundung vereinbart werden. Bei Aufrechterhaltung des **vollen Versicherungsschutzes** kann die Prämie in der Regel für drei bis elf Monate gestundet werden. Danach wird der Vertrag zumeist mit einer etwas erhöhten Prämie weitergeführt, der gestundete Beitrag somit nachgeholt.

Reduktion der Prämie

Die vereinbarte Prämienhöhe kann reduziert werden, jedoch muss man für den reduzierten Teil mit einem Stornoabschlag rechnen, der das Sparguthaben etwas reduziert.

Ein- oder Ausschluss von Zusatzversicherungen bzw Produktwechsel

Der Ein- bzw Ausschluss von Zusatztarifen, in der Regel von Risikoversicherungen, ist während der Laufzeit eines Vertrages möglich. Der Einschluss kann jedoch von einer Gesundheitsprüfung abhängig gemacht werden. Genauso ermöglichen die meisten Versicherer den Wechsel zwischen mehreren von ihnen angebotenen Produkten, indem einfach das vorhandene Deckungskapital in das neue Produkt übertragen wird und dort dementsprechend weiterbespart wird.

Sonderklauseln, die in der Regel gesondert vereinbart werden müssen

Begünstigte Vertragsauflösung

Klauseln zur begünstigten vorzeitigen Vertragsauflösung kommen in den verschiedensten Ausprägungen vor. Sie sollen bezwecken, dass man zu bestimmten Zeitpunkten (zB bereits in den letzten fünf Jahren vor Vertragsablauf) oder zu bestimmten Anlässen **ohne Stornoabschläge** die Leistung aus dem Versicherungsvertrag beziehen kann.

Begünstigte Zwischenauszahlungen

Klauseln zu begünstigten Zwischenauszahlungen ermöglichen es, bei aufrechtem Versicherungsvertrag, Teile des angesparten Kapitals zu entnehmen, ohne den Vertrag rückkaufen zu müssen und ohne Stornoabschläge zu bezahlen. Der Versicherungsnehmer erhält das Recht, zu bestimmten Zeitpunkten begünstigte **vorzeitige Auszahlungen** aus dem Vertrag zu erhalten. Die Höhe des zu entnehmenden Betrages ist in der Regel mit der Höhe des Rückkaufswertes begrenzt.

Flexibles Gewinnentnahmerecht

Bei vielen Produkten kann vereinbart werden, dass sich der Versicherungsnehmer die angesammelte Gewinnbeteiligung teilweise oder zur Gänze schon während der Laufzeit auszahlen lassen kann. Nachdem dies aber erst nach einigen Jahren Laufzeit sinnvoll ist, wird zumeist auch eine Mindest-Wartezeit vereinbart, nach der die Entnahme erst durchgeführt werden kann.

Auch hier macht es, ebenso wie bei allen bisher besprochenen Arten der Vertragsveränderung Sinn, sich auch über die **steuerlichen Konsequenzen** der Änderung zu informieren. Eine Gewinnentnahme führt in der Regel zu einer Nachversteuerung, wenn die Prämien im Rahmen der Sonderausgaben abgesetzt worden sind.

Nachversicherungsgarantie oder Wertanpassungsklauseln

Diese Klauseln ermöglichen es, die Grundversicherungssumme inklusive der sonstigen Risikoleistungen aus dem Versicherungsvertrag ohne erneute Gesundheitsprüfung erhöhen zu können. Sie kommen in den **verschiedensten Ausprägungen** und unter den verschiedensten Namen vor – eben als Nachversicherungsgarantie oder aber auch als Zuwachsklausel, Indexklausel, Vorteilsklausel, Wertanpassungsklausel, Wertdynamisierungsklausel, Prämienanpassungsklausel, Prämienerhöhungsklausel, Prämiendynamisierungsklausel etc.

Bei manchen kann die Prämie jedes Jahr um einen bestimmten Prozentsatz erhöht werden, bei manchen die gewünschte Ablaufleistung, bei anderen wiederum kann zu bestimmten Anlässen (Geburt eines Kindes, Heirat etc) eine bestimmte Erhöhung ohne Gesundheitsprüfung durchgeführt werden.

Garantie der Sterbetafeln

Diese Garantie wird zumeist bei **„echten" Rentenversicherungen** gewährt. Sie besagt, dass die Umwandlung des angesparten Kapitals in eine Rente nicht nach den Versicherungstarifen erfolgt, die beim Rentenantritt gültig sind, sondern nach den bei Vertragsabschluss gültigen Tarifen. Dies bedeutet auch, dass auf der Basis der heutigen Lebenserwartung kalkuliert wird und nicht nach der Lebenserwartung in vielleicht 30 Jahren, wenn der Vertrag abläuft.

Eine Garantie der heutigen **Sterbetafeln** (Abbildung der Sterblichkeit) bedeutet somit die Garantie einer höheren Rentenleistung in der Zukunft. Beim Abschluss einer Rentenversicherung sollte man sich also unbedingt vergewissern, dass die Anwendung heutiger Rechnungsgrundlagen garantiert ist. Nähere Ausführungen zum Thema der Rentenversicherung finden sich im Kapitel 4.1.2.6.

Vinkulierung, Verpfändung, Abtretung

Nachdem kapitalbildende Versicherungen in der Regel sichere Vermögenswerte darstellen, kann die Versicherungspolizze auch als Sicherstellung vinkuliert, verpfändet oder abgetreten werden. Vor allem Banken akzeptieren solche Versicherungen gerne als Sicherheiten.

4.1.2.6 Die Rentenversicherung

Die private Rentenversicherung hat in Österreich in den letzten Jahrzehnten ein fast unbeachtetes Dasein gefristet. Jede der bisher besprochenen Versicherungsvarianten (klassische Variante, fondsgebundene Variante, Mischvariante) kann theoretisch nicht nur als Kapitalversicherung, sondern auch als Rentenversicherung abgeschlossen werden.

Bei einer **Kapitalversicherung** steht die Ansparung eines bestimmten Kapitalbetrages im Vordergrund. Eine bei den meisten Kapitalversicherungen eingebaute „Rentenoption" erlaubt es, den Kapitalbetrag auch in Form einer lebenslangen oder zeitlich begrenzten Rente zu konsumieren (**Kapitalversicherung mit Rentenoption**).

Betrachtet man ein typisches Angebot für eine Kapitalversicherung, so ist dort ein voraussichtliches Ablaufkapital dargestellt und vielfach ist auch angeführt, welche Rentenhöhe man mit diesem Ablaufkapital nach heutigen Gegebenheiten, also vor allem aufgrund der **heutigen Lebenserwartung**, erzielen könnte.

Möchte man dann bei Vertragsablauf tatsächlich eine Rente anstatt des Kapitals ausbezahlt bekommen, wird die Rentenhöhe jedoch nach den bei **Vertragsablauf** tatsächlich vorherrschenden Gegebenheiten (Lebenserwartung) berechnet.

Bei der **Rentenversicherung** steht die (lebenslange) Rente im Mittelpunkt. Der Einbau einer sogenannten „Kapitaloption", die einem immer noch das Recht offen lässt, statt der Rente doch das Kapital zu nehmen, ist in der Regel möglich (**Rentenversicherung mit Kapitaloption**).

Der große Unterschied zur Kapitalversicherung liegt darin, dass die Rentenversicherung garantiert, dass die Umwandlung des Kapitals in eine Rente anhand der beim **Abschluss** der Versicherung gültigen Rechnungsgrundlagen erfolgt und nicht nach jenen, die bei **Vertragsablauf** Gültigkeit haben.

Dies ist vor allem deshalb wichtig, weil bei der Bestimmung der Rentenhöhe die **statistische Lebenserwartung** des Rentenbeziehers eine wesentliche Rolle spielt. Je länger eine Rente theoretisch bezahlt werden muss, desto mehr Kapital ist dafür notwendig. Oder umgekehrt wird die Rente für ein angespartes Kapital immer geringer, je höher die Lebenserwartung und somit die wahrscheinliche Dauer der Rentenzahlung ist.

Steigt die Lebenserwartung in der Zukunft an, so wird man also in einigen Jahren schon wesentlich mehr Kapital für eine bestimmte Rentenhöhe benötigen als heute. Eine **Garantie** der Verwendung der heutigen Lebenserwartung bei der Berechnung der Rentenhöhe ist somit gleichzusetzen mit einer Garantie einer höheren Rente, wie die folgenden Kapitel noch deutlicher ausführen werden.

Vor allem kann mit einer Rentenversicherung aber auch ein Grundproblem der Pensionsvorsorge gelöst werden, das mit keinem anderen Produkt so gut in den Griff zu bekommen ist. Das Problem heißt „**Langlebigkeit**" oder die Ungewissheit, wie lange wir alle leben werden, wie viel Zeit uns bleiben wird, um unsere Pension zu genießen. Wir könnten kurz nach Pensionsantritt sterben, wir könnten aber auch 100 Jahre alt werden.

4.1.2.6.1 Das „Problem" der Langlebigkeit

Wie im Kapitel 1.1 bereits dargestellt, ist die **durchschnittliche Lebenserwartung** der Österreicher in den letzten Jahrzehnten deutlich gestiegen. Diese an und für sich für uns alle erfreuliche Tatsache bringt nicht nur die bekannten Probleme für die gesetzliche Pensionsversicherung mit sich, sondern kann auch für eine kapitalgedeckte private oder betriebliche Vorsorge ein nicht zu unterschätzendes Problem darstellen.

Das Ziel jeder Pensionsvorsorge muss es sein, eine lebenslange finanzielle Absicherung zu erreichen, egal ob man 70, 80, 90 oder 100 Jahre alt wird. Und genau hier scheitert bereits jede **finanzmathematische** Kalkulation.

Habe ich bei **Pensionsantritt** einen bestimmten **Kapitalbetrag** auf meinem Konto, lässt es sich relativ einfach berechnen, wie viel ich mir davon Monat für Monat als Zusatzpension auszahlen lassen kann, wenn ich zuvor angebe, wie lange ich die Pension beziehen möchte. Dies ist jedoch in unserem Fall nicht möglich, weil glücklicherweise niemand im Vorhinein den Zeitpunkt seines **Todes** kennt.

Jetzt könnte man bei der Statistik Austria seine statistische Lebenserwartung erfragen und die Berechnung darauf abstimmen. Wäre diese **Lebenserwartung** in meiner speziellen Situation 24 Jahre, so könnte ich mir anhand meines Kapitals am Konto berechnen lassen, wie viel Rente ich damit für die nächsten 24 Jahre bekomme, natürlich abhängig von der Verzinsung des Kapitals.

Diese Vorgangsweise sichert mir für die nächsten 24 Jahre meine gewünschte Pension. Ein Problem bekomme ich aber dann, wenn ich **länger** lebe als diese 24 kalkulierten Jahre. Dann ist mein Kapital nämlich aufgebraucht und meine Zusatzpension gänzlich weggefallen.

Dabei sollte man auch bedenken, dass man bei dieser Kalkulation nicht von der heutigen Lebenserwartung ausgehen darf, sondern von jener Lebenserwartung die beim Antritt der Pension vorherrschen wird. Natürlich weiß heute niemand genau, wie die Lebenserwartung in 20 oder 30 Jahren exakt aussehen wird. Entwickelt sie sich aber im selben **Tempo** weiter wie in den letzten zehn Jahren, so kann man davon ausgehen, dass unsere Lebenserwartung jedes Jahr um drei Monate steigt. In 20 Jahren wäre sie dann bereits um fünf Jahre höher als heute.

Die Alternative zu dieser Rentenvariante mit **Kapitalverzehr** wäre eine Rente, die sich nur aus den Zinsen meines Kapitals ergibt, bei der das Kapital selbst jedoch nicht angetastet wird.

Dazu müsste ich jedoch mit einer Rente das Auslangen finden, die wesentlich geringer ist als die benötigte Rente, oder einen wesentlich größeren Kapitalbetrag zur Verfügung haben.

Eine wirklich lebenslange Zusatzpension kann sich somit nur aus einem Produkt mit einem versicherungsmathematischen Hintergrund ergeben, also einer sogenannten **Rentenversicherung**.

4.1.2.6.2 Das Grundmodell einer Rentenversicherung

Rentenversicherungen bieten in der Regel **zeitlich begrenzte** Leistungen oder **lebenslange** Leistungen an. So kann man sich entscheiden, ob man beispielsweise eine Rente für zehn Jahre beziehen möchte oder bis zum Ableben. Der Unterschied dabei wird in der Höhe der Rente liegen, die man für ein vorgegebenes Kapital erhält oder umgekehrt im Kapital, das man für eine gewünschte Rentenhöhe benötigt.

Eine lebenslange Zusatzpension lässt sich nur mit einer Rentenversicherung mit **lebenslanger Rentenzahlungsdauer** erreichen. Zur Kalkulation einer lebenslangen Rente verwenden Versicherungen sogenannte **Sterbetafeln**, man arbeitet somit mit durchschnittlichen Sterbewahrscheinlichkeiten für bestimmte Personengruppen.

Grundsätzlich und vereinfacht ausgedrückt, ist eine Rentenversicherung so kalkuliert, dass das zum Beginn der Rentenzahlung vorhandene Kapital mit Erreichen der durchschnittlichen Lebenserwartung des Rentenbeziehers **aufgebraucht** ist. Stirbt man früher, profitiert die Versicherung, lebt man länger, gewinnt man selbst, wenn man eine rein mathematische Sichtweise unterstellt.

Eine Rentenversicherung könnte somit auch als eine „**Wette**" mit der Versicherung gesehen werden, dass man älter wird als die heutige statistische Lebenserwartung, vor allem aber als eine garantierte Absicherung des Lebensstandards bis ins hohe Alter hinein. Geht man davon aus, dass die Lebenserwartung durch den medizinischen Fortschritt, bessere Arbeitsbedingungen und eine gesündere Lebensführung in den nächsten Jahren weiter steigen wird, kann dies eine durchaus lohnende Wette darstellen.

In der Grundausprägung wird die Rente so lange bezahlt, wie die versicherte Person lebt. Beginnt die Pensionszahlung beispielsweise mit 60 und stirbt man mit 62, verbleibt das unverbrauchte Kapital bei der Versicherung. Lebt man länger als statistisch kalkuliert, muss die Versicherung bezahlen, obwohl das Ausgangskapital bereits aufgebraucht ist.

Wem diese „Wette" zu riskant ist, der kann auch noch bestimmte **Sicherungsmechanismen** in seine Rentenversicherung einbauen lassen:

Rentenübergang

So ist es möglich, dass man die Pension nach seinem Tod zu einem bestimmten Prozentsatz auf eine andere Person übergehen lässt. Gebräuchlich ist es, dass nach dem Tod der versicherten Person der hinterbliebene Partner beispielsweise 60% der Pension bis zu dessen Lebensende weiterbezahlt bekommt. Der Prozentsatz des Rentenüberganges ist hierbei frei wählbar. Je jünger die Person ist, auf welche die Rente übergehen soll und je höher der Prozentsatz des Überganges ist, desto geringer wird natürlich die Ausgangsrente, weil mit einer deutlich längeren Rentenzahlungsdauer gerechnet werden muss.[44]

Garantiezeitraum

Obwohl lebenslang ausgerichtet, besteht bei Rentenversicherungen auch die Möglichkeit, den Zeitraum der Rentenzahlung für einen bestimmten Mindestzeitraum zu garantieren. Hat man einen Garantiezeitraum von zehn Jahren vereinbart, wird die Rente jedenfalls für diese zehn Jahre bezahlt (an eine frei wählbare begünstigte Person), auch wenn man zB nach drei Jahren verstirbt.

---

[44] Theoretisch tritt ein Mann mit 60 die Rente an, lebt bis 85 und danach geht die Rente an seine um 20 Jahre jüngere Gattin über, die noch für weitere 30 Jahre die Rente bezieht.

Rückgewährsrente

Einige Rentenversicherungen bieten auch die Möglichkeit, dass im Todesfall des Rentenbeziehers das **unverbrauchte Kapital** an eine frei zu wählende bezugsberechtigte Person ausbezahlt wird.

Egal, ob man einen Rentenübergang, einen Garantiezeitraum oder eine Kapitalrückgewähr vereinbart, es ist klar, dass solche Sicherungsmaßnahmen einen gewissen **Preis** haben und kalkulatorisch je nach spezifischer Situation eine **geringere Ausgangsrente** für den Rentenbezieher bedeuten. Sie geben aber all jenen Personen **Sicherheit**, die sich davor fürchten, kurz nach dem Antritt der Rente versterben zu können und das Kapital umsonst angespart zu haben. Dies wird vor allem bei Versicherungsnehmern mit **Familie** eine wichtige Rolle spielen.

Allein stehenden Personen ohne versorgungsberechtigte Hinterbliebene wird es aber vielleicht eher ein Anliegen sein, dass die eigene Alterspension so hoch wie möglich ist und dass man sich ein Leben lang darauf verlassen kann. In diesem Fall wären die Sicherungsmaßnahmen sinnlos und würden nur die Eigenpension kürzen.

Das folgende Beispiel soll zeigen, wie sich die eben erwähnten Sicherungsmaßnahmen auf eine lebenslange Rente auswirken. Es soll aber nur eine ungefähre **Orientierung** bieten, da die Ausgangsvoraussetzungen (Alter, Altersunterschied zum Partner, Übergangsprozentsatz etc) in jedem Fall verschieden sein können.

Aus den großen Unterschieden der einzelnen Rentenhöhen erkennt man bereits, wie wichtig es ist, beim Vergleich diverser Angebote nicht nur die Höhe der Rente sondern vor allem auch die dahintersteckenden Berechnungsfaktoren zu hinterfragen, wozu neben den soeben besprochenen Sicherungsmaßnahmen auch die unterstellte Gewinnprognose für die Zukunft gehört.

➲ Beispiel:

Mann, Pensionsantritt mit 65, lebenslange Rente, 14-mal jährlich, Ausgangskapital € 100.000	
Variante	**Rente**[45]
Rente „Single" ohne Wertsicherung (WS)	€ 410
Rente „Single" mit WS (jährliche Erhöhung 1,5%)	€ 342
Rente „Single" mit zehn Jahren Garantiezeit, WS 1,5%	€ 340
Rente „Single" mit Kapitalrückgewähr im Todesfall, WS 1,5%	€ 322
Rente mit 60% Übergang auf Gattin, drei Jahre Altersunterschied, WS 1,5%	€ 309
Rente mit 60% Übergang auf Gattin, zehn Jahre Altersunterschied, WS 1,5%	€ 285

[45] Sämtliche Werte entsprechen den Angaben österreichischer Lebensversicherer unter der Annahme eines Garantiezinssatzes von 1,75% und einer Gesamtgewinnbeteiligung von 3,25%.

4.1.2.6.3 Die Rentenversicherung und der Veranlagungserfolg

Die unterstellte Gewinn- bzw Veranlagungsprognose hat eine doppelte Auswirkung auf die Darstellung einer lebenslangen Rente; einerseits in der Ansparphase, andererseits in der Leistungsphase.

Die Ansparphase

Auch wenn bei einer Rentenversicherung die gewünschte Rente als Zielgröße dargestellt wird, muss im Hintergrund ein dementsprechendes **Kapital** angespart werden. Beginnt jemand beispielsweise mit einem Alter von 30 Jahren mit der Ansparung und möchte mit 65 Jahren eine lebenslange Rente beziehen, ist es ein riesiger Unterschied, ob man über eine Laufzeit von 35 Jahren hinweg mit einer Rendite von 4%, 6% oder 8% kalkuliert.

Wird für die gewünschte Rente beispielsweise ein Kapital von € 100.000 benötigt, so muss man für diese Ansparung bei einer unterstellten Rendite von 3% € 1.605 pro Jahr aufwenden, bei einer Rendite von 4% rund € 1.305, bei einer Rendite von 6% nur mehr € 847 und bei einer Rendite von 8% gar nur mehr € 537. Bei einem Vergleich von dargestellten Prämien ist also unbedingt der unterstellte Veranlagungserfolg zu erfragen. Bei unterschiedlichen Zinsannahmen sind Prämien ansonsten nicht mehr fair miteinander vergleichbar.

Die Leistungsphase

Auch wenn das notwendige Kapital bereits angespart ist und die Phase der Rentenzahlung beginnt, spielt die Prognose des Veranlagungserfolges weiterhin eine wichtige Rolle. Je besser das Kapital jetzt verzinst wird, desto höher wird die Rente sein, und natürlich wird die dargestellte Rente umso höher sein, je höher man den zukünftigen Veranlagungserfolg einschätzt. Auch hier ist ein Vergleich nur möglich, wenn man von gleichen Voraussetzungen ausgeht.

4.1.2.6.4 Garantierte Rente und gewinnabhängige Rente

Bei Rentenversicherungen unterscheidet man grundsätzlich zwischen einem garantierten Teil und einem gewinnabhängigen Teil. Der garantierte Teil wird in der Regel **Grundrente** genannt, der gewinnabhängige Teil meist **Gewinnrente** oder oft auch Bonusrente.[46]

Nachdem zukünftige Gewinne nicht vorausgesehen werden können, kann der Anteil der Rente, der auf die Gewinnrente entfällt, **Schwankungen** nach oben oder unten ausgesetzt sein. Die Versicherungen sind jedoch bemüht, Änderungen in der Rentenhöhe weitgehend zu vermeiden. Dies geschieht dadurch, dass in Zeiten guter Veranlagungsergebnisse, also wenn mehr Erträge erwirtschaftet werden als prognostiziert, Reserven gebildet werden, die in schlechteren Jahren wieder aufgelöst werden. Dadurch brauchen die gewinnabhängigen Pensionsteile nicht jährlich angepasst werden.

[46] Hierbei gibt es innerhalb der Versicherungswirtschaft keine klaren Begriffsdefinitionen. Der Begriff der Bonusrente erscheint in den unterschiedlichsten Bedeutungen.

Trotzdem kann es im Zeitverlauf auch zu Pensionsanpassungen nach oben oder nach unten kommen.

Um jedoch nicht schon beim Angebotsvergleich auf unseriöse oder unrealistische Gewinn- oder Veranlagungsversprechen hereinzufallen, ist es anzuraten, sich ausweisen zu lassen, wie hoch die Garantierente ist und wie hoch die gewinnabhängige Rente.

4.1.2.6.5 Der Zeitpunkt der Entscheidung für eine Rentenversicherung

Wie bereits mehrfach erwähnt, liegt der große Vorteil einer Rentenversicherung darin, dass sie mit dem „Risiko" der **Langlebigkeit** umgehen und eine **lebenslange Zusatzpension** garantieren kann. Die Frage, wann jetzt der richtige Zeitpunkt ist, sich für eine Rentenversicherung zu entscheiden, muss jeder für sich selbst beantworten, wobei folgende Aspekte beachtet werden sollten.

Auch hier muss man wieder zwischen der **Ansparphase** und der **Leistungsphase**, also der Phase der tatsächlichen Rentenzahlung unterscheiden.

In der **Ansparphase** ist eine Rentenversicherung im Prinzip nicht anders aufgebaut als eine Kapitalversicherung. Sie versucht, bis zum Zeitpunkt des gewünschten Rentenantritts einen notwendigen Kapitalstock aufzubauen. Dieser wird dann in Form einer lebenslangen Rente, deren Höhe versicherungsmathematisch berechnet wird, ausbezahlt.

Wie im letzten Beispiel dargestellt, spart etwa ein 30-jähriger Mann bis zum Alter 65 ein Kapital von € 100.000 an und erhält dann eine lebenslange wertgesicherte Pension in der Höhe von € 342, 14-mal jährlich.

Eigentlich muss es aber egal sein, wie er im Zeitraum zwischen 30 und 65 die € 100.000 anspart. Und das ist es grundsätzlich auch. Ist man der Meinung, dass man in der Ansparphase mit einem anderen Produkt als einer Rentenversicherung bei gleichem Aufwand mehr erreichen kann, so ist es durchaus möglich, das Kapital woanders anzusparen und erst zum Zeitpunkt des Pensionsantrittes an eine Rentenversicherung zu übertragen. Man spricht dann von einer sofort beginnenden lebenslangen **Rentenzahlung gegen Einmalerlag**.

Dennoch gibt es zwei wichtige Argumente, die dafür sprechen, sich bereits zu Beginn der Ansparphase für eine Rentenversicherung, also für eine Ansparung mittels Rentenversicherung zu entscheiden.

Argument 1: Die Garantie der heute verwendeten Rechnungsgrundlagen

Wie bereits erwähnt, spielt die Lebenserwartung bei der Berechnung der lebenslangen Rente, die man für ein bestimmtes, zur Verfügung stehendes Kapital bekommen kann, eine wesentliche Rolle. Je höher die Lebenserwartung, desto länger muss die Pension im Durchschnitt gezahlt werden, desto niedriger die Rente. Versicherungen verwenden zur Berechnung der Rentenhöhen sogenannte **Sterbetafeln**.

Sterbetafeln sind tabellarische Darstellungen der **Sterbeverhältnisse** einer Bevölkerung zu einem bestimmten Zeitpunkt. Sie helfen somit der Versicherung, eine statistische Abschätzung der durchschnittlichen Lebensdauer ihrer Versicherungsnehmer vorzunehmen und für jedes beliebige Alter die noch vorhandene durchschnittliche Lebenserwartung zu bestimmen.

Versicherungen verwenden in der Regel über mehrere Jahre hinweg dieselben Sterbetafeln. Immer wenn man erkennt, dass sich die Lebenserwartung deutlich verändert hat, wird auf neue Sterbetafeln umgestellt.

Geht eine neue Sterbetafel von einer höheren Lebenserwartung aus, dann bedeutet dies natürlich, dass man für sein Kapital eine geringere Rente bekommt als bei den alten Sterbetafeln oder dass man für eine gewünschte Rentenhöhe **mehr Kapital** braucht als bisher.

Der Vorteil im Abschluss einer Rentenversicherung schon in der Ansparphase liegt darin, dass sie für die Zukunft die Anwendung der **heutigen** Sterbetafeln und somit eine höhere Rente garantiert.

Einher mit der Garantie der heutigen Sterbetafeln geht bei der Ansparung mittels klassischer Lebensversicherung auch die Garantie des heutigen **Rechenzinssatzes**, also der Mindestverzinsung des angesparten Kapitals.

Argument 2: Die steuerliche Komponente

Bei einer Ansparung mittels Rentenversicherung wird bei der Verrentung keine **Versicherungssteuer** mehr fällig. Dies gilt auch für eine Kapitalversicherung mit Rentenoption, wenn man sich **vor** dem Ablauf für die Rente entscheidet und dies dem Versicherer schriftlich mitteilt.

Wenn man mit einem „Fremdprodukt" anspart und danach das Kapital als Einmalerlag in eine Rentenversicherung gibt, fällt eine **Versicherungssteuer** von 4% an. Zusätzlich kommen dann die zum Zeitpunkt der Verrentung gültigen Rechnungsgrundlagen zum Tragen.

Generell kann hier festgehalten werden, dass der Gedanke an eine lebenslange Rente in Österreich in den letzten Jahrzehnten nicht sehr stark ausgeprägt war. Die große Mehrheit der abgeschlossenen Versicherungen waren **Kapitalversicherungen**. Es klingt vielleicht auch reizvoller, wenn man hört, dass man zum Ablauf der Versicherung € 100.000 bekommt anstatt beispielsweise € 350 Monatspension.

Dennoch erkennt man auch hier, vor allem durch die Diskussionen um die Pensionsreformen der letzten paar Jahre, einen deutlichen Umdenkprozess. Je mehr man sich mit dieser Thematik beschäftigt, je mehr man sich mit der tatsächlichen Größenordnung der Pension aus der gesetzlichen Pensionsversicherung auseinandersetzt, desto eher macht man sich auch Gedanken über eine **längerfristige** Absicherung.

Viel zu sehr ist man versucht, das Kapital, das man aus der Eigenvorsorge erhält, sofort für eine Anschaffung zu verwenden, die man sich schon länger gewünscht hat. Eine Planung, was man dann vielleicht mit dem Alter von 70 oder 80 macht, kommt vielfach zu kurz.

Für mich persönlich liegt die **optimale Lösung** im Versuch, bei der Vorsorge auf mehreren „Beinen" zu stehen – also in einem Splitting der Vorsorgevarianten. Ein Teil des Geldes, das man sich für die Vorsorge leisten möchte, könnte somit zur Ansparung eines bestimmten Kapitalbetrages verwendet werden, mit dem man sich dann spezielle Wünsche zum Pensionsantritt erfüllt, der andere Teil geht jedoch in eine zweckgebundene Rentenvorsorge, die eine langfristige **Mindestabsicherung** ermöglicht.

So könnte man beispielsweise eine Rente aus einer betrieblichen Pensionskasse oder Kollektivversicherung als langfristige Vorsorge verwenden, die private Lebensversicherung für die Kapitalansparung. Oder man wählt ein staatlich gefördertes Produkt (Zukunftsvorsorge) oder eine klassische Rentenversicherung für die lebenslange Rente und vielleicht eine fondsgebundene Versicherung fürs Kapital. Die **Kombinationsmöglichkeiten** sind hier vielfältig und der Versicherungsmarkt bietet eine Fülle von Varianten an, wie wir ja bereits aus den vergangenen Kapiteln entnehmen konnten.

4.1.3 Die steuerliche Behandlung der Lebensversicherung

Betrachtet man die steuerliche Behandlung von Lebensversicherungen in Österreich, so bietet sich am besten eine Dreiteilung an. Wie ist die Prämienzahlung besteuert (Versicherungssteuer), gibt es steuerliche Begünstigungen während der Laufzeit (zB Sonderausgaben) und wie ist die Leistung aus der Versicherung zu besteuern?

4.1.3.1 Die Versicherungssteuer

Wer seinen Wohnsitz oder gewöhnlichen Aufenthalt in Österreich hat, muss für Beiträge an eine Lebensversicherung Versicherungssteuer bezahlen. Diese wird vom Versicherer gleich mit der Prämie eingehoben und beträgt in der Regel **4%**, in Ausnahmefällen wie bei Beiträgen für eine Pensionszusatzversicherung (war bis Ende 2003 abschließbar) oder bei Beiträgen an eine Pensionskasse bzw an eine betriebliche Kollektivversicherung 2,5%.

Eine Sonderregelung gibt es auch für die **prämiengeförderte Zukunftsvorsorge**, die besonders begünstigt wird und bei der gar **keine Versicherungssteuer** zu entrichten ist. Diese staatlich geförderte Sonderform der Vorsorge wird im Kapitel 4.1.4 gesondert behandelt.

In bestimmten Fällen wird jedoch sogar eine **Versicherungssteuer** in der Höhe von 11% fällig. Wenn zB keine laufende, im Wesentlichen gleichbleibende Prämienzahlung vereinbart ist und innerhalb von 15 Jahren eine Kapitalabfindung erfolgt, müssen 11% Versicherungssteuer bezahlt werden. Seit 1. März 2014 richtet sich der erhöhte Steuersatz der Lebensversicherung neben der Laufzeit auch nach dem Alter des Versicherungsnehmers und der versicherten Person.[47]

---

[47] **Bei Lebensversicherungsverträgen** (Kapitalversicherungen einschließlich fondsgebundener Lebensversicherungen auf den Er- oder den Er- und Ablebensfall), **die vor dem 1. Jänner 2011 abgeschlossen wurden, werden 11% Versicherungssteuer verrechnet, wenn die** Laufzeit **weniger als zehn Jahre beträgt und** keine laufende, im Wesentlichen gleichbleibende Prämienzahlung vereinbart ist.
Für **Lebensversicherungsverträge,** die nach dem **31. Dezember 2010 und vor dem 1. März 2014 ab-**

Dies ist also hauptsächlich bei **Einmalerlägen** mit einer Laufzeit von weniger als 15 Jahren der Fall. Nachdem eine so hohe Steuer ein Vorsorgeprodukt, noch dazu bei einer kurzen Laufzeit, gänzlich unattraktiv macht, sollte man solche Abschlüsse vermeiden bzw werden diese Laufzeiten bei den meisten Versicherern gar nicht angeboten.

Aufpassen muss man aber darauf, dass die 11% Versicherungssteuer auch dann zum Tragen kommen, wenn ein Einmalerlag mit einer längeren Laufzeit abgeschlossen worden ist und innerhalb der ersten 15 Jahre **rückgekauft** wird. Dann müssen zu den 4%, die man bei Abschluss bezahlt hat, 7% nachgezahlt werden.

Bei Verträgen mit **laufender Prämienzahlung** bleibt die Versicherungssteuer auch dann bei 4%, wenn die Laufzeit kürzer ist als 15 Jahre.

Für Personen, die das 50. Lebensjahr vollendet haben, genügt eine Laufzeit von zehn Jahren, damit es zu keiner zusätzlichen Steuerpflicht kommt.

4.1.3.2 Steuerliche Begünstigungen während der Laufzeit

Die bekannteste steuerliche Begünstigung von Prämien zur Pensionsvorsorge ergibt sich durch die sogenannte **Sonderausgabenregelung**. Sie bewirkt, dass man sich über den Weg des Steuerausgleiches (Lohnsteuererklärung oder Einkommensteuererklärung) einen Teil der bezahlten Prämien für Lebensversicherungen vom Finanzamt zurückholen kann.

Diese Förderung der privaten Vorsorge wurde jedoch durch eine Vielzahl von **Einschränkungen** und Kürzungen ziemlich beschnitten und hat deutlich an Attraktivität verloren. Daneben gibt es für bestimmte **Sonderprodukte** spezielle staatliche Förderungen, die Inhalt des übernächsten Kapitels sein werden.

Grundsätzlich kann man bei den Sonderausgaben Lebensversicherungsprämien absetzen, die man für sich selbst, für seinen nicht dauernd getrennt lebenden (Ehe-)**Partner** oder für seine **Kinder** leistet.

Eine Voraussetzung für die Absetzbarkeit einer Prämie ist es, dass das jeweilige Versicherungsunternehmen seinen Sitz oder die Geschäftsleitung im **Inland** hat oder ihm zumindest die Erlaubnis zum Geschäftsbetrieb im Inland erteilt wurde.

Die maximale Höhe

Bei den Sonderausgaben kann maximal ein Betrag von **€ 2.920** jährlich geltend gemacht werden. Dieser erhöht sich bei Alleinverdienern um weitere € 2.920 und um zusätzliche € 1.460 bei mindestens drei Kindern.

---

geschlossen wurden, gilt das Gleiche jedoch bei einer Laufzeit, die weniger als 15 Jahre beträgt. **Für Lebensversicherungsverträge** (Kapitalversicherungen einschließlich fondsgebundene Lebensversicherungen auf den Er- oder den Er- und Ablebensfall), **die nach dem 28. Februar 2014 abgeschlossen wurden**, wird nun zusätzlich anhand des Alters unterschieden. **11% Versicherungssteuer werden verrechnet, wenn die Laufzeit für unter 50-Jährige** weniger als 15 Jahre bzw für über 50-Jährige weniger als zehn Jahre beträgt und wenn keine laufende, im Wesentlichen gleichbleibende Prämienzahlung vereinbart ist.

Unter diese gemeinsame Gesamtobergrenze fallen die Versicherungsprämien ebenso wie etwa die Ausgaben für Wohnraumbeschaffung, Wohnraumsanierung oder zB Spenden an gewisse Forschungs- und Lehreinrichtungen, die ebenfalls unter die Sonderausgabenregelung fallen. Steuerlich wirksam wird jedoch nur **ein Viertel** der abgesetzten Aufwendungen (Ein Betrag von € 60 wird in jedem Fall berücksichtigt).

➲ Beispiel 1:

Prämie Ablebensversicherung	€ 300	
Prämie Rentenversicherung	€ 1.500	
Gesamtprämie	€ 1.800	davon ¼ absetzbar = € 450
– Sonderausgabenpauschale		– € 60
Steuerwirksame Sonderausgaben		€ 390

Für einen Betrag von 390 Euro braucht man somit keine Lohn- bzw Einkommensteuer bezahlen. Liegt man beispielsweise in einer Steuerklasse von 36,5%, so bedeutet dies eine konkrete Steuerersparnis von € 142,35 pro Jahr.

➲ Beispiel 2:

Prämie Ablebensversicherung	€ 300	
Prämie Rentenversicherung	€ 3.500	
Gesamtprämie	€ 3.800	Jedoch liegt die Obergrenze bei € 2.920, davon ¼ absetzbar = € 730
– Sonderausgabenpauschale		– € 60
Steuerwirksame Sonderausgaben		€ 670

Die Steuerersparnis liegt somit bei einer Steuerklasse von 43,2143% bei € 289,54 und bei einer Steuerklasse von 36,5% bei € 244,55 jährlich.

Ab einem zu versteuernden Einkommen von € 60.000 jährlich darf man jedoch überhaupt **keine Sonderausgaben** mehr absetzen und bereits ab einem Einkommen von € 36.400 jährlich wird begonnen, die oben berechnete Ersparnis linear zu kürzen (Einschleifregelung). Beträgt das zu versteuernde Einkommen beispielsweise € 48.200 jährlich, ergibt sich nur mehr die halbe Ersparnis.

Sonderausgabenabzugsfähige Produkte

Zu beachten ist, dass auch nur mehr ein geringer Teil der am Markt angebotenen Lebensversicherungsverträge bei einem Neuabschluss als Sonderausgaben abgesetzt werden darf.

Seit dem 1. Juni 1996 fallen nur mehr Prämien für reine **Risikoversicherungen** und Prämien für **Rentenversicherungen**, bei denen zum Ablauf eine lebenslange Rentenzahlung vorgesehen ist, unter die Sonderausgabenregelung. Dabei ist es aber zulässig, dass die Rentenversicherung eine **Option** auf eine eventuelle Kapitalabfindung offenlässt.

Der Tatbestand der Nachversteuerung

Wählt man bei Ablauf anstatt der lebenslangen Rente dann doch das Kapital oder wird der Anspruch vor oder nach Beginn der Rentenzahlung ganz oder teilweise durch eine **Kapitalzahlung** abgegolten, müssen die abgesetzten Beiträge **nachversteuert** werden.

Der **Steuersatz** hierfür beträgt generell 30% von jener Prämie, die steuerwirksam berücksichtigt worden ist. Im obigen Beispiel 1 wären das 30% von € 390.

Dieser Nachversteuerung kann man nur dann entkommen, wenn man dem Finanzamt gegenüber glaubhaft machen kann, dass man aufgrund einer **wirtschaftlichen Notlage** keine andere Wahl hatte, als das Kapital zu wählen bzw den Vertrag vor oder nach Beginn der Rentenzahlung rückzukaufen.

Keine Absetzbarkeit für Kapitalversicherungen

Reine Kapitalversicherungsprämien sind (bei einem Neuabschluss) nicht als Sonderausgaben abzugsfähig. Weiters können auch Versicherungsprämien, für die man eine sonstige staatliche Förderung erhält (prämienbegünstigte Zukunftsvorsorge, Pensionszusatzversicherung), nicht als Sonderausgaben abgesetzt werden. Eine doppelte Förderung ist also nicht vorgesehen.

Bestehende Versicherungsverträge

Für Vertragsabschlüsse im Zeitraum vom 1.1.1989 bis zum 31.5.1996 war die Regelung so, dass auch Prämien für **Kapitalversicherungen** als Sonderausgaben abgesetzt werden konnten, falls die Versicherungssumme im Ablebensfall mindestens gleich hoch war wie die Versicherungssumme im Erlebensfall. Weiters musste die Laufzeit mindestens 20 Jahre betragen (**Mindestbindefrist**) oder zumindest auf die Vollendung des 60. Lebensjahres[48] abgestimmt sein. Bei noch früher abgeschlossenen Verträgen gab es andere (kürzere) Mindestbindefristen.

Diese Verträge können weiterhin steuerlich im Rahmen der Sonderausgaben geltend gemacht werden, nur ist dabei aufzupassen, dass bestimmte **Veränderungen** beim Vertrag entweder zu einer Nachversteuerungspflicht führen können oder zumindest dazu, dass die Prämie in Zukunft nicht mehr weiter abgesetzt werden darf.

Eine **Nachversteuerungspflicht** kann sich bei einer Verpfändung, einem Rückkauf, einer Abtretung, einer Vorauszahlung, einer Einräumung eines unwiderruflichen Bezugsrechtes, bei der Beantragung eines Polizzendarlehens oder bei der Reduktion des

[48] In diesem Fall genügt eine Mindestbindefrist (Mindestlaufzeit) von zehn Jahren.

für die Absetzbarkeit notwendigen Ablebensschutzes innerhalb der Mindestbindefrist ergeben.

Keine Nachversteuerung erfolgt, wenn die Ansprüche aus einem Versicherungsvertrag nur **vinkuliert** werden und dabei dem Gläubiger kein dingliches Recht auf die Versicherungsleistung eingeräumt wird.

Die weitere **Absetzbarkeit** der Versicherungsprämie für die Zukunft wird in all jenen Fällen **versagt**, bei denen die Änderung zu einer sogenannten **„Novation"** des Vertrages führt, also die Änderung so gravierend ist, dass sich der Hauptgegenstand der Versicherung ändert und sie somit von der Finanz wie ein neuer Vertrag gewertet wird.

Eine solche Novation liegt beispielsweise dann vor, wenn der **Versicherungsnehmer** oder die **versicherte Person** geändert wird oder aus einer Erlebensversicherung eine Er- und Ablebensversicherung gemacht wird (= eine Änderung des die Leistungspflicht auslösenden Ereignisses). Auch eine **Erhöhung der Versicherungssumme** bewirkt eine Novation, wenn die neue Versicherungssumme mehr als das Dreifache der seinerzeitigen Versicherungssumme zuzüglich Wertsicherungen beträgt. Eine **Vertragsverlängerung** wird nicht als Novation betrachtet, allerdings ist der Vertrag nur bis zur ursprünglich vereinbarten Laufzeit absetzbar.

Wer eine bestehende Lebensversicherung bei den Sonderausgaben absetzt und bei diesem Vertrag eine Änderung herbeiführen möchte, sollte sich also zuvor unbedingt über die **steuerlichen Konsequenzen** informieren!

4.1.3.3 Die Besteuerung der Versicherungsleistung

Grundsätzlich sind private Lebensversicherungen von der **Kapitalertragsteuer** befreit und auch bei der Auszahlung der Versicherungsleistung fällt keine **Einkommensteuer** oder sonstige Steuerbelastung an, sofern die Versicherungsleistung an den Versicherungsnehmer geht. Für eine genauere Betrachtung muss man jedoch zwischen einer einmaligen Kapitalauszahlung und einer Rentenleistung unterscheiden.

Kapitalabfindung

Bei Kapitalabfindungen an den Versicherungsnehmer fällt prinzipiell keine Einkommensteuer an, die Versicherungsleistung fließt völlig ohne Steuerbelastung zu. Eine **Ausnahme** von dieser Regel gibt es jedoch, und zwar dann, wenn keine laufende, im Wesentlichen gleichbleibende Prämienzahlung vereinbart ist und die Kapitalabfindung innerhalb von 15 Jahren[49] erfolgt.

Vereinfacht ausgedrückt bedeutet dies, dass bei einem Abschluss eines **Einmalerlages** mit einer Laufzeit, die kürzer ist als 15 Jahre, die Differenz zwischen der einbezahlten Prämie und der Ablaufleistung versteuert werden muss. Nachdem dies genau jener Fall ist, bei dem auch anstatt 4% Versicherungssteuer 11% bezahlt werden müssen, ist von dieser Konstellation unbedingt abzuraten.

[49] Für Personen, die das 50. Lebensjahr vollendet haben, ist der erwähnte Zeitraum von 15 Jahren auf zehn Jahre gekürzt.

Leistung in Rentenform

Bezieht man seine Leistung aus der Versicherung in Rentenform, so ist diese Rentenleistung zu Beginn ebenfalls steuerfrei. Sobald jedoch die **Summe** der Renten, die man ausbezahlt bekommen hat, das Ausgangskapital übersteigt, muss für die Rente Einkommensteuer bezahlt werden. Als Ausgangskapital wird hier das vorhandene Kapital zum Vertragsablauf bzw zum Zeitpunkt der Verrentung des Kapitals bezeichnet.

➲ **Beispiel:**

vorhandenes Kapital zu Rentenbeginn	€ 100.000
jährliche Rente	€ 5.000

Nach 20 Jahren ist das Ausgangskapital aufgebraucht, danach beginnt man praktisch mit der Rente zu „verdienen" und es ist ab diesem Zeitpunkt Einkommensteuer für die Rente zu bezahlen. Dies geschieht, indem man sie beim jährlichen Steuerausgleich bekannt gibt. Der Versicherer ist zurzeit nicht verpflichtet, die Rentenzahlung an das Finanzamt zu melden, sofern diese an den Versicherungsnehmer geleistet wird.

4.1.4 Staatlich geförderte Sonderprodukte

Um die Österreicher noch stärker zu einer ergänzenden privaten Vorsorge zu bewegen, wurde mit Beginn des Jahres 2003 eine steuerlich besonders geförderte Vorsorgemöglichkeit, die **prämienbegünstigte Zukunftsvorsorge**, ins Leben gerufen.

4.1.4.1 Die prämienbegünstigte Zukunftsvorsorge

Hiernach darf jeder, der in Österreich unbeschränkt steuerpflichtig[50] ist, bis zum Antritt der gesetzlichen Alterspension Beiträge in eine spezielle **fondsgebundene Lebensversicherung** einbezahlen oder Anteile an einem speziellen **Investmentfonds** zeichnen und bekommt dafür eine **staatliche Prämie** gutgeschrieben. Auch Produkte auf Basis einer **klassischen Lebensversicherung** sind bereits am Markt erhältlich.

Diese Versicherungen oder Fonds müssen ganz bestimmte Kriterien erfüllen und werden als **Zukunftsvorsorgeeinrichtungen** bezeichnet. Auch **Vorsorgekassen** dürfen Beiträge zur Zukunftsvorsorge verwalten, treten jedoch zumindest im Moment noch nicht als Anbieter am Markt auf.

Die Höhe der Förderung

Die Höhe der **staatlichen Prämie** beträgt im Jahr 2014 4,25% von dem Betrag, den man in die Zukunftsvorsorgeeinrichtung (Versicherung oder Fonds) einbezahlt. Dieser Prozentsatz wird jährlich neu festgelegt und muss sich zwischen 4,25% und 6,75% be-

50 Dabei ist es aber egal, ob man tatsächlich Steuern bezahlt oder beispielsweise kein oder ein nur sehr geringes Einkommen erzielt und somit gar keine Steuerleistung erbringt.

wegen (= 2,75% fix + jener Prozentsatz, mit dem das Bausparen gefördert wird und der zwischen 1,5% und 4% liegen kann).

Für die geförderte Einzahlung gibt es eine **Obergrenze**, die im Jahr 2014 bei € 2.495[51] liegt. Auch sie wird jährlich neu angepasst und erhöht sich im gleichen Verhältnis wie die Höchstbeitragsgrundlage zur Sozialversicherung. Grundsätzlich könnte, sofern der jeweilige Anbieter dies überhaupt zulässt, auch ein höherer Betrag einbezahlt werden, Förderung bekommt man für den übersteigenden Teil jedoch keine.

Wer also die Förderung im Jahr 2014 voll ausschöpft und jährlich € 2.495 in eine Zukunftsvorsorgeeinrichtung bezahlt, erhält eine **staatliche Prämie** von mehr als € 106, die dem Vertrag gutgeschrieben wird. Die Einzahlung kann natürlich auch monatlich, vierteljährlich oder halbjährlich erfolgen.

Eine zusätzliche Berücksichtigung der Beitragszahlung an eine Zukunftsvorsorgeeinrichtung bei den **Sonderausgaben** ist nicht möglich, eine quasi doppelte Förderung ausgeschlossen.

Veranlagung und Sicherheit

Bei der Veranlagung der Gelder müssen die Zukunftsvorsorgeeinrichtungen einen Mindestanteil der einbezahlten Sparprämien (nach Abzug von Kosten und eventuellen Risikoprämien) in Aktien investieren. Der konkrete Aktienanteil ist abhängig vom Alter (unter 50-Jährige: 15 bis 60 Prozent, für über 50-Jährige von fünf bis 50 Prozent). 60% der gehaltenen Aktien müssen an einer in einem Mitgliedstaat der Europäischen Union oder des EWR gelegenen Börse investiert werden, an der sie erstzugelassen sind. Dabei ist zu beachten, dass die Börsenkapitalisierung des betreffenden EU- bzw EWR-Landes, in dessen Aktien investiert wird, 40% des Bruttoinlandsproduktes in einem mehrjährigen Zeitraum nicht übersteigen darf.

Wie die restlichen Prozent veranlagt werden, ist die Entscheidung der **Zukunftsvorsorgeeinrichtung** und wird nicht vom Kunden bestimmt, wie es sonst bei der fondsgebundenen Lebensversicherung üblich ist.

Jedoch kann davon ausgegangen werden, dass nicht allzu riskant veranlagt werden kann, weil die Zukunftsvorsorgeeinrichtung eine **Garantie** abgeben muss, dass zum Ablauf zumindest die einbezahlten Prämien und die staatlichen Prämien als (Verrentungs-) Kapital zur Verfügung stehen.

Also hat man, auch wenn die Kapitalmärkte total einbrechen, die Garantie, dass man zumindest seine Einzahlungen und die staatliche Prämie wieder retour bekommt. Eine chancenreiche aber doch sehr risikobehaftete Anlageform wie Aktien wird hier mit einem **Sicherheitsnetz** kombiniert, das einen **Kapitalverlust** ausschließt.

Die prämienbegünstigte Zukunftsvorsorge bietet keine garantierte **Mindestverzinsung**, jedoch ergibt sich eine solche indirekt aus der eben besprochenen Garantie. Würde man nur die einbezahlten Prämien zurückbekommen, ist man zwar gegen Kapitalverlust

[51] Diese unrunde Zahl ergibt sich, weil die Obergrenze des geförderten Beitrages durch folgende Formel festgelegt ist: Höchstbeitragsgrundlage zur Sozialversicherung (€ 4.530 für 2014) × 36 × 1,53/100.

abgesichert, die Verzinsung wäre aber im schlimmsten Fall gleich null. Dadurch, dass man aber die staatliche Prämie auch mit Sicherheit wieder ausbezahlt bekommt, ergibt sich aus der Sicht des Versicherungsnehmers ein Effekt ähnlich einer Mindestverzinsung.

➲ Beispiel:

Laufzeit zehn Jahre; Einzahlung € 1.000 pro Jahr; staatliche Prämie im Schnitt 5%

Sollte tatsächlich der schlechteste Fall eintreten, dass durch die Veranlagung kein Kapitalzuwachs erreicht wird, so stehen nach den zehn Jahren € 10.000 zur Verfügung, die man selbst einbezahlt hat und € 500 an staatlicher Prämie. Dies entspricht einer Verzinsung von 0,89%, die man in jedem Fall erreicht – und zwar KESt-frei. Verglichen mit einem Sparbuch, bei dem noch Kapitalertragsteuer zu bezahlen ist, entspricht dies einer Mindestverzinsung von 1,18%. Bei einer Laufzeit von 20 Jahren geht diese Art einer Mindestverzinsung gegen 0,62%, aber immer unter der Worst-Case-Annahme, dass über die 20 Jahre überhaupt kein Kapitalertrag erreicht würde!

Kapitalgarantie und Kapitalabfindung

Diese Kapitalgarantie gilt jedoch nur, wenn sich der Versicherungsnehmer bei Vertragsablauf für eine **lebenslange Rentenzahlung** entscheidet. Wer trotzdem eine Kapitalauszahlung haben möchte, muss die Hälfte der erhaltenen staatlichen Prämien zurückzahlen und den erzielten Kapitalertrag mit 25% versteuern.

Daher eignet sich die prämienbegünstigte Zukunftsvorsorge grundsätzlich von ihrer Gestaltung her besser als langfristige **Rentenvorsorge** anstatt als Möglichkeit der Kapitalvorsorge.

Bei einer Kapitalauszahlung gibt es auch **keine** gesetzlich vorgeschriebene **Kapitalgarantie**. Bei einer sehr schlechten Entwicklung auf den Kapitalmärkten wäre dann sogar ein Kapitalverlust möglich. Einige Anbieter gewähren jedoch auch bei Kapitalabfindungen freiwillig die Garantie von eigenen und staatlichen Prämien. Bei einem Vertragsabschluss lohnt es sich somit auf jeden Fall, zu klären, ob auch im Fall der Kapitalabfindung diese Garantie gegeben ist.

Steuerliche Begünstigungen und Renditechancen

Damit es aber nicht nur bei dieser Kapitalgarantie bleibt, gibt es weitere steuerliche Begünstigungen, welche die effektiven Ertragschancen dieses Produktes noch deutlich steigern.

Einer dieser Vorteile ist es, dass die aus der Veranlagung erzielten **Erträge steuerfrei** sind. Ist man es in Österreich bereits gewohnt, bei fast allen Arten der Vorsorge irgendeiner Steuer zu unterliegen (sei es eine Kapitalertragsteuer, Spekulationssteuer etc), kommt es hier zu keinerlei Abzügen. Die Erträge werden gleich im Produkt wiederveranlagt (thesauriert) und erhöhen der Vertragswert.

Weiters trägt die Tatsache, dass für die einbezahlten Beiträge **keine Versicherungssteuer** fällig wird, zur Attraktivität des Produktes bei.

Wer sich bei Vertragsablauf für eine lebenslange Rente entscheidet, wofür dieses Produkt ja konzipiert ist, erhält diese **Rente** ein Leben lang **steuerfrei**, wohingegen man sonst im Normalfall nach einer bestimmten Laufzeit der Rente verpflichtet wäre, Lohnsteuer bzw Einkommensteuer zu entrichten.

Keine Versicherungssteuer bei der Prämienzahlung, ein steuerfreies Zuwachsen der Kapitalerträge während der Laufzeit, ein jährlicher staatlicher Prämienzuschuss von 4,25% bis 6,75%, eine Garantie des einbezahlten Kapitals plus der Prämien und bei der Auszahlung eine lebenslange und steuerfreie Rente – viel günstiger kann man die **Rahmenbedingungen** nicht gestalten.

Verbesserungswürdig scheint noch die Tatsache zu sein, dass der Gesetzgeber nicht vorschreibt, welche **Rechnungsgrundlagen** bei der Umwandlung des angesparten Kapitals in eine lebenslange Rente verwendet werden müssen. So bleibt es dem Anbieter überlassen, ob man die Verhältnisse (Lebenserwartung) bei Vertragsabschluss zugrunde legt, wie dies bei Rentenversicherungen üblich ist oder ob man die zum Zeitpunkt des Rentenbeginns maßgeblichen Verhältnisse verwendet, wie dies bei Kapitalversicherungen in der Regel angewandt wird.

Alles in allem erscheinen die Chancen, mit diesem Produkt ein besseres Ergebnis zu erzielen als mit anderen Produkten, die eine ähnliche Veranlagungsstruktur aufweisen, aufgrund der Summe der steuerlichen Begünstigungen sehr hoch.

Die tatsächliche Höhe der **Versicherungsleistung** kann natürlich auch hier nicht vorhergesagt werden.

Vorausberechnungen und Prognosen der Rentenhöhe bei Angeboten können somit nur unter der **Annahme** bestimmter Performanceerfolge erstellt werden und sollten auch vor diesem Hintergrund verglichen werden.

Und natürlich muss man auch davon ausgehen, dass bei der geförderten Zukunftsvorsorge ebenso Kosten für die Verwaltung oder für **Ausgabeaufschläge** bzw Managementgebühren innerhalb der Fonds anfallen, wie bei allen anderen Vorsorgeprodukten auch. Dazu kommt, dass die Gewährung von Kapitalgarantien **Sicherungsmaßnahmen** erfordern, die entweder Geld kosten oder zumindest den Veranlagungsspielraum deutlich einschränken, wodurch man auch hier die Hoffnungen auf fiktive Traumrenditen auf ein realistisches Maß zurückschrauben sollte. **Sicherheit** hat eben ihren Preis und geht zu Lasten der Performance bzw der Rendite.

Die Mindestbehaltedauer (Mindestlaufzeit)

Betrachtet man die Regelungen zur Laufzeit von Verträgen zur prämienbegünstigten Zukunftsvorsorge, so muss man unterscheiden, welche Regelungen vom **Gesetz** her vorgegeben sind und welche die einzelnen **Anbieter** für ihre Produkte selbst eingeführt haben.

Das **Gesetz** trifft nur eine Aussage darüber, wie lange das Geld mindestens in einer Zukunftsvorsorgeeinrichtung liegen bleiben muss und bis zu welchem Alter man eine staatliche Prämie bekommen kann.

Die **Mindestbehaltedauer** beträgt zehn Jahre. In dieser Zeit kann man auf sein Geld nicht zurückgreifen. Der Grund dafür liegt hauptsächlich in dem teilweise hohen **Aktienanteil** bei der Veranlagung und der **Kapitalgarantie**, welche die Zukunftsvorsorgeeinrichtung gewähren muss. Könnte man über das Geld schon früher verfügen, wäre bei den großen Schwankungen, die bei Aktien möglich sind, eine Kapitalgarantie nicht umsetzbar oder viel zu teuer.

Hat jemand bei Vertragsabschluss das 50. Lebensjahr bereits vollendet, so gibt es für ihn eine **Ausnahme** von dieser Zehn-Jahres-Regel. Wenn man die gesetzliche Alterspension vor Ablauf der zehn Jahre antritt, kann die Mindestfrist auch kürzer sein, aber nur dann, wenn man die lebenslange Rente wählt. Ansonsten sind die zehn Jahre immer einzuhalten.

Die Kapitalgarantie bleibt dann auch bei der kürzeren Laufzeit erhalten. Jedoch kann sich das auf die **Rendite** klar negativ auswirken, weil die Kosten für eine Kapitalgarantie bei einer kürzeren Laufzeit in der Regel deutlich höher sein werden.

➲ Beispiel:

Alter 56, Pensionsantritt gesetzliche Alterspension mit 65

Die Mindestbehaltedauer beträgt hier anstatt zehn Jahren nur neun Jahre, wenn man sich für eine Rentenzahlung entscheidet; die Kapitalgarantie bleibt aufrecht.

Man kann aber auch für die ganzen zehn Jahre weitersparen, bekommt jedoch ab Antritt der gesetzlichen Alterspension keine staatliche Prämie mehr, in diesem Fall also für das letzte Jahr.

Optionen nach Ablauf der Mindestbehaltedauer

Nach dem Ablauf der Mindestbehaltedauer hat man eine Vielzahl von Möglichkeiten, über sein angespartes Kapital zu verfügen.

Man kann es sich **auszahlen** lassen, muss dann jedoch die halbe Förderung zurückzahlen und den Wertzuwachs mit einem Steuersatz von 25% versteuern. Außerdem muss dann die Kapitalgarantie nicht mehr gewährt werden, obwohl, wie bereits erwähnt, viele Anbieter es trotzdem freiwillig tun.

Man kann sein Kapital aber auch in der Zukunftsvorsorgeeinrichtung liegen lassen oder in eine andere Zukunftsvorsorgeeinrichtung übertragen. Weiters besteht die Möglichkeit der Übertragung des Betrages an eine Pensionskasse, einen Pensionsinvestmentfonds oder eine Pensionszusatzversicherung. Dann bleiben alle Vorteile erhalten und man braucht nichts versteuern oder zurückzahlen.

Frühestens ab Vollendung des 40. Lebensjahres kann man sich eine **lebenslange Rente** ausbezahlen lassen.

Schließt beispielsweise jemand mit einem Alter von 30 Jahren einen Vertrag zur prämienbegünstigten Zukunftsvorsorge ab, so könnte er also bereits ab 40 die **lebenslange und steuerfreie Rente** beziehen. Genauso gut könnte man das Geld auch **liegen**

lassen und die Rente erst zum Pensionsantritt abrufen, die dann natürlich deutlich höher ausfallen wird. In der Zwischenzeit kann man entweder weiterhin **Beiträge** bezahlen und auch weiterhin die staatliche Prämie erhalten oder aber das Geld einfach **ohne weitere Prämienzahlung** liegen lassen und später darüber verfügen, sofern die Bedingungen des Anbieters dies auch vorsehen.

Grundsätzlich wird es **wenig Sinn** machen, eine Rente bereits in jungen Jahren zu konsumieren. Bei einer kurzen Anspardauer und einer Obergrenze der geförderten Einzahlung von rund € 2.495 pro Jahr wird sich kein so hohes Kapital aufbauen lassen, das beispielsweise schon ab einem Alter von 40 Jahren eine attraktive Zusatzpension sichert – muss man ja bei der Kalkulation der Rentenhöhe davon ausgehen, dass sie für rund 45 Jahre zu bezahlen sein wird.

Außerdem hat die Rente ja den Sinn, den Einkommensverlust bei **Pensionsantritt** langfristig auszugleichen. Aber vielleicht hat der eine oder andere ja auch den Plan, mit der Arbeit aufzuhören, bevor der Anspruch auf eine **gesetzliche Alterspension** entstanden ist. Dann kann eine frühere Rentenzahlung durchaus überlegt werden, sofern der Ansparzeitraum eine vernünftige Höhe gewährleistet.

Überbrückungsrente

Im Falle der Einstellung der Erwerbstätigkeit kann bis zur Leistung der staatlichen Pension eine Überbrückungsrente beansprucht werden. Diese Überbrückungsrente muss mindestens in 36 Monatsrenten ausgezahlt werden und kann frühestens mit Vollendung des 50. Lebensjahres abgerufen werden. Die Anzahl der Monatsrenten vermindert sich jedoch, wenn der Zeitraum bis zum gesetzlichen Pensionsalter kürzer als drei Jahre ist. So hat eine Person, die bereits in 1,5 Jahren in Pension gehen wird, die Möglichkeit, die Überbrückungsrente für 18 Monate abzurufen.

Die Rente im Todesfall

Entscheidet man sich für eine lebenslange Rente und nicht für das Kapital, so ist es auch möglich, eine Regelung zu treffen, dass die Rente im Todesfall an den hinterbliebenen **Ehegatten** oder eheähnlichen **Lebenspartner** (Lebensgefährtenregelung) zu einem bestimmten Prozentsatz und ebenfalls lebenslänglich übergeht. Ebenso kann ein Teil der Rente als **Waisenpension** weiterbezahlt werden, hier jedoch längstens bis zur Vollendung des 27. Lebensjahres.

Grundsätzlich hat man die freie Wahl, ob man eine Rente nur für sich selbst wählt oder ob man im Todesfall einen **Übergang** der Leistung wünscht. Der Übergang kürzt natürlich die eigene Ausgangsrente. Das Ausmaß der **Kürzung** ist vor allem vom **Alter** bzw vom Altersunterschied zu jener Person abhängig, die nach dem Todesfall die Leistung weiter beziehen soll. Je jünger diese ist, desto stärker wird die Kürzung ausfallen.

Weiters kommt es auch darauf an, wie hoch die Leistung nach dem Todesfall sein soll. Vielfach wird ein Übergang von 60% oder 30% der Ausgangsrente als Witwen(r)pension angeboten. Je höher die **Leistung**, die nach dem Tod weiter bezahlt werden soll, desto geringer wird die Ausgangspension sein. Näheres dazu findet man auch ab Kapitel 4.1.2.6, das sich der Rentenversicherung widmet.

Todesfall in der Ansparphase

Verstirbt der Versicherungsnehmer während der Ansparphase, so ist es möglich, dass die bezugsberechtigte Person (für den Ablebensfall) in den Vertrag eintritt und diesen weiterführt.

Wie lange kann man die staatliche Prämie in Anspruch nehmen?

Die Prämienbegünstigung kann man in Anspruch nehmen, solange man Beiträge bezahlt und längstens bis man die **gesetzliche Alterspension** tatsächlich antritt. Ab diesem Zeitpunkt kann man zwar durchaus noch Beiträge in die Zukunftsvorsorgeeinrichtung einbezahlen, man bekommt aber keine staatliche Prämie mehr dafür. Wer also beispielsweise mit einem Alter von 60 Jahren die gesetzliche Alterspension antritt, erhält maximal bis 60 die staatliche Prämie, wer sie erst mit 65 antritt, hat die Möglichkeit bis dahin die Prämie zu lukrieren.

Verschiedene Produkte am Markt

Am Markt hat sich jetzt eine Vielzahl von unterschiedlichen Produkten entwickelt, die zwar die gesetzlichen Grundregeln als Basis beinhalten, sich oft doch massiv voneinander unterscheiden.

Manche Anbieter haben Produkte mit **fixen Laufzeiten** gestaltet. Hierbei kann man sich aussuchen, ob der Vertrag beispielsweise 10, 12, 15 oder 20 Jahre laufen soll. Danach müsste man einen neuen Vertrag abschließen. Bei vielen ist auch eine Verlängerung des Vertrages möglich.

Andere wiederum haben gar **keine Laufzeit** vorgegeben oder beispielsweise eine Laufzeit bis zum 70. Lebensjahr und man kann aber nach Ablauf von zehn Jahren (Mindestbehaltedauer) jederzeit ohne irgendwelche Stornoabschläge über sein Geld, entsprechend den gesetzlichen Vorgaben, verfügen.

Einige geben die **Kapitalgarantie** nur im gesetzlich vorgeschriebenen Fall der Verrentung, einige auch für einmalige Kapitalabfindungen. Vielfach wird die geförderte Zukunftsvorsorge auch mit zusätzlichen **Risikoversicherungen** (Ableben, Berufsunfähigkeit, schwere Krankheit etc) kombiniert angeboten. Die Prämien für diesen zusätzlichen Versicherungsschutz sind von der Kapitalgarantie in der Regel jedoch nicht umfasst.

4.1.4.2 Die prämienbegünstigte Pensionsvorsorge

Eine ähnliche Förderung wie durch die prämienbegünstigte Zukunftsvorsorge gab es auch schon seit dem 1.1.2000 unter dem Namen „prämienbegünstigte Pensionsvorsorge". Jedoch war sie nicht so flexibel und gewährte keine „**Ausstiegsmöglichkeit**" nach zehn Jahren.

Hierbei konnte man für die freiwillige **Höherversicherung** in der gesetzlichen Pensionsversicherung, für Anteilsscheine an einem **prämienbegünstigten Investmentfonds**, für Beiträge zu einer **Pensionszusatzversicherung** oder für Beiträge, die man als Mitarbeiter selbst an eine **Pensionskasse** leistet, eine staatliche Prämie in Anspruch nehmen.

Der Prozentsatz war derselbe wie bei der prämienbegünstigten Zukunftsvorsorge, die geförderte **Obergrenze** war jedoch etwas geringer und betrug € 1.000 pro Jahr.

Die prämienbegünstigte Pensionsvorsorge ist jedoch im Jahr 2003 ausgelaufen (mit Ausnahme für Pensionskassenbeiträge), das heißt, sie kann nicht mehr neu abgeschlossen werden.

Hauptentscheidend für die Gestaltung der eigenen Pensionsvorsorge sollten jedoch immer der **Bedarf** und die individuelle **Ausgangslage** sein, nicht nur die steuerliche Betrachtung eines Vorsorgeproduktes.

4.2 Bankprodukte

Österreich ist ein Land der Sparer. Der österreichische Durchschnittssparer veranlagt sein Geld grundsätzlich bei der Bank seines Vertrauens, wobei ihm dort eine zumeist breite und **unübersichtliche Produktpalette** zur Verfügung steht und man somit als Nicht-Fachmann die Qual der Wahl hat. Das bekannteste und zumeist gewählte Veranlagungsinstrument ist seit jeher das Sparbuch. Aber auch der Bausparvertrag und die bereits besprochene Lebensversicherung erfreuen sich großer Beliebtheit.

Wertpapiere wie Anleihen, vor allem aber Aktien, blieben sehr lange einem kleinen Kreis vorbehalten, da für ein langfristiges, risikokontrolliertes und sinnvolles Aktieninvestment fachspezifisches Wissen, vor allem aber auch genügend Geld erforderlich ist, um eine Risikostreuung in mehreren Titeln zu erreichen.

In den vergangenen Jahren haben viele Österreicher diese Scheu verloren und greifen immer mehr auch zu **Wertpapieren**, wenngleich diverse Kapitalmarktkrisen für diese Entwicklung vorübergehend einen deutlichen Rückschlag mit sich gebracht haben. Vor allem aber tendieren immer mehr Anleger zu **Investmentfonds**, da diese den Vorteil haben, dass man auch ohne Wertpapier-Know-how und mit Klein- und Kleinstbeträgen in Wertpapiere investieren kann und sich Investmentfonds auch für langfristige Ansparpläne eignen.

Welche Bankprodukte zurzeit am Markt sind, welche Renditechancen und Risiken diese Produkte mit sich bringen und welche Produkte auch für die Altersvorsorge geeignet sind, aber auch Themen wie die steuerliche Komponente und Kostenstruktur sollen in diesem Kapitel herausgearbeitet werden.

4.2.1 Klassische Sparprodukte

4.2.1.1 Sparbücher

Das immer noch äußerst erfolgreiche Liebkind der Österreicher ist sicherlich das Sparbuch. Das Spareinlagengeschäft gehört neben der Kreditvergabe zum Kerngeschäft der Banken. Sie leihen sich von den Anlegern gegen die Gewährung von Zinsen Geld und verleihen es wieder an Kreditnehmer – jedoch zu einem höheren Zinssatz. Die Differenz aus für Einlagen bezahlte und für Kredite eingenommene Zinsen stellt den Gewinn der Banken dar.

Spareinlagen sind Gelder, die von den Kunden bei den Kreditinstituten zumeist für einen bestimmten Zeitraum veranlagt werden. Im Normalfall erhält der Sparer von der Bank ein Sparbuch, in das alle Ein- und Auszahlungen eingetragen werden. Für den Veranlagungszeitraum erhält der Kunde einen der Laufzeit und der Höhe der Einlage entsprechenden **Zinssatz**.

Seit 1.11.2000 unterscheidet das österreichische Bankwesengesetz zwischen zwei Arten von Sparbüchern: dem **Losungssparbuch** (unter € 15.000) und dem **Namenssparbuch** (über € 15.000), das auf den Namen des Kunden lauten muss und von dem man ohne Vorlage des Ausweises auch nicht mehr abheben kann.

Entgegen den Befürchtungen, dass mit dem Fallen der Sparbuchanonymität bald jeder weiß, wie viel Geld man auf der hohen Kante hat, greift jedoch – ganz im Gegensatz zu den meisten EU-Staaten – weiterhin das strenge österreichische **Bankgeheimnis**. Die Banken dürfen somit nur bei einem Gerichtsbeschluss die Unterlagen des betroffenen Kunden offenlegen. Das Bankgeheimnis wird jedoch schon seit Jahren vehement vor allem von der OECD im Rahmen des Kampfes gegen die internationale Geldwäscherei kritisiert und es ist daher fraglich, wie lange sich Österreich noch dem internationalen Druck widersetzen und das Bankgeheimnis aufrechterhalten kann. Auch die EU-Zinsenrichtlinie könnte dazu beitragen, dass das Bankgeheimnis zunehmend unter Druck gerät.

Flexibilität und Verfügbarkeit

In Abhängigkeit von vor allem Bindungsfrist und Art der Verzinsung gibt es auf dem österreichischen Markt eine Vielzahl an Ausprägungen des Sparbuchs: jederzeit fällige oder auf eine bestimmte Zeit gebundene Sparbücher, Prämiensparbücher, Sparbücher, bei denen man zu Anfang ein gewisses Kapital einzahlen und eine bestimmte Zeit liegen lassen muss, jedoch keine weiteren Einzahlungen leisten darf, Sparbücher, bei denen man jährlich einen gewissen Sparbetrag leisten muss etc. Fix verzinste und auf eine bestimmte Zeit gebundene Sparbücher werden oft auch **Kapitalsparbücher** genannt.

Bei der Auswahl eines Sparbuchs ist es wichtig, dass man sich vorher überlegt, wie lange man das Geld jedenfalls liegen lassen kann. Bei den meisten Produkten kann man, selbst wenn man sich länger gebunden hat, trotzdem auf das Geld zugreifen. Dies bringt jedoch zumeist den Verlust des durch die längere Bindung zugesagten höheren Zinssatzes mit sich.

Risiko und Rendite

Für die Höhe der **Zinsen** gibt es eine Faustregel: Je länger sich der Sparer von vornherein verpflichtet, das Geld bei der Bank liegen zu lassen, desto mehr Zinsen bekommt er. Dies verhält sich so, da die Bank über einen längeren Zeitraum besser über die Spareinlagen disponieren und selbst höhere Renditen damit erzielen kann. Es gibt sowohl fix als auch variabel verzinste Sparbücher. **Variabel** heißt, dass sich der Zinssatz mit den Marktbewegungen laufend ändert. Obwohl die aktuellen Zinsen von den Banken offiziell ausgepreist sind, besteht vor allem bei variablen Sparbüchern ein bestimmter Verhandlungsspielraum.

Hat man sich für eine Laufzeit entschieden, so ist es ratsam, sich die Angebote der einzelnen Banken näher anzuschauen und zu vergleichen. Im Wirtschaftsteil von Tageszeitungen und Wirtschaftsmagazinen, aber auch auf den Homepages von Arbeiterkammer und Konsumentenschutzverbänden werden laufend diesbezügliche **Vergleiche** veröffentlicht. Derzeit (Juni 2014) werden selbst auf Laufzeiten von vier Jahren nicht mehr als 2,10%[52] bezahlt. Dabei muss jedoch die Bank mit dem höchsten Zinssatz nicht unbedingt die beste Wahl sein.

Fälle wie Rössler-Bank, Rieger Bank, BHI, Trigon Bank oder Diskont Bank haben gezeigt, dass es nicht undenkbar ist, dass vor allem kleine Kreditinstitute in **Konkurs** gehen und das Sparkapital somit grundsätzlich verloren ist. Es ist daher auch wichtig, darauf zu achten, bei einem seriösen Institut anzulegen. Man muss dabei stets im Hinterkopf behalten, dass eine über dem Marktdurchschnitt liegende Verzinsung möglicherweise auf ein erhöhtes **Risiko** hindeutet.

Ein großer Vorteil des Sparbuchs ist in diesem Zusammenhang aber, dass alle österreichischen Banken verpflichtend Mitglied der **Einlagensicherungsgesellschaft** sind. Von dieser wird bei Zahlungsunfähigkeit der Bank die Auszahlung von Spareinlagen und Giroguthaben bis zu einem Höchstbetrag von € 100.000 pro Kunden[53] garantiert. Darüber hinausgehende Spareinlagen und Giroguthaben wären im Fall der Fälle aber verloren.

Das größte **Risiko** der Sparform Sparbuch ist die **kalte Progression** – also eine Nettorendite geringer als die aktuelle Inflationsrate. Das führt zwar nominell zu einem Ertrag, praktisch jedoch zu einem Kaufkraftverlust. In einem längerfristigen Niedrigzinsumfeld ist daher besonders darauf zu achten, wirklich nur die zum Ausgleich von Liquiditätsspitzen nötigen Geldmengen in Spareinlagen investiert zu haben.

Steuerliches und sonstige Ertragsschmälerungen

Die Sparbuchzinsen unterliegen bei Gutschrift, zumeist am Jahresende, der 25%igen **Kapitalertragsteuer** (**KESt**), die gleich von der Bank in Abzug gebracht und abgeführt wird. Dh, dem Sparer werden nur mehr 75% der Zinsen gutgeschrieben. Bei einigen Kapitalsparbüchern werden die Zinsen erst am Ende der Laufzeit – somit oft erst Jahre später – kapitalisiert und versteuert.

Die KESt hat Endbesteuerungswirkung, was bedeutet, dass der Anleger die Zinsen nicht mehr in die **Einkommensteuererklärung** aufnehmen muss.

Weitere Ertragsschmälerungen gibt es beim Sparbuch zumeist nicht, denn es fallen weder bei der Eröffnung noch bei der laufenden Verwaltung und auch nicht bei der Schließung eines Sparbuchs Kosten an.

---

52 Quelle: https://durchblicker.at/sparzinsen/vergleich/ergebnis/aktionen#ee2d7736a04e62471b2000b1bdcd7f9f044ad309 (Abfragedatum: 8.7.2014).

53 Details vgl: http://www.einlagensicherung.at/ (Abfragedatum: 8.7.2014).

Eignung als Altersvorsorge

Ein Sparbuch eignet sich zB, um seinen „**Notgroschen**" zu parken – also täglich fällige Gelder, die man sich zur Seite gelegt hat, falls einmal bei Haus oder Auto eine größere Reparatur fällig ist oder die Waschmaschine „den Geist aufgibt" und zu ersetzen ist.

Mit der relativ großen **Sicherheit** des Sparbuchs geht jedoch, wie bereits oben erwähnt, grundsätzlich einher, dass die Verzinsung im Vergleich zu anderen Investitions- und Sparformen eher gering ist. Als wirklich langfristige Veranlagungsform ist das Sparbuch daher eher weniger geeignet. Einige Jahre vor der Pension und somit gegen Ende der Ansparphase sollte man jedoch sein angespartes Kapital nach und nach von risikoreicheren Produkten in relativ sichere Produkte umschichten. Dafür wären zB auch Sparbücher geeignet.

Grundsätzlich sind Sparbücher nur für sehr konservative Anleger sinnvoll, denn der Ertrag über einen längeren Zeitraum, wie jenen für die Pensionsvorsorge, ist in Relation zu anderen Bankprodukten, wie Investmentfonds, meist geringer. Der einzige Vorteil ist, dass es zu keinen Schwankungen im Wert des Vermögens kommt.

4.2.1.2 Bausparen

So gut wie jeder Österreicher hat oder hatte zumindest einmal im Leben einen Bausparvertrag. Bausparen ist eine **staatlich geförderte** kombinierte Spar- und Finanzierungsform zur Vermögensbildung und zur **Schaffung von Wohnraum** in Österreich. Wegen des volkswirtschaftlichen Nutzens leistet der Staat einen Beitrag in Form einer staatlichen Prämie, die jährlich neu festgelegt wird.

Jeder, der unbeschränkt steuerpflichtig in Österreich ist, also seinen Wohnsitz oder gewöhnlichen Aufenthalt im Inland hat, darf einen Bausparvertrag abschließen. Die Gesamtprämie wird aber nur bis zu einer gesamten (geförderten) **Höchsteinzahlungsgrenze** von € 1.200 pro Jahr bezahlt und jeder Sparer darf immer nur einen prämienbegünstigten Bausparvertrag abschließen.

Bei Einhaltung der sechsjährigen Laufzeit erhält der Bausparer sein eingezahltes Kapital inkl Zinsen und Prämie abzüglich Spesen ausbezahlt. Außerdem hat er dann Anspruch auf ein **Darlehen** von der Bausparkasse. Dieses Darlehen ist für einen der folgenden Zwecke zu verwenden: Neubau, Ausbau, Umbau eines Hauses, Grundkauf und Kauf einer Eigentumswohnung.

Flexibilität und Verfügbarkeit

Die **Vertragsdauer**, die auch zugleich steuerliche Mindestbindungsfrist eines Bausparvertrages ist, beträgt sechs Jahre. Grundsätzlich kann man die jährlichen € 1.200 entweder zB monatlich, quartalsweise oder halbjährlich abbuchen lassen oder per Erlagschein flexibel einzahlen. Bei den meisten Bausparkassen ist es auch möglich, die gesamten € 7.200 gleich bei Abschluss des Vertrages als Einmalerlag einzuzahlen.

Der Vertrag kann jederzeit schriftlich durch den Vertragsinhaber bzw dessen gesetzlichen Vertreter **gekündigt** werden. Bei Auflösung des Vertrages vor Ablauf von sechs

Jahren fallen zumeist hohe Verwaltungskosten an und die Verzinsung wird rückwirkend reduziert.

Bei nicht widmungsgemäßer Verwendung des Darlehens muss auch die staatliche Prämie zurückgezahlt werden. Unter **widmungsgemäßer Verwendung** versteht man die Schaffung von Wohnraum im weitesten Sinn, die Errichtung von Eigentumswohnungen und Eigenheimen, Auf-, Zu- und Umbauten, Instandsetzungsaufwendungen wie zB Austausch von Fenstern und Türen, Heizungsanlagen, Wärmedämmung etc, unter bestimmten Voraussetzungen auch den Kauf eines Baugrundes.

Deshalb sollte man auch bestrebt sein, das Geld die gesamte Mindestlaufzeit liegen zu lassen. Man kann jedoch den Vertrag auch nach Ablauf der gesetzlichen Bindungsfrist prämienbegünstigt weiter besparen.

Risiko und Rendite

Das Geld wird bei Bausparkassen, die über eine Bankenkonzession verfügen, veranlagt. Risiko des Kunden ist wiederum, dass die Bausparkasse in Konkurs geht. Aufgrund der Bankenkonzession sind aber auch die Bausparkassen verpflichtend Mitglied der **Einlagensicherungsgesellschaft** (vgl dazu Kapitel 4.2.1.1.). Somit sind Einlagen von bis zu € 100.000 gesichert, wobei die durchschnittliche Einlage (die maximal prämienbegünstigten Einzahlungen von insgesamt € 7.200 zuzüglich Zinsen und Prämien abzüglich Steuern und Spesen) durchwegs darunter liegt. Damit ist das Bausparen eine sehr sichere Sparform.

Die Rendite setzt sich aus der steuerfreien staatlichen Prämie und der je nach Spartarif entweder fixen oder variablen Verzinsung zusammen. Die **Bausparprämie** orientiert sich am Zinsniveau, wird jährlich neu festgesetzt und liegt zwischen 1,5% und 4% der Beitragsleistung. Für das Jahr **2014** beträgt sie 1,5%. Die **Verzinsung** kann von Bausparkasse zu Bausparkasse verschieden sein und auch bei derselben Kasse gibt es unterschiedliche Spartarife. Deshalb empfiehlt sich ein Vorabvergleich. Die derzeitige Verzinsung liegt bei ca 1,5%.

➲ Unverbindliches Beispiel:

Die Verzinsung beträgt 1,5% pro Jahr, woraus sich – wenn man die € 1.200 immer gleich zu Jahresbeginn einbezahlt – nach Abzug von KESt und Kosten (Annahme: € 7 pa) eine **Gesamtrendite** (dh Zinsen plus Prämie abzüglich KESt und Kosten) von 1,4% ergibt. Das würde einer Bruttosparbuchverzinsung von ca 1,9% entsprechen. Sowohl die Zinsen als auch die Prämie werden am Jahresende gutgeschrieben.

Jedenfalls wirkt sich aber auch aus, wie die Einzahlung innerhalb der sechsjährigen Laufzeit erfolgt (jährlich, monatlich oder als Einmalerlag). Zahle ich zB die gesamten € 7.200 zu Beginn ein, so habe ich nach sechs Jahren ein Kapital von € 7.767 erreicht, weil das gesamte Kapital für sechs Jahre „arbeiten" kann. Spart man dasselbe Kapital jeweils in Raten von € 1.200 zu Jahresanfang an, so schauen nach sechs Jahren nur € 7,556 heraus.

Steuerliches und sonstige Ertragsschmälerungen

Wie die Sparbuchzinsen unterliegen auch die von der Bausparkasse bezahlten Zinsen gleich bei Auszahlung der 25%igen KESt mit Endbesteuerungswirkung für Zwecke der **Einkommensteuer** und es werden dem Sparer nur noch 75% der Zinsen gutgeschrieben. Die Prämie selbst ist steuerfrei.

Die Bausparkassen verrechnen jährliche **Kontoführungsspesen**. Weiters ist noch die Verrechnung einer **Zeilengebühr** für jede Einzahlung möglich, wobei Einzahlungen mittels Zahlschein in der Regel teurer sind als Zahlungen über Daueraufträge und Einziehungsaufträge.

Eignung als Altersvorsorge

Dadurch, dass ein Bausparvertrag immer nur sechs Jahre läuft, ist eine **mittelfristige Bindung** gegeben. Dadurch, dass man den Vertrag aber auch nach Ablauf der gesetzlichen Bindungsfrist prämienbegünstigt weiter besparen kann, ist es auch möglich, dem Bausparvertrag einen längerfristigen Charakter zu geben.

Da das Geld alle sechs Jahre ausgezahlt wird, ist es als Altersvorsorge in der Praxis nicht geeignet. Das Nutzungsverhalten der Bausparer zeigt klar, dass das angesparte Kapital nicht weiterveranlagt, sondern in Anschaffungen investiert wird. Es kommt in der Regel daher durch Bausparverträge nicht zu einem langfristigen Vermögensaufbau.

Als vorübergehende Beimischung zum Altersvorsorgeportfolio oder zur Finanzierung eines Eigenheimes, welches ebenfalls einen nicht zu unterschätzenden Vorsorgecharakter hat, da sich die laufenden Wohnkosten langfristig deutlich reduzieren und die Pensionslücke somit kleiner wird, ist ein Bausparvertrag aber eine gute Lösung.

4.2.2 Wertpapiere

Anleihen, Renten, Obligationen, Aktien, Optionsscheine, Anteilscheine, Schuldverschreibungen, Index-Zertifikate, Investmentfondsanteile, Bundesanleihen, Geldmarktpapiere etc – ein Wirrwarr von Begriffen, die alle eines gemeinsam haben: Es handelt sich um Wertpapiere. Was ist jedoch ein Wertpapier jetzt wirklich? Im Lexikon findet man zB folgende Definition:

„Ein **Wertpapier** ist eine Urkunde, die ein privates Recht, zB das Miteigentum an einem Unternehmen, verbrieft." (www.wirtschaftslexikon24.com)

Im engeren Sinne bezeichnet man oft Effekten als Wertpapiere, also etwa Aktien, Anteilscheine oder Schuldverschreibungen. Wertpapiere sind aber auch zB Banknoten, Schecks oder Wechsel, wobei hier nur die zur Geldanlage geeigneten Wertpapiere behandelt werden sollen.

4.2.2.1 Anleihen

„**Festverzinsliche Wertpapiere**" ist der Sammelbegriff für Anleihen, Obligationen, Renten, Pfandbriefe und Schuldverschreibungen. Im Folgenden wird der Einfachheit halber meistens der Begriff „Anleihe" verwendet.

Eine Anleihe ist im Prinzip nichts anderes als eine Art **Schuldschein**. Benötigt zB eine Regierung, eine Bank oder ein anderes Unternehmen Geld, um etwa den laufenden Verpflichtungen nachzukommen oder ein Projekt zu finanzieren, so gibt es grundsätzlich mehrere Möglichkeiten. Was jedem – vor allem auch im privaten Bereich – zuerst einfällt, ist, einen Bankkredit aufzunehmen.

Vor allem Staaten und Banken, aber auch einige Industrieunternehmen finanzieren sich oft jedoch auch über das Begeben (= **die Emission**) einer Anleihe. Das heißt, sie besorgen sich das benötigte Geld über den Kapitalmarkt, indem sie es sich von Anlegern ausborgen. Damit wird zB eine Bank zum Schuldner und der Anleger zum Gläubiger. Der Schuldner, das ist der Begeber einer Anleihe, wird auch als **Emittent** bezeichnet. Die Anleihe selbst ist dann der Vertrag, in dem die Modalitäten für das Darlehen genau festgelegt sind, und zählt zu den **Gläubigerpapieren**. Der Nennwert (= **das Nominale**) der Anleihe ist die zugrunde liegende Schuldsumme; den Preis, mit dem eine Anleihe an der Börse gehandelt wird, nennt man **Kurswert**.

Flexibilität und Verfügbarkeit

Anleihen haben zumeist eine fixe Laufzeit, die bis zu 50 Jahre betragen kann. Dennoch ist es zumeist möglich, die Anleihe auch vor Ende der Laufzeit zu verkaufen oder zurückzugeben. Viele Anleihen werden nämlich an der **Börse** gehandelt oder werden durch den Emittenten zurückgenommen und man kann auch nach der Emission noch einsteigen, aber auch vor dem Ende der Laufzeit wieder aussteigen.

Der Verkauf von Anleihen ist vergleichbar mit der Abtretung eines Schuldscheines. Mit dem Verkauf gehen alle Forderungen des Verkäufers der Anleihe gegenüber dem Emittenten an den Käufer der Anleihe über. Der Emittent muss also künftig alle Zinszahlungen an den Käufer leisten und diesem am Ende auch die gesamte **Schuldsumme** zurückbezahlen. Was man im privaten Bereich als „Verkaufen bzw Kaufen von Schuldscheinen" bezeichnen könnte, das ist im öffentlichen Bereich der Börsehandel.

Neben den an der Börse gehandelten Anleihen gibt es auch solche, die nicht gehandelt werden. Und dabei gibt es wiederum Papiere, die man vor dem Ende der Laufzeit an den Emittenten zurückgeben kann, und solche, bei denen das nicht möglich ist. Man muss somit vor dem Kauf einer Anleihe immer genau schauen, ob und wie man bei Bedarf vor dem Ende der Laufzeit wieder an sein Geld kommen kann.

Risiko und Rendite

Es gibt sowohl fix als auch variabel verzinste Anleihen. Die Höhe der Zinsen, die für eine Anleihe gezahlt werden, richtet sich grundsätzlich hauptsächlich nach dem aktuellen Zinsniveau. Deshalb lautet eine **goldene Regel**: Wenn das Zinsniveau hoch ist, sollte man sich bei fix verzinslichen Anleihen die hohen Zinsen möglichst lange sichern, dh in Anleihen mit langen Laufzeiten investieren, bei einer Niedrigzinsphase entsprechend in kurze Laufzeiten. Bei variabel verzinsten Anleihen ist dies jedoch kein Problem, da sich der Zinssatz automatisch an das jeweilige Zinsniveau anpasst.

Wie immer bei der Kapitalanlage stehen Risiko und Rendite in Relation zueinander: Je höher die Rendite, desto höher ist auch das Risiko. War bei Spareinlagen und Bausparverträgen noch das einzige Risiko, dass die Bank oder die Bausparkasse zahlungsunfähig wird, ist das Risiko bei Anleihen schon vielschichtiger und von zumindest zwei Faktoren abhängig: der Bonität des Emittenten und, wenn man fix verzinste Anleihen vor Ende der Laufzeit verkauft, auch von der Zinslandschaft (= „**Kursrisiko**").

Wenn man eine Anleihe kaufen will, dann wird man beim Vergleich der Angebote zunächst feststellen, dass sich die Renditen von Anleihen mit gleicher Restlaufzeit kaum voneinander unterscheiden. Sollte man auf eine Rendite stoßen, die ungewöhnlich hoch für eine gewisse Laufzeit ist, dann ist Vorsicht geboten. Wahrscheinlich handelt es sich dann um einen Schuldner, dessen Kreditwürdigkeit (Fachausdruck: „**Bonität**") fragwürdig ist.

Unter Bonität versteht man die **Zahlungsfähigkeit** und -willigkeit eines Schuldners, Zins- und Tilgungszahlungen zu den vereinbarten Terminen zurückzahlen zu können. Wird der Emittent zahlungsunfähig, so ist das gesamte Kapital verloren. Im Gegensatz zur Einlagensicherung, wie wir sie für Spareinlagen bei Banken kennen (vgl dazu Kapitel 4.2.1.1), gibt es bei Anleihen kein Sicherungssystem, das Anleger vor Verlusten schützt.

Bedenkt man aber, dass die meisten Anleihen entweder von Staaten oder großen Banken begeben werden, so ist dieses Risiko grundsätzlich eher gering. Erwirbt man jedoch Anleihen von Schwellenländern oder Dritte-Welt-Staaten, auf Neudeutsch „**Emerging Market Bonds**", oder Unternehmensanleihen, auf Neudeutsch „**Corporate Bonds**", so ist das Risiko eines Ausfalls schon größer.

Es gibt unabhängige **Ratingagenturen** wie Moody's und Standard & Poor's, die die Bonität von Schuldnern ständig überprüfen. Die Beurteilungen (Fachausdruck: „**Ratings**") dieser beiden Agenturen helfen dem interessierten Anleiheninvestor bei der Entscheidung und sind im Wirtschaftsteil von diversen Tageszeitungen nachzulesen. Die Ratings reichen dabei von „Triple-A" (Dreifach-A: beste Bonität) bis „D" (mangelnde Zahlungsfähigkeit). Dazwischen gibt es mehrere Abstufungen. Hochentwickelte Industrieländer wie zB die Bundesrepublik Deutschland werden mit dem besten Rating (Triple-A) eingestuft (Österreich aktuell AA+ bei Standard & Poor's, Aaa bei Moody's). Ab der Stufe C sollte man als unerfahrener Investor lieber die Finger davon lassen.

Das zweite Risiko, das man beim Kauf von Anleihen eingeht, ist das durch Veränderungen der Zinslandschaft bedingte **Kursrisiko**. Hält man die Anleihe nämlich nicht bis zum Ende der Laufzeit, kann es dazu kommen, dass man weniger zurückbekommt, als man einbezahlt hat. Warum das so ist, soll anhand eines **Beispiels** erläutert werden:

Eine Anleihe wird mit € 100 pro Stück zu einem Fixzinssatz von 4% und einer Laufzeit von zehn Jahren begeben. Hält man die Anleihe bis zum Ende der Laufzeit, erhält man wieder die € 100 pro Stück. Der laufende Kurswert, der vom Zinsniveau abhängt, weicht jedoch schon bald vom Nominale (**Nennwert**) ab. Steigen zB die Zinsen am Markt von 4% auf 5%, so sinkt der Kurswert der Anleihe. Das ist verständlich, weil man ansonsten keinen Käufer für seine Anleihe finden würde.

Jeder potentielle Anleiheninvestor wird lieber eine neu begebene Anleihe mit den derzeit gültigen 5% Zinsen als eine Altanleihe mit nur 4% Zinsen kaufen. Geht der Verkäufer jedoch mit dem Preis herunter und bekommt der Käufer die Anleihe so billig, dass die Rendite durchgerechnet wieder 5% beträgt, wird es ihm egal sein, ob er eine neue oder die alte Anleihe mit den 4% Zinsen kauft.

Wenn im umgekehrten Fall die Zinsen auf 3% fallen, wird der Kurs der Anleihe steigen. Niemand wird nämlich eine 4%ige Anleihe verkaufen, wenn eine Ersatzinvestition nur 3% bringen würde. Die Anleihe wird dementsprechend wieder so viel kosten, dass der Käufer durchgerechnet wieder auf die aktuelle 3 %-Verzinsung kommt.

Beim Kauf und Verkauf von Anleihen spielen auch die sogenannten **„Stückzinsen"** für die Preisfindung eine Rolle, die jedoch gleich vorab erwähnt keinen Kursgewinn darstellen. Zinsen werden grundsätzlich immer einmal jährlich zum Zinsfälligkeitszeitpunkt ausbezahlt. Bei einem unterjährigen Verkauf werden die Zinsen nicht aliquot abgerechnet. Verkauft man die Anleihe also nicht gerade zum Fälligkeitstag, sondern zum Beispiel ein halbes Jahr danach, würde der Verkäufer grundsätzlich die Zinsen für ein halbes Jahr verlieren und der Käufer der Anleihe bekäme die Zinsen für ein volles Jahr gutgeschrieben, obwohl er die Anleihe nur ein halbes Jahr gehalten hat. Aus diesem Grund löst der Käufer dem Verkäufer die bisher angelaufenen Zinsen (= „Stückzinsen") im Rahmen des Kaufpreises ab.

Ein vereinfachtes **Beispiel**: Anton hält eine Anleihe mit einem Nominale von € 1.000, der Fixzinssatz beträgt 4% und die Zinsen in der Höhe von € 40 sind immer am 31.12. fällig. Verkauft Anton die Anleihe zum 30.6. an Berta, so sind Stückzinsen für ein halbes Jahr fällig und Berta muss um € 20 mehr an Anton zahlen, der damit die Zinsen, die ihm für das erste Halbjahr noch zustehen, erhält. Am 31.12. bekommt Berta den vollen Kupon von € 40 gutgeschrieben. Somit hat Berta € 20 Zinsen für das zweite Halbjahr kassiert (€ 40 abzüglich der an Anton bezahlten Stückzinsen von € 20).

Bei nicht in Euro notierten Anleihen kommt auch noch das **Währungsrisiko** hinzu. Dies kann naturgemäß auch dann schlagend werden, wenn man die Anleihe bis zum Ende der Laufzeit hält.

Steuerliches und sonstige Ertragsschmälerungen

Einkommensteuer

Die Bank, die sich der Anleger als Depotbank ausgesucht hat, ist auch zumeist die Zahlstelle für die Zinsen. Als sogenannte **kuponauszahlende Stelle** muss eine österreichische Bank so wie bei Sparbuchzinsen sofort bei Gutschrift des Zinskupons 25% KESt einbehalten, mit der sowohl die Einkommensteuer als auch die Erbschaftssteuer für Erwerbe von Todes wegen abgegolten sind (= Endbesteuerung).

Kursgewinne, die durch den Verkauf einer Anleihe realisiert werden, unterliegen der Kursgewinnsteuer. Diese beträgt 25% und wird automatisch von der Depotbank abgeführt.[54]

[54] Zur Kursgewinnsteuer siehe Seite 163.

Sonstige Spesen

Beim Kauf und Verkauf von Anleihen kommt es zu **Transaktionsspesen**. Weiters sind Anleihen Wertpapiere und werden in der Regel auf einem Wertpapierdepot bei einer Bank verwahrt, die sich auch um die Verwaltung von Kupons, Käufe und Verkäufe, den Abzug von Quellensteuern oder die Erstellung von Depotauszügen kümmert. Die jährlichen **Depotgebühren** werden sich in der Regel um die 0,2% zuzüglich 20% Umsatzsteuer bewegen. Manche Banken verrechnen für die Verwahrung ausländischer Anleihen eine höhere Depotgebühr.

Eignung als Altersvorsorge

Bei Anleihen handelt es sich – wie oben ausgeführt – mit der Ausnahme von Risikoanleihen um eine relativ **sichere Anlageform**, wobei hier jedoch bereits größere Risiken bestehen als bei Sparformen wie Sparbuch oder Bausparvertrag. Grundsätzlich sind Anleihen eine mittel- bis längerfristige Anlageform. Kann man das Geld stets bis zum Laufzeitende liegen lassen und vermeidet man dadurch ein etwaiges Kursrisiko, dann sind vor allem Euro-Anleihen von Emittenten mit guter Bonität als konservative Basis für ein Altersvorsorgeportfolio bestens geeignet.

Bei einer ausreichend breiten Risikostreuung können jedoch auch Anleihen mit einem höheren Risiko – wie Corporate oder Emerging Market Bonds – aufgrund der weitaus höheren Ertragschancen durchaus als Beimischung herangezogen werden.

Anleihen werden in der Regel als „sicherer Hafen" gesehen. Privatkunden unterschätzen in der Praxis jedoch häufig das Kursrisiko (Volatilität), das Bonitätsrisiko und das Regionenrisiko. Das Risiko mancher Sonderformen (zB nachrangiger Anleihen) wird in der Regel ebenfalls unterschätzt.

4.2.2.2 Aktien

Die Veranlagung in Aktien ist wohl die Königsdisziplin der Kapitalanlage. In keiner anderen Wertpapierkategorie kommt der Spieltrieb der Menschen so durch wie bei Aktien. In den Jahren 2000 bis Anfang 2003 oder bei der Kapitalmarktkrise des Jahres 2008 haben viele Menschen mit Aktien die Hälfte ihres Kapitals oder oft sogar noch mehr verloren. Im langjährigen Vergleich konnte man mit Aktien jedoch stets die attraktivsten Renditen erzielen.

Im Rahmen dieses Leitfadens können daher unmöglich alle Details rund um die Aktienanlage abgehandelt werden. Es soll jedoch ein Kurzeinblick gegeben werden, der es ermöglicht, sich in der Welt der Aktien ein wenig besser zurechtzufinden. Eine sehr gute Aufbereitung dieses Themas findet sich auch in diversen kostenlosen Publikationen der Wiener Börse.[55]

---

[55] http://www.wienerborse.at/service/publications/ (Abfragedatum: 8.7.2014).

Hier werden einige besonders relevante **Begriffe** näher erläutert:

Im Gegensatz zu einer Anleihe, bei der man als Investor Gläubiger ist, ist die Aktie ein **Teilhaberpapier** an einem Unternehmen. Der Besitzer dieses Papiers – der **Aktionär** – ist Miteigentümer der Aktiengesellschaft. Eine **Aktiengesellschaft** ist ein Unternehmen, dessen Grundkapital aus Aktien besteht. Um diesen Sachverhalt zu kennzeichnen, steht hinter dem Namen des Unternehmens zusätzlich das Kürzel **AG** für „Aktiengesellschaft". Aktien können oft an der Börse gekauft und verkauft werden, nicht alle AG sind aber auch an einer Wertpapierbörse zugelassen.

Die **Dividende** ist der Teil des Gewinns, den das Unternehmen an die Aktionäre ausschüttet. Da die Dividendenzahlung die Substanz des Unternehmens schmälert, geht der Aktienkurs am Tag der Ausschüttung exakt um die Höhe der gezahlten Dividende zurück, falls an diesem Tag keine anderen Faktoren den Aktienkurs beeinflussen würden.

Die Dividende erhalten die Aktionäre grundsätzlich nach der jährlichen **Hauptversammlung** der Aktiengesellschaft, zu der sich einmal im Jahr alle Aktionäre der Aktiengesellschaft treffen. Die Hauptversammlung entscheidet über wichtige, grundsätzliche Schritte des Unternehmens.

Was macht nun die **Faszination der Aktienveranlagung** aus? Bei konservativen Sparformen und auch bei Anleihen ist das Verlustpotential grundsätzlich eher gering, aber dementsprechend gering sind auch die Ertragschancen. Wenn man eine Aktie einer Aktiengesellschaft kauft, kann man im Fall des Konkurses dieser Aktiengesellschaft das gesamte eingesetzte Kapital verlieren. Man hat aber vor allem bei Wachstumsunternehmen auch die Chance auf immense Gewinne, die mit einer Anleihenveranlagung niemals vergleichbar wären. Der Spieltrieb der Menschen ist hier gefordert und es gibt auch viele Spekulanten, die an der Börse reich werden wollen.

Wie soll man aber nun, wenn man sich für die Investition in Aktien entschieden hat, an die Sache herangehen? Man kann sich grundsätzlich aus Gründen der Risikostreuung immer noch für die Anlage in Aktienfonds entscheiden (vgl dazu Kapitel 4.2.2.3.2.3). Wählt man jedoch die Direktanlage in Einzelaktien, so muss man sich überlegen, ob man selbst ein aktives Aktienselbstmanagement betreiben möchte.

Aktives Aktienselbstmanagement

Für die Anleger, die ihre Aktienanlage etwas aktiver betreiben wollen, gibt es dagegen einige Gesichtspunkte zu beachten: Es sind vorab profunde **Fachkenntnisse** wie etwa über die grundsätzlichen Zusammenhänge in Betriebs- und Volkswirtschaft sowie das Einmaleins der Aktienmärkte notwendig. Selbstüberschätzung schlägt sich sicherlich eines Tages im Depotwert nieder. Gut gerüstet kann man sich dann an die Einzeltitelselektion machen.

Man wird sich auch nach erfolgter Aktienauswahl laufend mit **aktuellen Informationen** über Märkte, Branchen und einzelne Unternehmen versorgen müssen. Und das ist in der Praxis gar nicht so leicht. Es gibt Privatanleger, die ihre Anlage fast semiprofessionell aufziehen. Sie haben dabei mehrere Börsenbriefe abonniert, sitzen den halben Tag vor dem Computer, speisen die Daten von Kursdatenbanken in ihre Börsen-Programme ein und versuchen dann, anhand von charttechnischen Signalen die optimalen Kauf- und Verkaufszeitpunkte für bestimmte Aktien zu ermitteln. Eine gehörige Portion Glück gehört trotzdem dazu.

Man braucht jedoch außer dem Fachwissen und der Bereitschaft, sich laufend mit seinen Investments zu beschäftigen, auch **genügend Kapital**, um eine ausreichend breite Risikostreuung zu erreichen. Von jeder Aktie nur wenige Stücke zu kaufen, hilft vielleicht, eine genügend breite Streuung zu erreichen, dann wird jedoch die eventuell attraktive Performance durch die Gebührenstrukturen der Banken aufgefressen.

Eines steht jedenfalls fest: Ein gewissenhaftes Aktieninvestment ist ein äußerst zeitintensives Hobby ohne Garantie auf Erfolg. Wer seine Freizeit lieber mit seiner Familie statt mit Aktienkursen verbringt, für den ist das Investment in Aktien-Fonds eine überlegenswerte Alternative.

Flexibilität und Verfügbarkeit

Börsegehandelte gängige Aktien können grundsätzlich jederzeit verkauft werden. Es stellt sich nur die Frage, ob das zu jedem Zeitpunkt auch eine gute Idee ist. Aktien sind nämlich Wertpapiere mit teilweise enormen **Kursschwankungen** – und wenn der Kurs gerade zu dem Zeitpunkt, zu dem man das Geld braucht, im Keller ist, wird man zum Teil enorme Verluste realisieren. Dahin gehend ist man niemals gut beraten, seinen Notgroschen in Aktien anzulegen. Hat man jedoch genügend Spielkapital, das man zumindest zehn Jahre oder gar bis zur Pension liegen lassen kann, und sieht man Aktien als langfristiges Investment, so wirkt sich das kurzfristige Kursrisiko nicht aus.

Es kommt aber auch vor, dass in Ausnahmefällen für bestimmte Papiere mangels Nachfrage kein Kurs zustande kommt und man daher auf seinen Aktien vorerst sitzen bleibt. Dies war in den letzten Jahren zB bei gewissen Internet-Titeln, die während des New-Economy-Booms erworben wurden, der Fall.

Risiko und Rendite

Wie aus dem bisher Gesagten eindeutig hervorgegangen sein sollte, sind Aktien eine äußerst risikoreiche Anlageform, bei der man durch die Kursschwankungen ein je nach Risikograd der Aktie hohes Verlustpotential hat. Durch den Konkurs der Aktiengesellschaft, an der man beteiligt ist, kann man sogar das gesamte investierte Kapital verlieren. Weniger risikoreich sind Blue Chips; bei sogenannten **Wachstumswerten** (noch nicht etablierten Firmen, denen ein hohes Wachstumspotential eingeräumt wird) sind sowohl Ertragschancen als auch Risiko ungleich höher.

Schenkt man dem bereits zitierten Grundsatz Glauben, dass mit hohem Risiko auch hohe Renditechancen einhergehen, kann man dementsprechend auch mit einem anderen **Gewinnpotential** rechnen als bei konservativeren Anlageformen. Entscheidet man sich für die Direktanlage in Aktien, ist eine möglichst breite Risikostreuung in mehrere Titel jedenfalls empfehlenswert. Will man hingegen spekulieren und setzt alles auf ein Pferd, besser gesagt auf die eine Aktie, so geht man ein gröberes Risiko ein. Geht einem diese Spekulation jedoch auf und entwickelt sich die gewählte Aktie so, wie man es sich erhofft hat, sind mit anderen Anlageformen nicht mehr vergleichbare Renditen im zweistelligen Bereich durchaus keine Seltenheit.

Steuerliches und sonstige Ertragsschmälerungen

KESt

Besteuerung der laufenden Erträge

Zunächst sind einmal die **Dividenden** steuerpflichtig. Inländische Dividenden, das sind Dividenden einer österreichischen Aktiengesellschaft, unterliegen der 25%igen KESt. Die KESt wird bereits seitens der AG einbehalten und hat Endbesteuerungswirkung.

Bei ausländischen Dividenden, das sind Dividenden einer ausländischen AG, ist die Sache etwas komplizierter: Der Anleger muss seine Brutto-Auslandsdividenden in Österreich versteuern – unabhängig vom Quellenstaat, der zumeist noch zusätzlich ausländische Quellensteuer einbehält. Ein Teil der ausländischen Quellensteuer wird aufgrund des jeweiligen **Doppelbesteuerungsabkommens (DBA)** auf die österreichische ESt angerechnet. Den Rest der ausländischen Steuer kann man sich im Quellenstaat mit einem aufwendigen Rückerstattungsantrag zurückholen, was der Kleinanleger in der Praxis jedoch zumeist nicht macht.

Kursgewinnsteuer

Die Kursgewinnsteuer (auch als „Vermögenszuwachssteuer" bekannt) ist seit 1.4.2012 in Kraft und Teil der Kapitalertragsteuer (KESt). Sie verpflichtet die österreichischen Banken, bei realisierten Kursgewinnen die Kursgewinnsteuer iHv 25% direkt abzuführen. Wertpapiere, die vor dem 1.4.2012 angeschafft worden sind, sind steuerlicher Altbestand – deren realisierte Kursgewinne unterliegen keiner Kursgewinnsteuer. **Bei Umschichtungen von Altbestand sollte daher der Umstand der dann neu entstehenden Steuerpflicht besonders berücksichtigt werden!**

Es unterliegen grundsätzlich alle Wertpapiere der Kursgewinnsteuer – also sowohl Anleihen, als auch Aktien und auch Fonds.

Steuerberechnung: Grundsätzlich wird die Steuer von der positiven Differenz zwischen Anschaffungskurs und Verkaufskurs abgeführt. Wurde ein Wertpapier in mehreren Tranchen gekauft, so ist der durchschnittliche Anschaffungskurs die Rechengrundlage. **Spesen und Anschaffungskosten bei Einzelwertpapieren werden dabei nicht berücksichtigt.**

Verlustausgleich: Realisierte Kursgewinne und Erträge (zB Dividenden) können mit sämtlichen realisierten Kursverlusten eines Kalenderjahres gegengerechnet werden. Dies erfolgt in der Regel durch die depotführende Bank für die bei ihr geführten Depots. Ein depotübergreifender Verlustausgleich kann ausschließlich vom Kunden im Rahmen der Einkommensteuererklärung erfolgen. Der Verlustausgleich durch die depotführende Bank ist für Gemeinschaftsdepots und Depots im Betriebsvermögen nicht zulässig.

Kursgewinnsteuer bei Investmentfonds: Investmentfonds führen die Steuer auch ab, wenn der Kunde seine Fondsanteile nicht verkauft – allerdings nur 60% der realisierten Kursgewinne (was einer effektiven KESt-Abfuhr von 15% entspricht), wodurch ein kleiner Steuervorteil für den Fondskunden im Vergleich zu einem Einzelinvestment in Aktien oder Anleihen entsteht. Bei Veräußerung von Fondsanteilen wird der Restbetrag abgeführt. Auf Depotauszügen werden in der Regel daher sowohl der Kurswert als auch der Realisierungswert ausgewiesen.

Überträge auf neue Depots gelten steuerlich als Verkauf und Neukauf.

Sonderlösung für Tilgungsträger, die vor 1.11.2010 abgeschlossen worden sind: Realisierte Wertsteigerungen aus Kapitalvermögen (auch aus Derivaten) eines Tilgungsträgers, der vor 1.11.2010 abgeschlossen worden ist, bleiben über die Einkommensteuererklärung von der Kursgewinnsteuer befreit. KESt auf Kapitalerträge (Ausschüttungen und ausschüttungsähnliche Erträge) ist allerdings weiterhin unverändert fällig.

Beachten Sie, dass die Einkommensteuer immer wieder überarbeitet wird. Die hier angeführten Erklärungen dienen nur dem Überblick und beziehen sich auf die Rechtslage bei Drucklegung dieses Buches. Die individuelle steuerliche Behandlung sollte daher immer mit einem Steuerberater abgeklärt werden.

Sonstige Spesen

Beim Kauf und Verkauf von Aktien kommt es zu Transaktionsspesen, die bei österreichischen Aktien um die 1,1% liegen. Bei ausländischen Aktien wird je nach Börseplatz noch ein Zuschlag verrechnet. Bei Direkt-Brokern wird man grundsätzlich die günstigsten Spesensätze finden. Direkt-Broker sind Internetbanken, die mangels Filialen und persönlicher Beratung geringere Kosten haben, was sie über ihre Gebührengestaltung an den Kunden weitergeben. Weiters werden für die Depotführung noch jährliche Depotgebühren verrechnet, die wiederum von Bank zu Bank abweichen können, sich aber um die 0,2% bei inländischen Aktien und 0,5% bei ausländischen Aktien bewegen werden, wobei noch 20% Umsatzsteuer hinzukommen. Für diverse Abrechnungen können noch weitere Spesen verrechnet werden, die jedoch dann nicht mehr so ins Gewicht fallen.

Eignung als Altersvorsorge

Aktien sind, wie bereits oben erwähnt, aufgrund der möglicherweise hohen Kursschwankungen eher als langfristige Investition zu sehen. Ein breit gestreutes Aktieninvestment ist aufgrund der höheren Renditechancen gut als ergänzender Baustein zur Altersvorsorge geeignet. Man muss jedoch immer das erhöhte Risiko im Hinterkopf behalten. Wie bereits früher dargestellt, muss man viel weniger Kapital zur Füllung der Pensionslücke aufwenden, wenn die Kapitalanlage höhere Renditen mit sich bringt.

4.2.2.3 Investmentfonds

4.2.2.3.1 Was ist ein Investmentfonds?

Ein Investmentfonds ist ein Pool, in dem das Kapital von vielen Anlegern gesammelt wird. Im Gegenzug erhält der Investor ein sogenanntes Investmentzertifikat (= Fondsanteilschein), welches sein anteiliges Miteigentum am Gesamtfonds verbrieft.

Die im Fonds angesammelten Beträge werden von kompetenten Wertpapierspezialisten der Kapitalanlagegesellschaft, den sogenannten Fondsmanagern, dazu verwendet, diese entsprechend den jeweiligen Anlagerichtlinien (Fondsbestimmungen) zu veranlagen. Die schwierigen Anlageentscheidungen werden daher von Fachleuten, denen neben ihrer langjährigen Erfahrung auch die erforderlichen technischen Hilfsmittel zur Verfügung stehen, erledigt. Als Fondsanleger braucht man sich daher nicht direkt um die diversen Veranlagungen zu kümmern.

Vor allem für Investoren, die mit Wertpapieren noch keine bzw nur wenig Erfahrungen gemacht haben und daher auch nicht über das nötige Fachwissen verfügen, ist ein Investmentfonds ein gutes Einsteigerprodukt. Einige der **Vorteile des Investmentfonds** gegenüber der Direktveranlagung können wie folgt kurz zusammengefasst werden:

- Durch die breite Risikostreuung des Fondsvermögens in verschiedene Wertpapiere und Währungen (je nach Veranlagungsrichtlinien des Fonds) wird das Kurs- und Ertragsrisiko im Vergleich zur Direktveranlagung möglichst gering gehalten.
- Beim Erwerb von Investmentzertifikaten werden zumeist keine Mindestspesen verrechnet. Der Investmentfonds ist dadurch kostengünstiger als eine vergleichbare Direktveranlagung. Die Wertpapiertransaktionen (An- und Verkäufe) innerhalb des Fonds können zu den günstigeren Konditionen eines Großinvestors durchgeführt werden.
- Der Fonds ist auch steuerlich besser, da vor allem die vom Fonds erwirtschafteten bzw ausgeschütteten Kursgewinne beim Privatanleger im Vergleich zur Direktanlage steuerlich besser gestellt sind. Vgl hierzu die obigen Ausführungen zu KESt und Kursgewinnsteuer.
- Man hat beim Fonds den Vorteil einer hohen Liquidität, da Investmentzertifikate jederzeit zum täglich errechneten Ausgabepreis gekauft bzw zum Rücknahmepreis verkauft werden können. Die jährliche Ausschüttung bei ausschüttenden Fonds bildet einen zusätzlichen Liquiditätsfaktor.

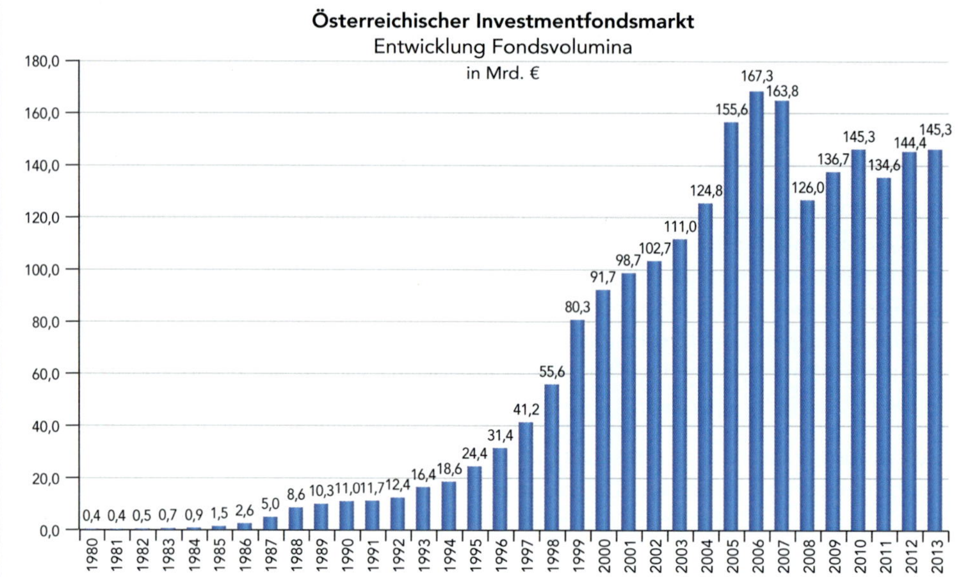

VÖIG
Quelle: OeKB Profit Web
Seit 01.01.2004 weist die VÖIG die verwalteten Fondsvolumina aus.
Die Statistiken 1998–2003 wurden auf das verwaltete Fondsvolumen korrigiert und sind daher mit den aktuellen Daten vergleichbar.

Diese Vorteile haben in den letzten 20 Jahren zur Erfolgsstory des Investmentfonds beigetragen. Es gibt in Österreich seit 1956 Investmentfonds. Wie man aus obiger Graphik erkennt, hat sich auf dem österreichischen Investmentfondsmarkt bis Mitte der 1980er Jahre nicht viel getan. Sowohl das in Investmentfonds veranlagte Volumen als auch die Anzahl der durch die heute 24 österreichischen Kapitalanlagegesellschaften (KAG) verwalteten Investmentfonds selbst sind jedoch in der Folge explodiert. Per Ende 2013 sind in den 2.153 österreichischen Fonds € 145,3 Mrd veranlagt. Worin nun das Erfolgsrezept des Investmentfonds wirklich liegt, welche Fondsarten mit all ihren Chancen und Risiken es gibt, worauf man beim Fondskauf aufpassen muss, aber auch die steuerliche Komponente und die Eignung des Fonds als Altersvorsorge sollen in diesem Kapitel näher erläutert werden.

4.2.2.3.2 Arten von Investmentfonds

Viele Österreicher, die mit Wertpapieren noch nicht viel zu tun hatten bzw schlechte Erfahrungen gemacht haben, schätzen den Investmentfonds als ein hoch spekulatives Instrument ein. Der Investmentfonds ist jedoch nur die Hülle für die verschiedensten Wertpapiere.

Je nach Art der in den Fonds hineingekauften Wertpapiere kann der Investmentfonds dann ein sicheres, konservativ verzinstes Produkt wie ein Geldmarktfonds oder aber auch ein Produkt mit erhöhtem Risiko, wie bestimmte Aktienfonds oder Hedge Fonds, sein.

Jedenfalls kann man Fonds auf verschiedenste Art und Weise in Kategorien einteilen. Da wäre zuerst einmal die Unterscheidung nach den Werten (Aktien, Anleihen, Immobilien etc), in die der Fonds investiert. Man unterscheidet dabei im Wesentlichen die Fondsarten Aktienfonds, Rentenfonds, Geldmarktfonds, Immobilienfonds und Hedge Fonds.

Ein Aktienfonds investiert zB hauptsächlich in Aktien, ein Rentenfonds in Anleihen, ein Geldmarktfonds in liquide Zinspapiere mit sehr kurzen Restlaufzeiten, ein Immobilienfonds in gewerbliche oder Wohnimmobilien und ein Hedge Fonds investiert zumeist in Derivate und Termingeschäfte. Sämtliche Fondsarten sollen jedoch in der Folge noch näher erläutert werden.

Für Einsteiger, die mit der Fonds-Terminologie noch nicht so vertraut sind, ist es oft schwierig, sich zurechtzufinden: Deshalb sollen hier einige laufend verwendete – oft auch englische – Begriffe, die jeweils dieselbe Bedeutung haben, kurz angeführt werden:

Investmentfonds	Kapitalanlagefonds, Miteigentumsfonds, Wertpapierfonds
Fondsanteilschein	Investmentanteilschein, Investmentzertifikat
Geldmarktfonds	Money Market Fund
Rentenfonds	Anleihenfonds, Obligationenfonds, Bond Fund
Aktienfonds	Stock Fund, Equity Fund
Wachstumsfonds	Growth Fund
Gemischter Fonds	Balanced Fund, Mischfonds, Mix
Dachfonds	Fund of Funds
Große Unternehmen	Blue Chips, Large Caps
Kleine Unternehmen	Small Companies, Small Caps
Weltweit	Global, World

Daneben kann man Fonds auch in **verwaltungstechnische** Kategorien unterteilen:

Zunächst kann man die Unterteilung in offene und geschlossene Fonds treffen. Im **offenen Fonds** (= Open-End-Fonds) können sowohl die enthaltenen Werte als auch die Investoren jederzeit wechseln und das Fondsvolumen wird bei Bedarf laufend aufgestockt. Dagegen ist ein **geschlossener Fonds** (= Closed-End-Fund) von vornherein betraglich begrenzt. Ist dieses Zielkapital erreicht, wird der Fonds geschlossen und man kann sich nicht mehr daran beteiligen.

Zusätzlich gibt es noch **Fonds mit einer unbestimmten Laufzeit** und sogenannte **Laufzeitenfonds**. In den letzten Jahren sind auch immer mehr Fonds mit **Kapitalgarantie** auf den Markt gekommen. Kapitalgarantierte Fonds sind immer Laufzeitfonds.

Weiters kann man zwischen ausschüttenden und thesaurierenden Fonds unterscheiden. Bei einem **ausschüttenden** Fonds werden die Erträge in der Regel einmal pro Jahr ausgeschüttet, dh an die Anteilsinhaber ausgezahlt. Durch die erfolgte Ausschüttung vermindert sich der Rücknahmepreis am Ausschüttungstag um exakt den Ausschüttungsbetrag. Man kann jedoch vorsehen, dass die Ausschüttung wieder veranlagt wird.

Im Gegensatz dazu werden bei **thesaurierenden** Fonds die Erträge direkt im Fondsvermögen wiederveranlagt. Dadurch entsteht ein wachstumsfördernder Zinseszinseneffekt. Für die Pensionsvorsorge ist in der Ansparphase ein thesaurierender Fonds anzuraten.

Die in Österreich gängigen Investmentfonds sind grundsätzlich offene Fonds ohne Kapitalgarantie mit einer nicht vorab fixierten Laufzeit, von denen es sowohl eine ausschüttende als auch eine thesaurierende Tranche gibt.

Nun sollen aber die einzelnen Fondskategorien der Reihe nach kurz vorgestellt werden:

4.2.2.3.2.1 Geldmarkt-Fonds

Money-Market-Fonds (= **Geldmarktfonds**) investieren zu 100% in reine Geldmarktinstrumente. Dabei handelt es sich zB um Tagesgelder, kurzlaufende festverzinsliche Wertpapiere, Anleihen mit kurzer Restlaufzeit, variabel verzinste Anleihen und Kassenobligationen. Die Rendite von Geldmarktfonds wird nur von den kurzen Zinsen beeinflusst. Wenn sich diese nicht ändern, dann ist die Wertentwicklungs-Kurve praktisch eine stetig ansteigende, saubere Gerade.

Geldmarktfonds haben deshalb ein minimalstes Risiko, dafür aber auch eine dementsprechend niedrige Verzinsung, die der von Spareinlagen ähnlich ist. Geldmarktfonds sind demnach nicht für eine längerfristige Geldanlage konzipiert, sondern um Kapital kurzfristig zu parken. Insofern sind sie als Alternative zum mehr oder weniger täglich fälligen Sparbuch anzusehen und auch dementsprechend nicht ideal für die Altersvorsorge geeignet.

4.2.2.3.2.2 Rentenfonds

Bei einem Rentenfonds legt der Fondsmanager das Fondsvermögen in festverzinste Anleihen an. Bei Anleihen bekommt der Anleger in regelmäßigen Abständen einen genau festgelegten Zinsbetrag, den man durchaus mit einer Art von Rente vergleichen kann, ausbezahlt. Deshalb werden diese Wertpapiere auch als „**Rentenpapiere**" oder einfach „Renten" bezeichnet, woher sich auch der Begriff „Rentenfonds" ableitet.

Da Anleihen jedoch bereits in Kapitel 4.2.2.1 ausführlich besprochen worden sind und für den Fondsmanager grundsätzlich dieselben Regeln gelten wie für Privatanleger, soll hier nur noch auf die spezielle **Charakteristik** von Rentenfonds, nicht aber auf die in den Fonds hineingekauften Wertpapiere eingegangen werden.

Der Rentenfonds ist grundsätzlich ein eher konservatives, wenn auch nicht komplett risikoloses Veranlagungsinstrument. Der Kurswert von Anleihen ist im Wesentlichen von zwei Komponenten abhängig: zum einen von der **Höhe** der Zinsen, die für die im Fonds enthaltenen Anleihen bezahlt werden und zum anderen vom aktuellen **Zinsniveau** der zugrunde liegenden Währung. Das Wechselkursverhältnis (bei Fremdwährungsanleihen) und die Zahlungsmoral der Schuldner (bei Risikoanleihen) können den Kurs noch zusätzlich beeinflussen.

Die **Kursgewinne** der im Fonds enthaltenen Anleihen können manchmal höhere Erträge bringen als die laufenden Zinskupons. Bei fallendem Zinsniveau addieren sich beide

Komponenten: Zinsen und Kursgewinne. Wenn das Zinsniveau schnell und deutlich fällt, kann aufgrund der Kursgewinne die Rendite eines Rentenfonds kurzfristig sogar über der Rendite von renommierten Aktienfonds liegen, was zB bis 2005 immer wieder der Fall war.

Steigen die Zinsen jedoch wieder, dann können die **Kursverluste** der im Fonds enthaltenen Anleihen sogar die Zinskupons übersteigen, was zur Folge hat, dass der Rücknahmepreis des Rentenfonds sinkt.

Die Höhe der im Fonds vereinnahmten Zinsen hängt auch erheblich von der **Bonität der Emittenten** ab. Wird in Anleihen zweit- oder drittklassiger Schuldner investiert, steigt das Risiko des Totalausfalls. Müssen einzelne Papiere im Fonds abgeschrieben werden, bringt dies mit sich, dass der Fondspreis fällt, beim Direktinvestment hätte man hingegen sein gesamtes investiertes Kapital verloren. Als eine Art Risikoprämie müssen Emittenten mit schlechterer Bonität daher auch höhere Zinsen zahlen. Durch die Risikostreuung im Fonds ist dieses Emittentenrisiko jedoch stark begrenzt.

Dem wird vor allem in den sogenannten **High Yield Funds** Rechnung getragen: Es wird in Unternehmensanleihen (Corporate Bonds) und/oder Staatsanleihen von Schwellenländern – wie zB von osteuropäischen oder lateinamerikanischen Staaten (Emerging Market Bonds) mit schlechterer Bonität – investiert. Die in solchen Fonds vereinnahmten Zinsen sind viel höher als die in konservativen Euro-Rentenfonds, was das erhöhte Risiko widerspiegelt. High Yield Funds sollten den schon etwas erfahreneren Anlegern vorbehalten bleiben und nur als Beimischung zum Gesamtportfolio herangezogen werden.

4.2.2.3.2.3 Aktienfonds

Bei einem Aktienfonds legt der Fondsmanager das Fondsvermögen überwiegend oder ausschließlich in Aktien (vgl Kapitel 4.2.2.2) an. Vorteil eines Aktienfonds gegenüber der Direktanlage ist jedenfalls, dass man nicht über spezifische Fachkenntnisse auf dem Gebiet der Aktienmärkte verfügen muss. Somit sind Aktienfonds das ideale Produkt für Laien, die sich mit der direkten Aktienanlage nicht auskennen, aber trotzdem vom Aktienmarkt profitieren möchten. Selbst für Anleger, die zwar aufgrund ihrer Kenntnisse ohne Weiteres direkt in Aktien investieren könnten, die sich aber trotzdem nicht täglich mit der Börse befassen wollen oder können, stellen Aktienfonds das ideale Anlageinstrument dar.

Aktienfonds sind jedoch nur etwas für Anleger, die bereit sind, ein gewisses Risiko einzugehen. Wenn man im Fondsbereich von den Hedge Fonds absieht, haben Aktienfonds unter den Fonds zweifelsohne die **größte Kurs-Schwankungsbreite**. Das liegt daran, dass der Kurswert von Aktien von vielen Faktoren abhängig ist: Unternehmensgewinne, Konjunktur, Zinsen, Inflation, Währungen, Spekulationen, Psychologie etc. Dennoch ist historisch erwiesen, dass Aktienfonds auf lange Sicht (je länger der Veranlagungshorizont, desto wahrscheinlicher) die höchsten Renditen abwerfen.

Gerade in Boomphasen wie in der Zeit, bevor die New-Economy-Blase geplatzt ist, ließen sich auch Anleger ohne große Aktienvorerfahrung, verlockt durch Steigerungsraten im zweistelligen Bereich innerhalb kürzester Zeit, zu einer Investition in sogar recht spekulativ ausgerichtete Aktienfonds verleiten. Die **Statistik** belegt jedoch „nur" langjährige Durchschnittsrenditen von maximal 7% bis 10% pro Jahr. Eine Statistik beruht aber immer auf Vergangenheitsdaten und gibt somit keine Garantie für die zukünftige Entwicklung.

Aktienfonds lassen sich in diverse Kategorien unterteilen und das Angebot an unterschiedlichsten Fonds am Markt ist groß. Doch welchen Aktienfonds wählt man nun aus der immensen Produktpalette von in- und ausländischen Anbietern aus?

In jedes Aktienfonds-Depot gehört als Grundbaustein mindestens ein **internationaler Aktienfonds**. Weltweit anlegende Aktienfonds streuen über viele Länder, Währungen und Branchen. Ein guter Fondsmanager kann bei einem weltweit investierenden Aktienfonds auf unterschiedliche Wirtschaftsentwicklungen daher so reagieren, dass er sich die jeweils lukrativsten Märkte der Welt aussucht. Damit soll eine Minimierung des Risikos und langfristig ein harmonisches attraktives Wachstum erreicht werden.

Wenn man will, kann man zusätzlich zu den internationalen Aktienfonds auch noch andere spezialisiertere Aktienfonds kaufen. Dabei ist grundsätzlich folgender Aufbau zu beachten:

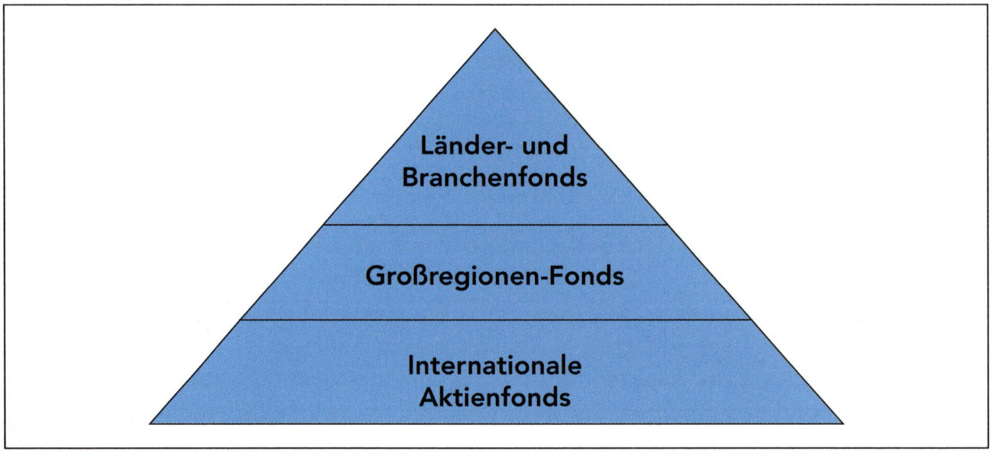

Die Basis bilden wie bereits erwähnt internationale Aktienfonds. Die erste Ergänzung sollte zunächst aus einem **Großregionen-Fonds** bestehen. Bei den Großregionen-Fonds sollten Heimatmärkte übergewichtet, dh mehr Europaaktienfonds als zB US-Aktienfonds, gekauft werden. Erst dann kann in die spezialisierteste, aber auch risikoreichste Form eines Aktienfonds, in einen Länder- und/oder Branchenfonds, investiert werden.

Ein **Länderfonds** wird in den Jahren, in denen die wirtschaftlichen Rahmenbedingungen seines Anlagegebiets besonders aussichtsreich sind, höchstwahrscheinlich bessere Ergebnisse erzielen als ein internationaler Aktienfonds. Bei nachteiligen wirtschaftlichen Voraussetzungen ist die Gefahr jedoch sehr groß, dass ein Länderfonds unter Umständen auch deutliche Wertverluste hinnehmen muss, während ein internationaler

Aktienfonds aufgrund der verschiedensten Ausweichmöglichkeiten immer noch die Chance hat, Gewinne zu erzielen. Dasselbe gilt für **Branchenfonds** (Technologie, Pharma, Freizeitwerte, Energie etc), die auch in guten Phasen breiter gestreute Aktienfonds hinter sich zurücklassen, in schlechten Phasen bzw Branchenkrisen jedoch umso mehr verlieren.

Für Regionen- und Länderfonds spricht jedoch, dass sich die Manager dieser Fonds auf ein bestimmtes Gebiet spezialisieren können und demnach die in Frage kommenden Unternehmen besser kennen und anstehende Entwicklungen besser einschätzen können als die weltweit anlegenden Manager. Länder- und Branchenfonds sollten dennoch Anlegern vorbehalten bleiben, die schon über **Erfahrung** mit Aktienfonds verfügen und die Märkte laufend verfolgen, um rechtzeitig aussteigen zu können.

Als wohl risikoreichste Kategorie gelten Aktienfonds von **Schwellenländern**. Als Schwellenländer (Fachausdruck: „**Emerging Markets"**) bezeichnet man die Länder, die sich auf dem Weg vom Entwicklungsland zum Industriestaat befinden. Viele Anleger versprechen sich von Aktienfonds, die in solchen Ländern anlegen, schnelle und hohe Gewinne, da das Wachstums- und somit auch Gewinnpotential groß ist – damit aber auch die Möglichkeiten von Verlusten. Diese Fonds haben die höchste Schwankungsbreite bei den Aktienfonds. Deshalb empfiehlt es sich, nur einen geringen Teil seines Kapitals (maximal 5% bis 10%) in Emerging Markets zu investieren und einen sehr langfristigen Anlagehorizont zu wählen.

4.2.2.3.2.4 Gemischte Fonds

Die Anlagerichtlinien von gemischten Fonds erlauben es dem Fondsmanager, sowohl in Aktien als auch in Anleihen zu investieren. In guten Börsenzeiten wird der Fondsmanager den Aktienanteil erhöhen und in schlechten Börsenzeiten darf er auf die sicheren Anleihen ausweichen. Somit gehören gemischte Fonds zu den sehr flexiblen Anlageinstrumenten und stellen vom Charakter her eine kleine **Vermögensverwaltung** für den Fondsanleger dar.

Innerhalb der gemischten Fonds gibt es auch wieder verschiedene **Anlagekategorien**. Im Gegensatz zu den Aktienfonds, bei denen auch eine Beschränkung auf bestimmte Branchen möglich ist, orientiert sich die Differenzierung bei gemischten Fonds größtenteils nach räumlichen Gesichtspunkten (zB Europa, USA, Asien). Einsteigern ist aber auch hier zuerst ein weltweit anlegender gemischter Fonds zu empfehlen.

Man muss vor dem Kauf beachten, dass in den Fondsbestimmungen des Mischfonds zumeist von vornherein festgelegt ist, in welchen **Bandbreiten** Aktien- und Rentenanteile im Fondsvermögen schwanken dürfen. Von diesen Bandbreiten hängt ab, welche Ertragschancen, aber auch welches Risiko der Kauf des Mischfonds mit sich bringt. Zumeist bieten Fondsgesellschaften nicht nur einen, sondern mehrere gemischte Fonds mit unterschiedlichen Bandbreiten an. Die Mischfondspalette einer Fondsgesellschaft könnte zB folgendermaßen aussehen: ein konservativer mit max 30%, ein ausgewogener mit max 50% und ein dynamischer Mischfonds mit max 70% Aktienquote.

4.2.2.3.2.5 Dachfonds

Ein Dachfonds ist ein Fonds, der wiederum in Fonds (= **Subfonds**) investiert. Der Fondsmanager pickt sich die seiner Meinung nach interessantesten Fonds heraus und wechselt die Subfonds bei Bedarf, um die Wertsteigerung des Dachfonds zu optimieren. Das Hauptargument für Dachfonds ist sicherlich die **absolute Risikostreuung**, da man über den Dachfonds mittelbar an viel mehr Einzeltiteln beteiligt ist, als man dies über einen Einzeltitelfonds gewesen wäre. Andererseits vernimmt man auch Kritik, dass beim Dachfonds doppelt Gebühren verrechnet werden, da sowohl im Subfonds als auch auf Ebene des Dachfonds Verwaltungsgebühren anfallen.

Der Dachfonds ist jedoch eigentlich keine Anlagekategorie, sondern eine **Hülle** für Subfonds. Man kann die diversesten Dachfonds-Arten am Markt finden: Vom konservativen Euro-Rentendachfonds über gemischte Dachfonds in allen Mischvarianten bis hin zum risikoreicheren Emerging-Market-Aktiendachfonds ist alles erhältlich. Dementsprechend muss sich der Anleger zuerst für die Fondsart und Fondskategorie entscheiden (vgl dazu Kapitel 4.2.2.3.4). Dann kann er sich überlegen, ob er zwecks größerer Risikostreuung anstelle eines Einzeltitelfonds einen Dachfonds haben will.

4.2.2.3.2.6 Prämienbegünstigte Zukunftsvorsorge

Seit 2003 gibt es in Österreich die steuerfreie und staatlich **prämienbegünstigte Zukunftsvorsorge** (= ZVE, vgl dazu auch Kapitel 4.1.4.) zum Aufbau einer privaten Zusatzpension, die in der Praxis den Pensionsinvestmentfonds (**PIF**)[56] abgelöst hat. Die ZVE gibt es nicht nur als Versicherungsprodukt, sondern es sind auch einige prämienbegünstigte Zukunftsvorsorgefonds am Markt, die ebenso über eine Kapitalgarantie und dieselben Steuervorteile verfügen wie vergleichbare Versicherungsprodukte. Vorteil der Fondsvariante ist, dass man eins zu eins an der Performance des Fonds partizipiert und dass eine größere Kostentransparenz gegeben ist.

4.2.2.3.2.7 Indexfonds

Ein **Index** enthält eine Anzahl von Wertpapieren, die für das jeweilige Anlagegebiet repräsentativ sind. Es gibt sowohl Aktien- als auch Renten-Indizes. Für alle Aktienmärkte der Welt gibt es auch einen entsprechenden Index – oft sogar mehrere. Bekannte Beispiele sind natürlich der österreichische ATX, der DAX (**D**eutscher **A**ktieninde**x**), der *Dow Jones* für die USA oder der Nikkei für Japan.

Ein Indexfonds ist nun ein spezieller **Aktienfonds**, dessen Anlagerichtlinien vorschreiben, dass das Fondsvermögen in alle Aktien des jeweiligen Aktienindex investiert wird. Die Aufteilung des Fondsvermögens auf die einzelnen Wertpapiere muss sich dabei exakt an deren Gewichtung im Index orientieren. Theoretisch müsste sich deshalb der Anteilspreis dieses Fonds genau parallel zum Indexstand entwickeln.

---

56 Der Neuabschluss eines PIF war bis 31.12.2003 möglich und seit 1.1.2006 sind PIFs auch nicht mehr staatlich gefördert und somit „normale" Fonds ohne staatliche Prämie und Steuervorteil geworden.

Da Fonds jedoch laufende Verwaltungsgebühren verrechnen (vgl dazu Kapitel 4.2.2.3.4), schneiden diese Fonds grundsätzlich etwas schlechter ab als der betreffende Index. Eine kostengünstigere Alternative wäre deshalb zB ein Index-Zertifikat (vgl dazu Kapitel 4.2.4), wobei hier die Besteuerung erheblich schlechter ist als die eines Indexfonds.

4.2.2.3.2.8 Hedge Fonds

„Hedge Fonds" sind Anlagestrategien, die alle verfügbaren Investitionsformen und Märkte nutzen, um **unabhängig von der Marktentwicklung** eine positive absolute Rendite zu erzielen. Gewinne können auch möglich sein, wenn Aktienmärkte Verluste verzeichnen. Durch das Alternative Investmentfonds Manager-Gesetz (AIFMG) sind diese Fonds seit 2013 in Österreich einem strengen Regulierungsrahmen unterworfen. Damit werden alle bislang nicht regulierten Fonds erfasst und soll das mit diesen Veranlagungsformen einhergehende Risiko klar und transparent dargelegt werden. Es soll auch sichergestellt werden, dass nur erfahrene Anleger solche Veranlagungsvehikel erwerben.

Dem Fondseinsteiger ist von Hedge Fonds aufgrund des **stark erhöhten Risikos**, der zumeist hohen Mindestanlagesummen sowie der geringen Liquidität (oft sind Ausgaben und Rücknahmen nur einmal monatlich oder sogar nur einmal im Quartal möglich) jedenfalls abzuraten. Für etwas versiertere Investoren ist eine kleine Beimischung (maximal 5% des insgesamt veranlagten Kapitals) jedoch eine interessante Möglichkeit der Diversifikation.

4.2.2.3.3 Flexibilität und Verfügbarkeit

Fondsanteile können mit der Ausnahme von Hedge Fonds in der Regel täglich zurückgegeben werden, womit man laufend Zugriff auf sein Geld hat, ohne an irgendwelche Mindestbindungsfristen denken zu müssen. Es stellt sich wie auch schon bei Aktien und Anleihen nur wiederum die Frage, ob das zu jedem Zeitpunkt auch eine gute Idee ist. Dabei muss man jedoch hauptsächlich darauf schauen, welche Wertpapiere im Fonds enthalten sind.

Die in den Kapiteln 4.2.2.1 und 4.2.2.2 zusammengefassten Grundsätze gelten für Fonds sinngemäß. In Verkaufsprospekten finden sich **empfohlene Mindestanlagedauern**, die von Fonds zu Fonds verschieden sind: zB bei Cashfonds ab drei Monaten, bei konservativen Anleihenfonds ab zwei bis drei Jahren, bei Risikoanleihenfonds ab fünf Jahren und bei Aktienfonds zwischen fünf und zehn Jahren.

4.2.2.3.4 Steuerliches und sonstige Ertragsschmälerungen

Die Grundsätze der Besteuerung von Wertpapierfonds sind für alle oben geschilderten Fondsarten gleich und sollen nun so kompakt wie möglich geschildert werden:

Einkommensteuer

Die steuerliche Behandlung von Fonds hängt zunächst davon ab, ob es sich um einen in- oder ausländischen Fonds handelt. Ein **inländischer Fonds** ist ein Fonds, der von einer inländischen Kapitalanlagegesellschaft (KAG) verwaltet wird. Bei einem **ausländischen Fonds** erfolgt die Fondsverwaltung durch eine ausländische KAG.

Inländische Investmentfonds

Zu Beginn ist zu erwähnen, dass mit Inkrafttreten der Auslands-KESt auf ausländische Dividenden alle inländischen Investmentfonds ab dem 1. April 2004 für Zwecke der Einkommensteuer **zur Gänze endbesteuert** sind und sich der Privatanleger um nichts mehr kümmern muss.

Aufgrund des sogenannten Transparenzprinzips wird beim inländischen Investmentfonds der Anleger grundsätzlich so besteuert, als ob er die im Fonds befindlichen Wertpapiere direkt gehalten hätte. Es wird dabei auch kein Unterschied gemacht, ob man einen ausschüttenden oder einen thesaurierenden Fonds gekauft hat.

Grundsätzlich unterliegt die Ausschüttung der Besteuerung. Bei thesaurierenden Fonds, bei denen es naturgemäß keine Ausschüttung gibt, wird eine „Ausschüttung für steuerliche Zwecke", die sogenannten ausschüttungsgleichen Erträge, unterstellt. Damit wird genau der Betrag besteuert, der im Falle der Ausschüttung steuerpflichtig gewesen wäre.

Die bei Direktanlage KESt-pflichtigen Bestandteile wie Zinsen und inländische Dividenden unterliegen spätestens bei Ausschüttung aus dem Fonds ebenfalls der KESt.

Informationen zu den steuererklärungspflichtigen Einkünften aus Kapitalvermögen aus inländischen Investmentfonds findet man in der **steuerlichen Behandlung** im Rechenschaftsbericht, der zumeist auf der Homepage der KAG downloadbar ist. Die praktischste Quelle ist jedoch die Homepage der Vereinigung österreichischer Investmentfondsgesellschaften, wo derzeit unter www.voeig.at/voeig/voeighome.nsf/Menue/6 sämtliche steuerliche Behandlungen nach Fondsgesellschaft und Jahr abrufbar sind.

Ausländische Investmentfonds

Ob Auslandsfonds endbesteuert sind, hängt seit 1. Juli 2005 davon ab, ob es sich bei dem Fonds um einen **Meldefonds** handelt.

„Meldefonds"

Mit 1. Juli 2005 wurde die **Auslandsfonds-KESt**, die erstmals eine **steuerliche Gleichstellung von inländischen und ausländischen Investmentfonds** auch in administrativer Hinsicht mit sich brachte, eingeführt. Die Auslandsfonds-KESt kommt jedoch nur für ausländische Investmentfonds zum Zug, die denselben Meldeverpflichtungen nachkommen wie Inlandsfonds und somit den zum KESt-Abzug verpflichteten Banken dieselben Daten über dieselben Schnittstellen zur Verfügung stellen. Die inländische depotführende Bank übernimmt den KESt-Abzug und der Anleger ist endbesteuert. Meldefonds sind daher nicht in die Einkommensteuererklärung aufzunehmen.

Der Abzug der Auslandsfonds-KESt läuft wie bei Inlandsfonds ab: Bei Ausschüttungen bzw bei Meldung der ausschüttungsgleichen Erträge von thesaurierenden Fonds (spätestens vier Monate nach Ende des Geschäftsjahres des Fonds) kommt es zu einer entsprechenden KESt-Belastung.

Ob es sich bei einem Fonds um einen Meldefonds handelt, kann unter **www.profitweb.at** abgerufen werden.

„Nicht-Meldefonds" (vormals „schwarze Fonds")

Ausländische Investmentfonds, die die oben beschriebenen Meldungen nicht durchführen, sind in die **Einkommensteuererklärung** aufzunehmen.

Die Steuerbemessungsgrundlage wird nach einer von der Finanz festgelegten Schätzformel berechnet. Es unterliegt neben einer etwaigen tatsächlichen Ausschüttung der höhere der folgenden Werte im Rahmen der Steuererklärung der linearen 25%igen Einkommensteuer:
- 90% der Wertsteigerung im Kalenderjahr (Anteilswert 31.12. minus Anteilswert 1.1.)
- 10% des Anteilswertes am 31.12.

Da in den letzten Jahren viele Fonds keine Performance von zumindest 10% pa hatten und da man auch in Verlustjahren von 10% des letzten Anteilswerts Steuern zahlt (!), sieht man gleich, dass schwarze Fonds steuerlich äußerst unattraktiv sind.

Sonstige Spesen

Beim Kauf von Investmentfonds wird in der Regel ein einmaliger **Ausgabeaufschlag** verrechnet, dessen Höhe von Fondskategorie zu Fondskategorie verschieden ist. Faustregel ist, dass der Ausgabeaufschlag für risikoreichere Fonds höher ist als der für risikoärmere Fonds. Bei Cashfonds fällt kein oder nur ein sehr geringer Ausgabeaufschlag (zumeist unter 1%) an. Bei Rentenfonds liegt der Ausgabeaufschlag je nach Risikokategorie durchschnittlich zwischen 2,5% (zB Euro-Rentenfonds) und 5% (zB Risikoanleihenfonds). Bei Aktienfonds beträgt der Ausgabeaufschlag zwischen 3% und 5%. Bei Hedge Fonds können auch mehr als 5% anfallen.

In der Folge wird im Fonds eine vom gesamten Fondsvolumen bemessene prozentuelle jährliche **Verwaltungsgebühr** (**Management Fee**) verrechnet. Auch diese hängt wiederum von der Fondsart und -kategorie ab: bei Cashfonds maximal 0,5%, bei Rentenfonds durchschnittlich 0,5% und bei Aktienfonds durchschnittlich 1,5% jährlich. Zusätzlich verrechnet die Fondsgesellschaft noch sonstige Gebühren wie zB die des Wirtschaftsprüfers. Bei den veröffentlichten Performancezahlen sind die Verwaltungsgebühr und sonstige Kosten jedoch schon immer abgezogen.

Wie bei Aktien und Anleihen werden auch bei Fonds von der Depotbank jährliche **Depotgebühren** verrechnet, die sich um die 0,1% bei hauseigenen Fonds (Fonds der Fondsgesellschaft der Depotbank) und 0,5% bei Fremdfonds bewegen, wobei noch 20% Umsatzsteuer hinzukommen.

4.2.2.3.5 Eignung als Altersvorsorge

Aufgrund des breiten Angebots von Investmentsfonds ist besonders in einem Niedrigzinsumfeld die Fondsvorsorge eine gute Lösung. Der Fondsmix (Asset Allocation) kann individuell und jederzeit an die Wirtschaftslage sowie die Bedürfnisse und Lebensumstände des Kunden angepasst werden. Dies setzt jedoch eine regelmäßige, laufende Betreuung durch einen fachkundigen Berater voraus. Ein weiterer Vorteil liegt klar in der Liquidität, die auch unvorhergesehene Ausgaben ohne bürokratischen Aufwand zulässt.

Für Fonds braucht man, im Gegensatz zu Einzelaktien oder Anleihen, kein großes Startkapital – man kann auch „klein anfangen": Die meisten Fondsgesellschaften bieten neben den sogenannten Einmalerlägen nämlich auch **Sparpläne** für die Vermögensbildung an. Dabei bucht die Fondsgesellschaft regelmäßig, zB monatlich oder quartalsweise, einen bestimmten Betrag vom Konto des Anlegers ab und investiert ihn in einen bzw mehrere Fonds, die man sich zuvor ausgesucht hat. Sparpläne können schon für vergleichsweise geringe Beträge wie € 35 pro Monat abgeschlossen werden.

Das beim Ansparen laufende Investieren mit kleinen Beträgen hat vor allem bei Aktienfonds gegenüber dem Einmalerlag einen wesentlichen Vorteil: den **Cost-Average-Effekt** (Durchschnittskosten-Effekt). Unter Cost Averaging versteht man die vorteilhafte Ausnutzung von Kursschwankungen durch den regelmäßigen Erwerb von Anteilen für einen gleich hohen Betrag.

Bei niedrigen Anteilpreisen werden bei einer gleichbleibenden Prämienzahlung mehr, bei hohen Anteilpreisen weniger Anteile gekauft (antizyklischer Kauf). Hierdurch verringert sich der Durchschnittspreis gegenüber dem Kauf einer gleichbleibenden Zahl von Anteilen. Richtlinie ist: Je höher die Schwankungsbreite (= **Volatilität**) des Fonds ist, desto größer ist der Vorteil des Cost Averaging. Dementsprechend kommt der Cost-Average-Effekt vor allem bei Ansparplänen von Aktienfonds zum Tragen.

4.2.3 Immobilien

Bei **offenen Immobilienfonds** legt der Fondsmanager das Fondsvermögen überwiegend in Gewerbe- und Wohnimmobilien an. Der Rest des Fondsvermögens darf in Anleihen und Bankguthaben investiert werden. Der Anleger ist dabei – ähnlich wie bei einem Wertpapierfonds – an einem großen Spartopf beteiligt. Immobilienfonds haben je nach Anlageregion zumeist eine eher geringe Schwankungsbreite, weshalb die Wertsteigerungsraten eine hohe Stabilität besitzen.

Immobilienfonds gelten daher als eine eher sichere Geldanlage, es sei denn, der Fonds investiert in Schwellenländern. Allerdings muss man sich in Zeiten rückläufiger Immobilien- und Mietpreise mit einer Rendite zufrieden geben, die nur knapp über dem Sparbuchniveau liegt. Selbst bei einem boomenden Immobilienmarkt hält sich der **Wertzuwachs** in Grenzen. Schnelle und hohe Gewinne lassen sich mit einem Immobilienfonds nicht erzielen. Die Besteuerung erfolgt analog zum Wertpapierfonds (vgl oben).

Neben den offenen Immobilienfonds gibt es auch **geschlossene Immobilienfonds**. Dabei handelt es sich zumeist um steuerliche Verlustbeteiligungsmodelle, die keinesfalls für Einsteiger und auch nicht für Altersvorsorgezwecke geeignet sind.

Neben Immobilienfonds kann man sich auch an **Immobilienaktiengesellschaften** (Immo-AGs) beteiligen. Immo-AGs investieren wie ein Immobilienfonds in Immobilien. Je nachdem, in welchen Ländern die Immobilien-AG investiert, verhalten sich Gewinnerwartung und Risiko. Immobilienaktien notieren an der Börse, weshalb zusätzlich zum Risiko der Immobilienmärkte (dh der Wertentwicklung der von der Immo-AG gehaltenen Immobilien) noch die Dynamik der Aktienmärkte sowie psychologische Faktoren hinzukommen. Dadurch ist das Risiko einer Immo-AG grundsätzlich höher einzuschätzen als das eines Immobilienfonds. Die Besteuerung erfolgt wie bei einer „normalen" Aktie (vgl 4.2.2.2).

4.2.4 Sonstige Anlageprodukte

Es gibt auf dem Markt eine schier unübersichtliche Palette von alternativen Anlageprodukten: Exchange Traded Funds oder Index-Zertifikate sind nur einige Beispiele, die hier jedoch nicht ausführlicher behandelt werden sollen, da sie sich grundsätzlich aufgrund des spekulativen Charakters und der zumeist kürzeren Laufzeiten nicht optimal für die Altersvorsorge eignen.

Exchange Traded Funds (ETFs)

Diese Fonds sind passiv verwaltete Fonds, die von einer Fondsgesellschaft aufgelegt werden, mit dem Ziel, die Wertentwicklung eines Index abzubilden. ETFs werden meistens über die Börse ge- und verkauft. Im Unterschied zu normalen Indexfonds erfolgt hier eine laufende Kursbildung, dh, man kann sie laufend kaufen und verkaufen. Durch sogenannte Market Maker wird der Wert des ETFs nahe am Referenzindex liegen. Die Wertentwicklung liegt im Regelfall leicht unter der des Index, da auch hier Kosten für das Management und auch für die Verwaltung anfallen. Sie sind aber aufgrund ihrer leichten Handelbarkeit sehr beliebt und werden sowohl von institutionellen als auch privaten Kunden erworben.

Index-Anleihen

Die börsegehandelten **Index-Zertifikate** sind im Grunde genommen Anleihen (allerdings ohne Zinszahlung), deren Rückzahlungsbetrag grundsätzlich nicht wie bei den „normalen", verzinsten Anleihen 100% beträgt, sondern sich nach dem Stand des jeweils zugrunde liegenden Index bzw anderen **Basiswerts** richtet. Der Anleger nimmt an dieser Entwicklung im jeweils festgelegten Verhältnis über das Zertifikat teil.

Ein Index-Zertifikat ermöglicht dem Anleger wie ein Aktienfonds schon ab kleinen Anlagebeträgen einen leichten Zugang zu internationalen Aktienmärkten. Es werden den Anlegern neben den Spesen bei Kauf in der Regel keine laufenden **Verwaltungsgebühren** berechnet. Index-Zertifikate haben zumeist nur eine begrenzte Laufzeit, dh, sie müssen nach einer bestimmten Zeit beim Emittenten eingelöst werden.

Wenn dieser Termin dann ausgerechnet mit einem Börsentief zusammenfällt, hat man nicht wie bei Aktienfonds die Chance, dass sich der Markt wieder erholt, sondern der Verlust wird wirklich realisiert. Man kann natürlich veranlassen, dass das Geld dann sofort wieder in die **Folgeemission** investiert wird, wobei durch die Neuinvestition wieder Spesen anfallen. Alles in allem sind Index-Zertifikate jedoch eine Alternative zu vor allem Index-Aktienfonds (vgl dazu Kapitel 4.2.2.3.2.7), wobei die Besteuerung jedoch erheblich schlechter ist (KESt auf die gesamte Wertsteigerung).

Es gibt aber auch zumeist von Banken emittierte Anleihen, die von der Entwicklungen eines Index oder auch Fonds- oder Aktienportfolios abhängen, wobei der Emittent eine von Produkt zu Produkt unterschiedlich hohe **Kapitalgarantie** gibt. Dazu muss man natürlich sagen, dass eine Kapitalgarantie eine Art Versicherung ist, die aber auch hohe Absicherungskosten mit sich bringt, weshalb man von einer positiven Entwicklung des Basiswertes nur noch teilweise profitiert.

4.2.5 Die ideale Asset Allocation

„**Asset Allocation**" ist der neudeutsche Ausdruck für die Verteilung des Vermögens auf einzelne Veranlagungskategorien und Veranlagungsinstrumente, mit anderen Worten die Bestimmung des **Anlage-Mixes**. Damit ist gemeint, wie viel meines Gesamtvermögens ich in welche Veranlagungsinstrumente investiert habe. Vorab möchte ich gleich erwähnen, dass es eine allgemein gültige ideale Asset Allocation nicht gibt. Diese hängt nämlich von vielen Faktoren wie zB Alter, Risikobereitschaft, Sparziel etc ab.

Schritt 1: Analyse

Bevor man sich eine Asset Allocation erstellt oder erstellen lässt, ist es von besonderer Bedeutung, das Ziel der Veranlagung als auch die ganz **persönliche Risikobereitschaft und Risikotragfähigkeit** zu definieren.

Schritt 2: Mischen

Des Weiteren ist es sehr wichtig, auch die Sparphase genau zu analysieren. Wenn durch laufendes Besparen das Vermögen stetig steigt, kann grundsätzlich ein höheres Risiko eingegangen werden, da durch zukünftige Einzahlungen das Risikoprofil ohne Umschichtungen reduziert oder auch – je nach Wunsch – erhöht werden kann.

Schritt 3: Laufend überprüfen

Die Mischung zwischen den oben angeführten Kategorien kann im Zeitablauf zu durchaus unterschiedlichen Ergebnissen kommen. Die Veranlagung ausschließlich in Aktien ist nur über einen längerfristigen Zeitraum (mindestens zehn Jahre) zu empfehlen. Durch Beimischung von Anleihen kann die Mindestveranlagungsdauer auf bis zu fünf Jahre reduziert werden.

Einige wichtige Faktoren

Nimmt man als Beispiel für eine langfristige Veranlagungsstrategie angloamerikanische Pensionsfonds als Vorbild, so erkennt man, dass es bei diesen zu Veranlagungen bis zu 70% in Aktien kommt. In diesen Ländern ist die Tradition der Aktienveranlagung natürlich ganz anders entwickelt als in Österreich. Wenn man die Pensionsfonds oder Pensionskassen in Kontinentaleuropa als Indikator nimmt, so erkennt man, dass die

Aktienquote im Schnitt zwischen 20% und 40% zu liegen kommt. In Österreich liegt die Mehrzahl der Veranlagungen in Pensionskassen ebenfalls in diesem Bereich. Mit dieser Mischung wird versucht, den optimalen Mix zwischen Streben nach Rendite einerseits und einer akzeptablen Schwankungsbreite der jährlichen Erträge zu erreichen.

Das Lebensalter spielt ebenfalls eine große Rolle in der langfristigen Pensionsvorsorge. Je jünger man ist, umso eher kann man starke Schwankungen in Kauf nehmen und daher in riskantere Sparformen investieren. Durch die laufende Einzahlung im Zeitablauf wird es möglich, auch dadurch Ertragsschwankungen auszugleichen, und Phasen mit geringen Erträgen werden durch höhere Erträge durchaus kompensiert. In den sogenannten Lebensphasenmodellen versuchen auch die Anbieter von Pensionskassen und Investmentfonds, die Veranlagungen der Kunden ihrem Lebensalter anzupassen. So werden meistens in Stufen, die abhängig vom Alter des Kunden sind, die risikobehafteten Quoten in Aktien reduziert und die weniger stark schwankenden Anteile von Anleihen erhöht.

Eine weitere wichtige Entscheidung ist auch jene der Diversifikation über verschiedene Märkte. Obwohl die Korrelationen zwischen den Märkten in den letzten Jahrzehnten aufgrund der immer stärkeren weltwirtschaftlichen Verflechtungen zugenommen haben, kann man durch Streuung immer noch den Ertrag stabiler halten als bei einer konzentrierten Veranlagung in zum Beispiel Aktien eines einzigen Landes. Ebenso ist eine breiter gestreute Veranlagung in den einzelnen Kategorien empfehlenswert. So ist ein Anleihenportfolio, welches sowohl Staatsanleihen als auch Pfandbriefe, Unternehmensanleihen und Emerging Market Bonds in seinem Bestand hat, auf lange Frist einem konzentrierten Portfolio von Staatsanleihen vorzuziehen. Der Ertrag wird mit hoher Wahrscheinlichkeit höher liegen, aber die damit verbundene höhere Schwankungsbreite des Ertrages ist absolut akzeptabel. Gleiches gilt natürlich auch für Aktienveranlagungen und dies auch in mehreren Stufen. Ein konzentriertes Aktienportfolio aus fünf bis zehn Titeln hat ein sehr viel höheres Konzentrationsrisiko als ein Index dieses Landes. Aber natürlich ist eine Streuung der Veranlagungen über mehrere Märkte oder gar eine globale Veranlagung nochmals risikoreduzierend.

Fazit

Wie soll man jedoch nun vorgehen? Sind Aktien oder Anleihen bzw Aktien- oder Anleihenfonds oder andere Anlageformen wie zB Immobilienfonds, Sparbücher oder Bausparer besser für die Vorsorge geeignet?

Auf richtige Mischung kommt es an. Und diese erstellt man am besten zusammen mit einem versierten Berater.

Und: Es gibt nur eine individuell geeignete Mischung zum Kaufzeitpunkt – sie ist niemals lebenslang gültig. Es können sich die Wirtschaftslage, die eigene Einkommens- und Familiensituation oder ganz andere Dinge ändern, die das optimale Mischungsverhältnis beeinflussen können. Deswegen: laufend überprüfen und an die aktuelle Situation anpassen.

5. Die betriebliche Pensionsvorsorge

Betrachtet man die Lücke, die sich bei den meisten Österreichern zwischen Aktivbezug und Pensionsbezug ergibt, so erkennt man, dass sie durch eine private Eigenvorsorge allein nur sehr schwer zu schließen sein wird. Zu groß ist zumeist der notwendige **Kapitalbedarf**, um ihn nur mit jenem Geld anzusparen, das man vom laufenden monatlichen Nettoeinkommen abzweigen kann.

Wir brauchen also eine zusätzliche Säule, um unsere Pensionsplanung auf eine solide Basis stellen zu können. Die ideale Ergänzung hierzu wäre ein Modell einer **betrieblichen Altersvorsorge**, wie dies in den meisten Staaten Europas bereits erfolgreich praktiziert wird, teils auf gesetzlich verpflichtender Basis, teils aufgrund freiwilliger Initiative sozial eingestellter Unternehmen.

In Österreich hinken wir, was die Verbreitung von Modellen der betrieblichen Altersvorsorge betrifft, der europäischen Entwicklung spürbar hinterher.

Ist beispielsweise in Frankreich und Finnland die betriebliche Altersvorsorge sogar bereits mittels gesetzlicher Verpflichtung umgesetzt, kommen die Niederlande, Schweden und Dänemark hauptsächlich durch die Verankerung der BAV in den Kollektivverträgen auf einen Durchdringungsgrad von deutlich über 80%. In Deutschland haben rund 60% der sozialversicherungspflichtig Beschäftigten Anspruch auf eine künftige Betriebspension. Ist im europäischen Durchschnitt bereits mehr als ein jeder zweite unselbständig Erwerbstätige in ein betriebliches Vorsorgemodell einbezogen, so ist es in Österreich erst jeder vierte.

Wieviel % der Erwerbstätigen sind von einer betrieblichen Altersvorsorge erfasst?*)

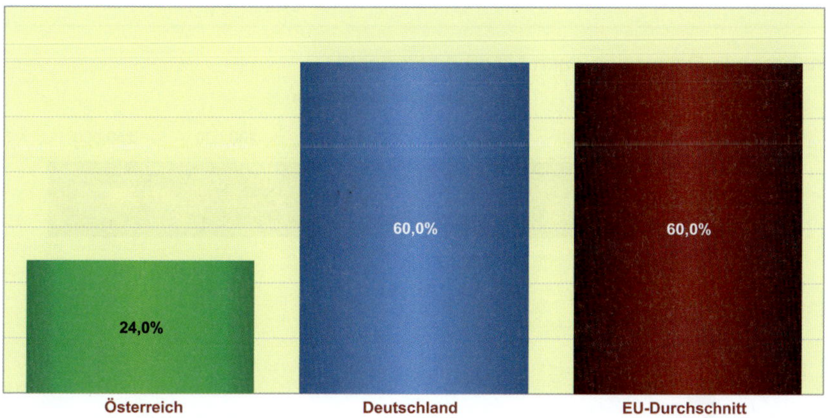

Quellen: TNS Infratest Sozialforschung 2012, Pensionskassenverband 2013, Versicherungsverband 2013, OECD 2008, WIFO 2009 und 2013, Europäische Kommission

*) Vergleichbarkeit der Zahlen durch unterschiedliche gesetzliche Rahmenbedingungen und Berechnungsmethoden (zB mit/ohne öffentlichem Sektor bzw mit/ohne Gehaltsumwandlungsmodelle) erschwert; ohne Zukunftssicherung.

Die statistische Erfassung jener Arbeitgeber, die ihre Mitarbeiter in Modelle der betrieblichen Altersvorsorge einbinden, oder der Arbeitnehmer, die von solchen Modellen umfasst sind, ist in Österreich jedoch noch sehr lückenhaft. Man kann aber aufgrund von Studien des WIFO, Veröffentlichungen des Versicherungsverbandes und des Pensionskassenverbandes davon ausgehen, dass im Jahr 2014 ca 65.000 Betriebe ihren Mitarbeitern ein Modell der betrieblichen Altersvorsorge geboten haben.

Im Jahr 2013 wiesen die österreichischen **Pensionskassen** über 750.000 Anwartschaftsberechtigte und rund 83.000 Leistungsberechtigte aus, dh, diese Personen bezogen bereits eine laufende Pensionsleistung. Der von den Pensionskassen verwaltete Kapitalstock betrug Ende des Jahres 2013 rund € 17,4 Milliarden. Bei der **betrieblichen Kollektivversicherung** und **direkten Leistungszusagen** kann man laut Berechnungen des WIFO und Angaben des Versicherungsverbandes davon ausgehen, dass diese **Durchführungswege** noch deutlich unter 100.000 Anwartschaftsberechtigte umfassen, bei der **Zukunftssicherung** im Rahmen des § 3 Abs 1 Z 15 lit a EStG (300-Euro-Modell) gab es Ende 2013 über 550.000 Anwartschaftsberechtigte. In Summe somit knapp unter 1,4 Millionen Anwartschaften. Diese Zahlen kann man jedoch nicht einfach addieren bzw mit anwartschaftsberechtigten Personen gleichsetzen, da hier durchaus Unschärfen und Doppelzählungen enthalten sind, wenn beispielsweise, wie vielfach üblich, ein Mitarbeiter sowohl von einer Zukunftssicherung als auch von einem Pensionskassenmodell umfasst ist.

Bei einer Anzahl von rund 3,6 Millionen unselbständig Erwerbstätigen und einer Streichung der Doppelzählungen kann man also davon ausgehen, dass in Österreich momentan nicht ganz jeder dritte Arbeitnehmer von einem Modell der betrieblichen Altersvorsorge umfasst ist. Klammert man die Modelle der Zukunftssicherung von der Betrachtung aus, weil sie vielfach im Wege der Gehaltsumwandlung (Gehaltsverwendung) von den Mitarbeitern selbst finanziert werden bzw durch die bescheidene Höhe von € 300 pa noch keinen wesentlichen Beitrag zum Schließen der Pensionslücke leisten können, kommt man nur mehr auf weniger als jeden vierten Arbeitnehmer.

Unternehmen in Österreich nach Mitarbeiteranzahl

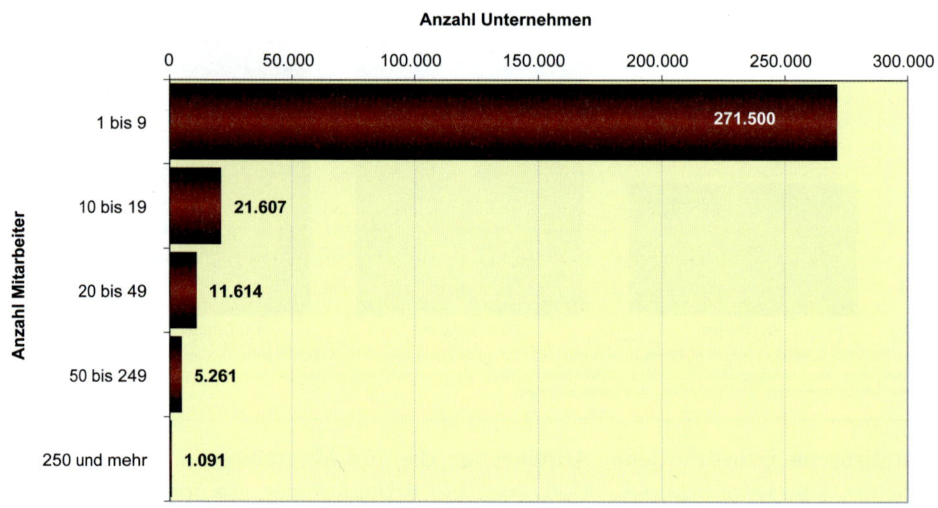

Quelle: Statistik Austria 2013; Zahl der Unternehmen nach ÖNACE 2008 Abschnitten und Beschäftigungsgrößenklassen 2011

Bei einer Anzahl von über 311.000 Unternehmen (inkl der „Ein-Mann-Unternehmungen", die keine weiteren Mitarbeiter beschäftigen) und rund 3,6 Millionen unselbständig Erwerbstätigen in Österreich, die alle von einem betrieblichen Vorsorgemodell umfasst sein könnten, erkennt man, welch großes Potential die betriebliche Altersvorsorge in der Zukunft noch zu bieten hat.

Interessant ist hierbei auch eine WIFO-Studie, für die knapp 900 Unternehmen befragt wurden. Demnach hat bereits jeder zweite Großbetrieb für seine Mitarbeiter ein bAV-Modell umgesetzt, bei den Kleinbetrieben ist es jedoch nur jeder Zehnte. Hier herrscht sicher noch ein entsprechendes Informationsdefizit vor und auch ein Mangel an Zeit, sich intensiver mit den Möglichkeiten der betrieblichen Altersvorsorge auseinanderzusetzen, während Großbetriebe, unterstützt durch eigene Personalabteilungen, diese bereits gezielt als Instrument der Personalpolitik einsetzen.

Verbreitung bAV nach Unternehmensgröße

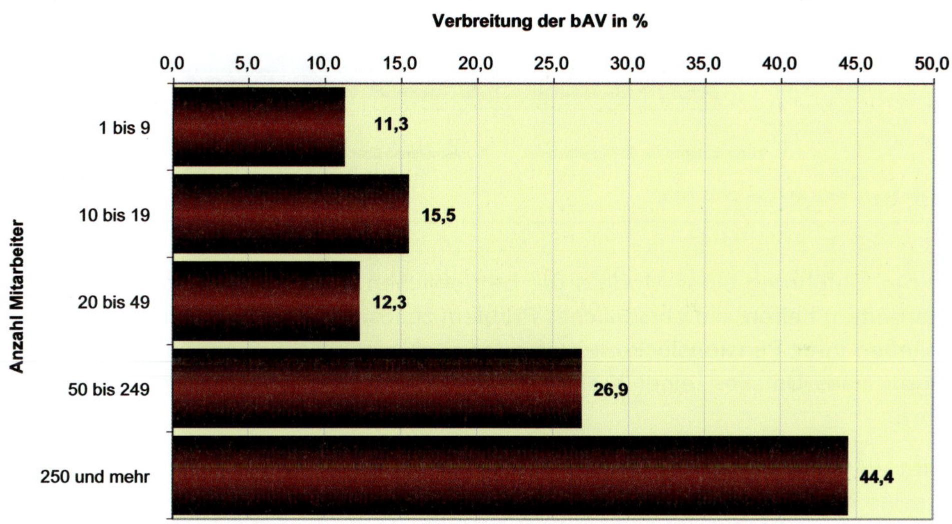

Quelle: Wifo 2013

5.1 Grundsatzüberlegungen zur betrieblichen Pensionsvorsorge

Auf den ersten Blick könnte man sich hier die Frage stellen, warum eigentlich ein Arbeitgeber einen **Beitrag** zur Altersversorgung seiner Mitarbeiter leisten soll?

Die Antwort darauf findet sich zum einen in der heutigen Situation am Arbeitsmarkt, zum anderen in sozialen Aspekten und steuerlichen Anreizen:

In Zeiten des Wandels und bewegter wirtschaftlicher Zeiten hängt der Erfolg eines Unternehmens mehr denn je von der Qualität und der Motivation seiner **Mitarbeiter** ab. Engagierte und gut ausgebildete Mitarbeiter sind am Arbeitsmarkt sehr begehrt, schwer zu finden und auch nicht so einfach zu halten.

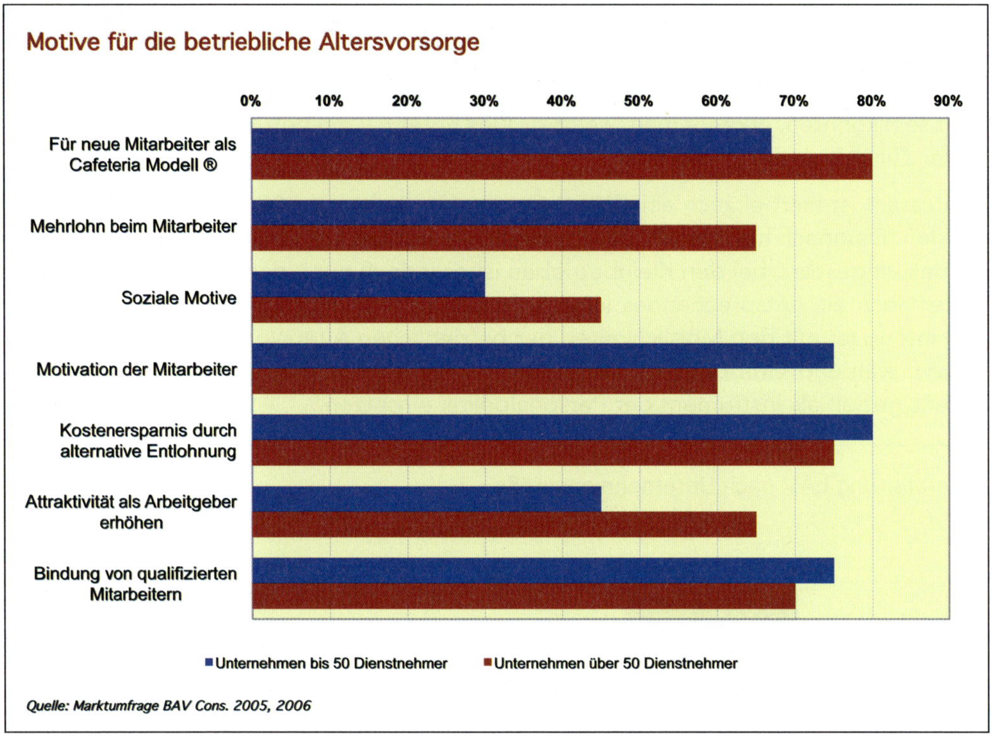

Mit der Einführung eines Modells der betrieblichen Altersvorsorge kann man diesen Mitarbeitern helfen, ein persönliches Problem zu lösen, indem man einen Beitrag zum Schließen ihrer **Pensionslücke** leistet oder auch einen Schutz gegen die finanziellen Folgen eines Unfalles, einer Krankheit, einer Berufsunfähigkeit oder des Todes gewährt.

Bietet ein Arbeitgeber neben dem Barlohn auch eine Form von sozialer Absicherung für seine Mitarbeiter, steigert das nicht nur sein **Sozialprestige** am Arbeitsmarkt. Ein modernes und transparentes Vergütungssystem, das auch Vorsorgeaspekte umfasst, dient vor allem dazu, **qualifizierte Mitarbeiter** anzuwerben, zu motivieren und somit auch an das Unternehmen zu binden oder Betriebstreue zu belohnen.

Und das Angenehme dabei ist, dass betriebliche Altersvorsorge für den Mitarbeiter interessante steuerliche Begünstigungen mit sich bringt und auch dem Arbeitgeber hilft, **Lohnnebenkosten** zu sparen.

Dieser Aspekt wird sehr deutlich, wenn man sich näher mit der Situation der Lohnabgaben in Österreich beschäftigt.

Gehen wir einmal davon aus, dass ein österreichischer Arbeitnehmer eine **Lohnerhöhung** von € 100 brutto im Monat erhalten soll, und stellen die Frage, wie viel davon netto übrig bleibt, um damit vielleicht ein privates Pensionsvorsorgemodell abzuschließen.

Bruttolohn € 100 minus Abzüge durch	
A) Sozialversicherung (bis zur Höchstbeitragsgrundlage)	
Krankenversicherung	3,82%
Arbeitslosenversicherung	3,00%
Pensionsversicherung	10,25%
Arbeiterkammerumlage	0,50%
Wohnbauförderungsbeitrag	0,50%
Summe	**18,07%** (17,07% bei Sonderzahlungen)
B) Lohnsteuer	
bei einer Progression von 36,50%	ergibt € 55,73
bei einer Progression von 43,21%	ergibt € 51,02

Von den € 100 Lohnerhöhung bleiben dem Arbeitnehmer somit, je nach Höhe seines Gesamteinkommens, nur mehr rund € 51 bis € 55 netto übrig.[57] Dabei ist auch schon berücksichtigt, dass **Sonderzahlungen** wie ein 13. oder 14. Gehalt mit nur 6% besonders begünstigt besteuert werden.

Damit noch nicht genug der Abgabenlast, denn auch der Arbeitgeber muss zusätzlich einen bestimmten Prozentsatz des Bruttolohnes als sogenannte **Lohnnebenkosten** entrichten.

Lohnnebenkosten für das Unternehmen (bis zur Höchstbeitragsgrundlage zur SV)	
Sozialversicherung (Pensions-, Unfall-, Kranken- und Arbeitslosenversicherung, IESG-Zuschlag)	21,33%
Wohnbauförderungsbeitrag	0,50%
Beitrag zum Familienlastenausgleichsfonds inkl Zuschlag (Wien)	4,90%
Kommunalsteuer Abfertigung Neu	3,00% 1,53%
Dem Unternehmen entstehen somit Zusatzkosten von 31,26% vom Bruttolohn.	

Ein Nettolohn von knapp € 55 belastet somit das Unternehmen mit € 131 und mehr, da unter dem Begriff der Lohnnebenkosten auch noch weitere Belastungen auf den Arbeitgeber zukommen können.

Belastung für Unternehmen	Bruttolohn	Nettolohn
€ 131,26	€ 100	€ 51,02 (43,21%) € 55,73 (36,50%)

Jeder Euro, der also in eine private Anlageform fließt, ist eigentlich ein sehr „teurer" Euro, der bereits mit hohen **Steuern** und **Abgaben** belastet ist. Daher stellt sich die

57 Vorausgesetzt, das zu versteuernde Einkommen liegt über € 11.000 jährlich. Darunter fallen keine Steuern an, sehr wohl aber die Sozialabgaben.

Frage, ob es nicht auch Vorsorgemöglichkeiten mit unversteuertem oder zumindest geringer besteuertem Geld gibt.

Und genau diese Möglichkeit bietet die **betriebliche Altersvorsorge**, die es Unternehmen in unterschiedlichen Ausprägungen erlaubt, für ihre Mitarbeiter eine Vorsorge zu treffen, ohne dass hierfür **Lohnnebenkosten** anfallen, und bei denen für den Mitarbeiter keine oder deutlich geringere Steuern bzw Abgaben zu bezahlen sind.

Für die betriebliche Altersvorsorge gibt es mehrere Durchführungswege, die sich in ihrer steuerlichen Behandlung etwas voneinander unterscheiden.

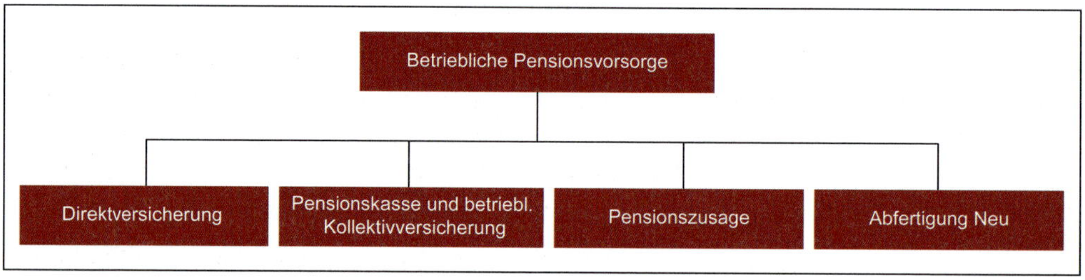

Die beliebtesten Varianten sind die sogenannten **Direktversicherungen** (Zukunftssicherung), **Pensionskassenmodelle** bzw **betrieblichen Kollektivversicherungen** und die direkten Leistungszusagen (**Pensionszusagen**). Möglich wäre auch die Höherversicherung der Arbeitnehmer bei der gesetzlichen Pensionsversicherung durch den Arbeitgeber, die aber in der Praxis kaum Anwendung findet.

Einen ersten Schritt in Richtung einer gesetzlich verpflichtenden betrieblichen Säule stellt das Modell der **Abfertigung „Neu"** dar. Nachdem es aber in bestimmten Fällen zulässt, dass das angesparte Kapital bei einer Beendigung des Dienstverhältnisses ausbezahlt werden kann, hängt es somit vom Arbeitnehmer selbst ab, ob er sein Abfertigungskapital für den Zweck der Pensionsvorsorge verwenden möchte oder nicht.

Gemeinsam ist diesen Modellen, dass der Mitarbeiter für jene Beiträge, die der Arbeitgeber für ihn in ein Vorsorgemodell einbezahlt, über die gesamte Ansparphase hinweg keine Steuern, Sozialversicherungsbeiträge oder sonstigen Abgaben zu bezahlen braucht.

Unterschiedlich ist dann die Behandlung der **Leistung**, die der Mitarbeiter erhält. Bei einigen Modellen ist sie gemeinsam mit dem sonstigen Einkommen in der Pension zu versteuern, bei anderen kommt ein begünstigter Steuersatz zur Anwendung oder die Leistung ist sogar völlig steuerfrei.

5.2 Die Direktversicherung

Die Direktversicherung, auch bekannt unter dem Namen **„steuerfreie Zukunftssicherung** für Arbeitnehmer", **„300-Euro-Modell"**, **„§ 3 Abs 1 Ziffer 15 (lit a)-Modell"** (benannt nach dem Paragraphen im Einkommensteuergesetz, der die Steuerbefreiung regelt), ist jener Durchführungsweg der betrieblichen Pensionsvorsorge, der steuerlich am meisten begünstigt ist.

Der Name „**Direktversicherung**" ergibt sich daher, weil bei dieser Vertragsgestaltung der Arbeitgeber zwar Versicherungsnehmer und Beitragszahler ist, die Leistung jedoch **direkt** an den Mitarbeiter geht. Der Mitarbeiter ist also als bezugsberechtigte Person einzusetzen, das Bezugsrecht ist laut Betriebspensionsgesetz ein unwiderrufliches.

5.2.1 Das Grundmodell einer Direktversicherung

Jeder Arbeitgeber hat die Möglichkeit, jedes Jahr steuerbegünstigt bis zu € 300 für die **Zukunftssicherung** seiner Mitarbeiter zu bezahlen.

Das heißt, er kann seinen Mitarbeitern jährlich bis zu € 300 in eine Unfallversicherung, eine Krankenversicherung, eine Pensionskasse, eine betriebliche Kollektivversicherung, einen Pensions-Investmentfonds oder in eine Lebensversicherung einbezahlen. Dabei ist es egal, ob es sich um eine Risikoversicherung oder eine der vielen Ausprägungen einer Erlebensversicherung (klassisch, fondsgebunden oder eine Mischform) handelt.

Nicht begünstigt sind zum Beispiel der Ankauf von Wertpapieren für den Mitarbeiter oder freiwillige Einzahlungen in eine Vorsorgekasse.

Dabei wird für jeden Mitarbeiter ein eigener Vertrag mit eigener Polizze ausgestellt, bei dem in der Regel der Arbeitgeber **Versicherungsnehmer** und Beitragszahler ist. Theoretisch könnte auch der Mitarbeiter als Versicherungsnehmer eingesetzt werden. Die Polizze wird bis zum Ausscheiden des Mitarbeiters beim Arbeitgeber hinterlegt.

Bezugsberechtigt im **Erlebensfall** ist der Mitarbeiter, die Bezugsberechtigten im **Ablebensfall** kann dieser selbst bestimmen.

Der Mitarbeiter braucht für die € 300 weder Sozialversicherungsbeiträge noch Lohnsteuer zu entrichten und eine Kapitalauszahlung aus der (Lebens-)Versicherung an den Mitarbeiter ist völlig **steuerfrei**.

Für das Unternehmen sind die € 300 **Betriebsausgabe** und es fallen keine **Lohnnebenkosten** an.

Daher sind diese € 300 eine sehr beliebte Alternative zu **Gehaltserhöhungen**. Würden dem Arbeitnehmer bei einer Lohnerhöhung von € 300 pro Jahr vielleicht rund € 160 netto übrig bleiben, so fließen hier die vollen € 300 steuerfrei in die Veranlagung. Wer für seine Zukunft vorsorgen möchte, bekommt hier die steuerlich günstigste Möglichkeit geboten.

Leider ist die Begünstigung mit € 300 pro Jahr begrenzt und kann somit nur eine **Ergänzung** zu anderen Vorsorgewegen darstellen. Trotzdem kann man auch mit diesen kleineren Beträgen bei entsprechenden Laufzeiten ein gar nicht so unbeachtliches Kapital ansparen.

Bekommt man als Mitarbeiter das Angebot, zwischen einer Lohnerhöhung oder einer Einzahlung in eine Direktversicherung zu wählen, die dem Arbeitgeber insgesamt € 300 kosten soll, dann würde sich folgendes Bild ergeben:

	Gehaltserhöhung	Zukunftssicherung
Aufwand Unternehmen	€ 300	€ 300
darin Lohnnebenkosten	€ 72	€ 0
Bruttolohn	**€ 228**	**€ 300**
abzüglich Sozialversicherung	€ 41	€ 0
abzüglich Lohnsteuer	€ 60	€ 0
Nettolohn bzw Einzahlung in Vorsorge	**€ 127**	**€ 300**
Auszahlung nach 30 Jahren	€ 6.230	€ 14.700 bis € 16.000

Möchte der Arbeitgeber die Belastung für das Unternehmen mit € 300 begrenzen, so muss man berücksichtigen, dass auch die **Lohnnebenkosten** damit bereits abgedeckt sein müssen. Für den tatsächlichen Bruttolohn bleiben somit nur mehr € 228 übrig.

Zieht man davon noch die Sozialversicherungsbeiträge und die Lohnsteuer ab, bleiben dem Mitarbeiter bei einem Steuersatz von 36,50% nur mehr € 127 übrig, bei einem Steuersatz von 43,21% gar nur mehr € 116. Diese kann er jetzt in seine private Pensionsvorsorge investieren.

Zahlt der Arbeitgeber die Gehaltserhöhung gleich in die **Direktversicherung** ein, so gibt es hierbei keinerlei Abzüge und die vollen € 300 werden in der Versicherung veranlagt.

Geht man jetzt von einem Arbeitnehmer aus, der 35 Jahre alt ist, ein Vorsorgeprodukt mit einer Laufzeit von 30 Jahren wählt und eine Rendite von 3% erreicht, so kann er bei der Vorsorge über seinen Nettolohn mit einer Auszahlungssumme von € 6.230 rechnen, bei der Direktversicherung mit einer Auszahlung von € 14.700.

Nachdem die Direktversicherung über den Arbeitgeber oft auch noch mit einem **Gruppenversicherungs-Bonus** vom Versicherer versehen ist, der die Rendite noch deutlich erhöht, kann die Ablaufleistung sogar bis zu € 16.000 und mehr betragen.

Die Direktversicherung hat somit bei einem gleich hohen Aufwand für den Arbeitgeber dem Mitarbeiter einen **Mehrertrag** von € 8.470 bis € 9.770 eingebracht.

Zur besseren Orientierung soll folgende Tabelle noch einen kurzen Überblick geben, mit wie viel Ablaufkapital man bei verschiedenen Vertragslaufzeiten und einer Rendite von durchschnittlich 4% (statt 3% wie im obigen Beispiel) rechnen kann. Ausgangsbasis ist die jährliche Einzahlung der begünstigten € 300.

Laufzeit	Ablaufkapital	Laufzeit	Ablaufkapital
45 Jahre	€ 37.800	**25 Jahre**	€ 13.000
40 Jahre	€ 29.650	**20 Jahre**	€ 9.290
35 Jahre	€ 23.000	**15 Jahre**	€ 6.245
30 Jahre	€ 17.500	**10 Jahre**	€ 3.745

5.2.2 Für wen ist eine Direktversicherung möglich?

Das Einkommensteuergesetz verweist bei der Begünstigung der Direktversicherung konkret auf die Eigenschaft als **Arbeitnehmer**. Somit können alle Arbeiter und Angestellten in den Genuss dieses Vorteils kommen. Auch für Geschäftsführer von Kapitalgesellschaften ist eine begünstigte Direktversicherung möglich, sofern sie nicht wesentlich am Unternehmen beteiligt sind, dh ihr Anteil maximal 25% beträgt, genauso wie für Vorstände von Aktiengesellschaften, wenn sie Einkünfte aus nichtselbständiger Tätigkeit beziehen.

Nicht genützt werden können die Vorteile des 300-Euro-Modells beispielsweise für Einzelunternehmer, Freiberufler, Kommanditisten oder Komplementäre einer KG, Gesellschafter einer OG oder Geschäftsführer einer GmbH mit mehr als 25% Beteiligung am Unternehmen.

Gruppenbildung

Der Arbeitgeber darf jedoch nicht willkürlich auswählen, für wen er € 300 als Zukunftssicherung aufwenden möchte und für wen nicht. Vielmehr muss er diese Leistung allen Mitarbeitern zukommen lassen oder zumindest bestimmten **Gruppen** von Arbeitnehmern.

Möchte ein Arbeitgeber nicht für alle Mitarbeiter eine Leistung in eine Direktversicherung erbringen, muss er eine Gruppe definieren. Diese Definition darf nicht willkürlich sein und muss einen Bezug zum Unternehmen haben.

Ein beliebtes Kriterium zur Bildung einer Gruppe ist die **Dienstzugehörigkeit** im Unternehmen. Zur Belohnung der Betriebstreue könnte man beispielsweise festlegen, dass jeder Mitarbeiter, sobald er fünf Jahre im Unternehmen beschäftigt ist, jährlich die € 300 als Belohnung in eine Direktversicherung einbezahlt bekommt.

Dieses Abgrenzungskriterium der Betriebstreue ist betriebsbezogen, sachlich gerechtfertigt und keinesfalls willkürlich.

Möglich ist auch eine Gruppenbildung nach **Berufsgruppen**, wie zB alle Mitarbeiter im Außendienst, alle Monteure, alle Chauffeure oder das Küchenpersonal.

Von der Finanz nicht akzeptiert werden Gruppenbildungen, die sich nach dem Lebensalter richten (zB alle über 40-Jährigen), weil sie nicht betriebsbezogen sind oder die Gruppe der „leitenden Angestellten".

Das heißt nicht, dass für **leitende Angestellte** kein begünstigter Beitrag in eine Direktversicherung fließen darf. Es heißt nur, dass es nicht zulässig ist, sie als begünstigte Gruppe isoliert herauszuheben.

Kein Problem ist es allerdings, wenn diese leitenden Angestellten in eine allgemeine Gruppe hineinfallen, wie eben zum Beispiel in jene mit einer bestimmten Anzahl von Jahren an Dienstzugehörigkeit.

Arbeitsrechtlich keinesfalls erlaubt ist eine **Ungleichbehandlung** von Männern und Frauen oder eine **Diskriminierung** im Hinblick auf Rasse, Stammeszugehörigkeit, Religion, politische Anschauung, Staatsbürgerschaft oder Weltanschauung. Vermieden werden sollte auch eine unterschiedliche Behandlung von Arbeitern und Angestellten.

Auch eine Abgrenzung von **Familienmitgliedern** als eigene Gruppe ist nicht möglich. Andererseits ist es wieder unbedenklich, wenn bestimmte Familienmitglieder in eine andere sachlich und objektiv gebildete Gruppe hineinfallen, weil sie die entsprechenden Kriterien erfüllen.

5.2.3 Die Wahl der richtigen Laufzeit

Fließen die € 300 des Arbeitgebers in eine Erlebensversicherung bzw eine Er- und Ablebensversicherung, dann gibt es genaue Vorschriften für die Laufzeit des Vertrages.

Wählt man eine reine Erlebensversicherung, dann muss die Laufzeit auf das Antrittsalter der **gesetzlichen Alterspension** abgestimmt sein.

Eine kürzere Laufzeit ist nur dann möglich, wenn man eine Er- und Ablebensversicherung wählt, bei der aber die Versicherungssumme im Ablebensfall mindestens gleich hoch sein muss wie die Versicherungssumme im Erlebensfall. Bei fondsgebundenen Lebensversicherungen ist diese Forderung erfüllt, wenn über die gesamte Laufzeit hinweg eine Ablebenssumme vereinbart ist, die mindestens 1,5-mal so hoch ist wie die Summe der bereits bezahlten und der zukünftigen Prämien (bei einer Laufzeit von 35 Jahren also 35 × 300 × 1,5).

Aber auch hier gilt eine generelle **Mindestlaufzeit** von 15 Jahren, außer das gesetzliche Pensionsalter liegt schon näher als die geforderten 15 Jahre.

Kommt es zu einer früheren Auszahlung des Geldes aus der Versicherung, so muss der Mitarbeiter die bisher einbezahlten Prämien wie einen Lohn versteuern. Keine Steuern fallen jedoch an, wenn dies bei oder nach Beendigung des Dienstverhältnisses passiert.

Keine Vorschriften zur Laufzeit gibt es bei reinen Risikoversicherungen, sie können also immer als begünstigte Zukunftsvorsorge verwendet werden.

Neben den eben genannten Vorschriften des Steuerrechts zu den Mindestlaufzeiten gibt es aber auch geltendes **EU-Recht**, nach dem Männer und Frauen gleich behandelt werden und somit für beide Gruppen dieselben Laufzeiten angewendet werden müssen. Wählt man für Männer das Alter 65, muss dies auch für Frauen Gültigkeit haben, auch wenn es im staatlichen Pensionssystem hier noch immer ein unterschiedliches Pensionsalter gibt.

5.2.4 Wer bekommt in welcher Form die Ablaufleistung?

Die Leistung aus einer Direktversicherung steht im **Erlebensfall** immer dem Dienstnehmer zu, unabhängig davon, wann und aus welchem Grund er das Unternehmen verlässt. Fällig wird die Versicherungsleistung zum vereinbarten Vertragsablauf oder im Todesfall.

Im **Todesfall** geht die Leistung aus der Versicherung an jene Person(en), die der Arbeitnehmer als bezugsberechtigte Person(en) benennt. Ansonsten fällt die Versicherungsleistung in die Erbmasse.

Die Ablaufleistung kann als einmaliger Kapitalbetrag oder aber auch als lebenslange oder zeitlich begrenzte Rente in Anspruch genommen werden.

5.2.5 Was geschieht bei einem vorzeitigen Austritt aus dem Unternehmen?

Sobald der Mitarbeiter aus dem Unternehmen ausscheidet, braucht der Arbeitgeber natürlich keine weiteren **Beiträge** mehr für ihn entrichten. Das bisher angesparte Kapital steht jedoch dem Mitarbeiter zu und er hat mehrere Möglichkeiten, über seinen Anspruch bzw den Versicherungsvertrag zu verfügen.

Von einer Erhöhung der Prämie, einer Reduktion der Prämie oder einer prämienfreien Weiterführung bis hin zu einem Rückkauf des Vertrages stehen dem Mitarbeiter alle Möglichkeiten offen.

Auch die Übertragung in ein Zukunftssicherungs-, Pensionskassen- oder Kollektivversicherungsmodell des neuen Arbeitgebers ist eine mögliche Alternative.

In der Praxis wird vermehrt so vorgegangen, dass man bei Ausscheiden des Arbeitnehmers eine Veränderung der Versicherungsnehmereigenschaft beantragt und der **Arbeitnehmer** anstatt des bisherigen Arbeitgebers **neuer Versicherungsnehmer** wird. Damit erwirbt er alle **Gestaltungsrechte** am Vertrag und kann ihn wie eine private Versicherung behandeln.

5.2.6 Vertragsgestaltung und Versicherungstarife

Innerhalb des Unternehmens kann die **Einführung** eines Direktversicherungsmodells auf der Basis einer Einzelvereinbarung, einer Betriebsvereinbarung oder eines Kollektivvertrages erfolgen.

Mit dem Versicherer wird für jeden Mitarbeiter ein einzelner Versicherungsvertrag abgeschlossen, für jeden Mitarbeiter wird also eine eigene Polizze erstellt.

Versicherungsnehmer bei diesem Vertrag ist der Arbeitgeber. Mittlerweise akzeptiert die Finanzverwaltung aber auch bereits Verträge, bei denen der Mitarbeiter selbst Versicherungsnehmer ist. **Beitragszahler**, technisch „Inkassoadresse" genannt, muss aber in jedem Fall der Arbeitgeber sein.

Die Polizze muss auch beim Arbeitgeber oder bei einem vom Arbeitgeber und der Arbeitnehmervertretung bestimmten Rechtsträger hinterlegt werden.

Als **bezugsberechtigte Person** im Erlebensfall ist der Mitarbeiter einzusetzen, die bezugsberechtigte(n) Person(en) im Ablebensfall kann dieser selbst bestimmen.

Als begünstigte Zukunftssicherung kommt eine Vielzahl von **Produkten** in Frage. Die Voraussetzung ist, dass sie dazu dienen, den Mitarbeiter oder ihm nahestehende Personen für den Fall der Krankheit, der Invalidität, des Alters oder des Todes abzusichern.

Somit kommt eine Unfallversicherung genauso in Frage wie eine Krankenversicherung oder eine Einzahlung in eine Pensionskasse, betriebliche Kollektivversicherung oder einen Pensionsinvestmentfonds. Am beliebtesten ist jedoch die Einzahlung in eine **Lebensversicherung**, die einen sicheren Kapitalaufbau bietet und am Ende der Laufzeit das Wahlrecht zwischen Kapital und Rente offen lässt. Die klassische Lebensversicherung ist hier genauso möglich wie die fondsgebundene Lebensversicherung oder die bereits im Kapitel 4.1.2.3 dargestellte Mischform.

Grundsätzlich ist es auch möglich, für verschiedene Mitarbeiter verschiedene Produkte zu verwenden, sofern man sie damit nicht schlechter stellt als andere. Hat also ein Mitarbeiter statt einer vom Arbeitgeber angebotenen Unfallversicherung lieber eine Lebensversicherung, kann ihm auch diese gewährt werden, sofern eine gleich hohe Prämie dafür einbezahlt wird.

5.2.7 Die steuerliche Behandlung der Direktversicherung

Beim Arbeitnehmer

Bis zu einem Ausmaß einer Prämie von € 300 pro Jahr braucht der Mitarbeiter die ganze Laufzeit hinweg keine Lohnsteuer und keine Sozialversicherungsbeiträge entrichten.

Sollte der Arbeitgeber mehr als € 300 jährlich in die Direktversicherung einbezahlen, dann muss nur der übersteigende Teil wie ein ganz normaler **Arbeitslohn** versteuert werden.

Bei der Auszahlung der Leistung zum geplanten Vertragsablauf ist diese zur Gänze steuer- und abgabenfrei (nicht steuerbar), wenn sie als einmalige **Kapitalabfindung** bezogen wird.

Wählt man die Auszahlung in Form einer lebenslangen oder zeitlich begrenzten **Rente**, so ist auch diese vorerst steuerfrei. Sobald jedoch die Summe der Renten, die man bezogen hat, die Höhe des Ausgangskapitals überschreitet, wird die Rente steuerpflichtig. Nähere Details dazu finden sich im Kapitel 4.1.3.3 zur Besteuerung der Leistungen aus Versicherungsverträgen.

Fließt die Versicherungsleistung im Todesfall an die Hinterbliebenen des Mitarbeiters, war früher für die Leistung **Erbschaftssteuer** zu bezahlen. Seit dem generellen Fall der Erbschaftssteuer im Jahr 2008 kommt natürlich auch hier keine zum Tragen.

Was unbedingt vermieden werden sollte, ist ein Rückkauf des Vertrages oder eine sonstige Rückvergütung der Prämien vor dem Zeitpunkt des Pensionsantrittes bei Erlebensversicherungen oder vor einem Ablauf von mindestens 15 Jahren bei Er- und Ablebensversicherungen.

Dann müssten nämlich die bisher steuerfrei belassenen Prämienzahlungen nachversteuert werden. Diese Steuer fällt jedoch nicht an, wenn der Rückkauf oder die Rückvergütung bei oder nach Beendigung des Arbeitverhältnisses erfolgen.

Beim Arbeitgeber

Der Arbeitgeber kann die Prämie an die Direktversicherung ebenso wie einen Arbeitslohn als **Betriebsausgabe** steuerlich geltend machen. Bis zur geförderten Höhe von € 300 jährlich fallen auch keine Lohnnebenkosten an. Erst bei einer Einzahlung von mehr als € 300 werden auch hier für den übersteigenden Teil sämtliche **Lohnnebenkosten** fällig.

Nachdem der Versicherungsvertrag de facto ja bereits dem Mitarbeiter gehört, spielt sich der Wertaufbau des Versicherungsvertrages außerhalb des Unternehmens ab, das heißt, der Wert des Vertrages braucht in der Bilanz des Unternehmens nicht aktiviert werden.

Von der Auszahlung der Leistung an den Mitarbeiter bleibt der Arbeitgeber völlig unbetroffen, weil diese ja direkt durch den Versicherer erfolgt.

5.2.8 Direktversicherung mittels Gehaltsumwandlung

Die steuerlichen **Vorteile** der Direktversicherung bis zur Höhe von € 300 sind so attraktiv, dass es schade wäre, sie nicht zu nutzen. Aber nicht jeder Arbeitgeber ist bereit, gerade in wirtschaftlich schwierigen Zeiten zusätzlich € 300 pro Jahr und Mitarbeiter aufzuwenden.

In diesem Fall gibt es eine Möglichkeit, dass man als Mitarbeiter trotzdem nicht auf bestimmte Vorteile der Direktversicherung verzichten muss. Diese Möglichkeit nennt sich „**Gehaltsumwandlung**" und wird in Österreich bereits häufig und gerne genutzt.

Bei einer Gehaltsumwandlung (in diesem Fall in der Form einer sogenannten „**Gehaltsverwendung**") kann man mit seinem Arbeitgeber vereinbaren, dass vom bestehenden Gehalt € 25 brutto monatlich nicht als Barlohn ausbezahlt werden, sondern in eine Direktversicherung fließen.

Die Bemessungsgrundlage für die **Sozialversicherung** bleibt hierdurch unberührt. Der Mitarbeiter zahlt somit auch für die € 25 Sozialversicherungsbeiträge, sofern der Bezug nicht sowieso über der Höchstbeitragsgrenze für die Sozialversicherung liegt, die im Jahr 2014 € 4.530 beträgt. Der Arbeitgeber trägt die Sozialabgaben im Rahmen der Lohnnebenkosten, wodurch sämtliche Sozialleistungen für den Mitarbeiter bei der Bezugsverwendung in vollem Umfang aufrecht bleiben, natürlich aber auch fast keine Ersparnis an Sozialabgaben für Arbeitgeber oder Arbeitnehmer eintritt.

Die **Finanz** akzeptiert jedoch die Reduktion der Steuerbemessungsgrundlage in der Höhe des Beitrages in die Zukunftssicherung (bis zu € 300 jährlich) und die darauf entfallenden Sozialversicherungsbeiträge.

Dadurch kommt es also zu dem Vorteil, dass sich der Mitarbeiter die **Lohnsteuer** für die € 25 (mal 12) spart, die in die Versicherung fließen. Je nach Progressionsstufe beträgt die Ersparnis somit 36,50%, 43,21% oder 50%. Bei einem zu versteuernden Einkommen von unter € 11.000 jährlich kommt es zu keiner Ersparnis, weil man bis zu dieser Grenze laut aktuellem Steuertarif auch keine Steuer zu bezahlen hat.

Vereinfacht ausgedrückt verzichtet der Mitarbeiter auf rund **€ 15** monatlich netto und erhält dafür **€ 25** netto in die Versicherung einbezahlt. Bei Mitarbeitern mit einer Progressionsstufe von 43,60% beträgt der Netto-Verzicht etwa € 14, bei Mitarbeitern in der Progressionsstufe 50% nur noch € 12,50.

In die **Progressionsstufe** mit 36,50% fällt man mit jenem Teil des zu versteuernden Einkommens, das über € 11.000 liegt, in die Stufe von 43,21% mit dem Teil über € 25.000 und in die Stufe von 50% mit jenen zu versteuernden Einkommensbestandteilen, die über € 60.000 liegen.

Auch wenn diese Gehaltsumwandlung quasi **mitarbeiterfinanziert** ist und sie dem Arbeitgeber nichts kostet, muss dieser der Umwandlung zustimmen und sie auch in der Buchhaltung durchführen.

Dieser **Mehraufwand** in der Verwaltung wird dem Arbeitgeber insofern schmackhaft gemacht, als er sich nach Rechtsansicht des BMF für die € 300 die Bezahlung eines Teiles der **Lohnnebenkosten** erspart, die ihn vorher bei der Lohnzahlung getroffen haben (Dienstgeberbeitrag zum Familienlastenausgleichsfonds und den Dienstgeberbeitrag in der Summe von rund 5%; fraglich die Kommunalsteuer in der Höhe von 3%).

5.3 Die Pensionskasse und die betriebliche Kollektivversicherung

Im Gegensatz zum Modell der Direktversicherung (Zukunftssicherung, 300-Euro-Modell), bei dem ja nur € 300 pro Jahr begünstigt einbezahlt werden dürfen, ist es hier möglich, bis zu 10% vom Bruttolohn des Mitarbeiters in eine **Pensionskasse** oder eine **betriebliche Kollektivversicherung** (**BKV**) einzubezahlen (streng genommen 10% der Lohn- und Gehaltssumme der in das Versorgungsmodell aufgenommenen Personen) und einen deutlich höheren Teil zur Schließung seiner **Pensionslücke** beizutragen.

Verdient ein Mitarbeiter beispielsweise € 3.000 brutto im Monat, könnten bis zu € 300 monatlich für ihn einbezahlt werden – zuzüglich der 2,5% Versicherungssteuer.

Die steuerlichen Vorteile für den Mitarbeiter während der Ansparphase liegen, genauso wie bei den anderen Modellen der betrieblichen Pensionsvorsorge, in einer Befreiung von der **Lohnsteuer** und den **Sozialversicherungsbeiträgen**.

Ein Unterschied zur Direktversicherung liegt jedoch in der Behandlung der Leistung aus der Pensionskasse bzw der Kollektivversicherung, also der konkreten **Rentenzahlung**. Diese ist dann gemeinsam mit der staatlichen Pension oder sonstigen Einkünften, die man als Pensionist bezieht, zu versteuern.

Somit kann man zusammenfassen, dass sich der **Mitarbeiter** die Bezahlung der Sozialversicherungsbeiträge zur Gänze erspart und die Lohnsteuer bzw Einkommensteuer bis zur Pensionsphase hinausschiebt. Dadurch kann jetzt brutto für netto veranlagt werden und die Lohnsteuer trifft ihn erst in der Zeit als Pensionist, in der man in der Regel einem geringeren Steuersatz unterliegt als im aktiven Berufsleben.

Gehaltserhöhung versus Pensionskassen- bzw BKV-Beiträge

Belastung Gehaltserhöhung € 1.500	Pensionskasse / BKV € 1.500
– Lohnnebenkosten – Sozialversicherung – Lohnsteuer	keine Lohnnebenkosten keine Sozialversicherung keine Lohnsteuer
ca € 600 am Lohnkonto	€ 1.500 für das Pensionskonto

Der **Arbeitgeber** kann die Prämien als Betriebsausgaben geltend machen und erspart sich die Lohnnebenkosten, wodurch auch für ihn ein Pensionskassen- oder BKV-Modell eine attraktive Alternative zu einer freiwilligen Gehaltserhöhung darstellt. Außerdem verursachen die beiden Modelle für den Arbeitgeber nahezu gar keinen **Verwaltungsaufwand**, weil seine „einzige" Aufgabe darin besteht, die Prämien an die Versorgungseinrichtung zu entrichten, und ansonsten keine bilanziellen Schritte notwendig sind.[58]

5.3.1 Das Grundmodell einer Pensionskasse

Seit im Jahr 1990 mit dem **Pensionskassengesetz** und dem **Betriebspensionsgesetz** ein gesicherter rechtlicher Rahmen geschaffen wurde, erfreuen sich die Pensionskassen jedes Jahr über deutliche Zuwächse.

Waren im Jahr 1995 rund 90.000 Österreicher von einem Pensionskassenmodell umfasst, so waren es Ende 2013 bereits 840.000 Personen, davon 83.000, die bereits eine Pension aus einer Pensionskasse bezogen. Die durchschnittliche Pensionshöhe lag dabei bei € 170 monatlich.

Im selben Zeitraum stieg das von den Pensionskassen verwaltete Vermögen von € 1,7 auf 17,4 Milliarden. Da das Pensionskassensystem noch relativ jung ist, befinden sich die meisten Personen noch in der Ansparphase.

Pensionskassen stellen eine Sonderform innerhalb der österreichischen Vorsorgelandschaft dar. Sie sind keine Versicherungen und keine Banken, sondern eigene **Vermögensverwaltungsunternehmen**, die der Altersvorsorge dienen und unter strenger staatlicher Aufsicht stehen.

Pensionskassen sind eigene Aktiengesellschaften, die im Wesentlichen drei Aufgaben erfüllen. Sie nehmen Prämien ein, die der Arbeitgeber für die **Pensionsvorsorge** seiner Mitarbeiter zu zahlen bereit ist. Dabei steht es dem Mitarbeiter frei, zusätzlich auch eigene Beiträge an die Pensionskasse zu entrichten.

58 Außer man entscheidet sich für die leistungsorientierte Variante des Vorsorgemodells.

Durch professionelles **Vermögensmanagement** versucht die Pensionskasse, höchstmögliche Erträge zu erwirtschaften und das Risiko dennoch in einem überschaubaren Rahmen zu halten.

Ab einem bestimmten Alter des Mitarbeiters, dem Namen entsprechend vernünftigerweise ab dem Pensionsantritt, zahlt dann die Pensionskasse dem Mitarbeiter direkt eine **lebenslange Rente** aus. Dasselbe gilt im Todesfall für versorgungsberechtigte Hinterbliebene.

Jeder Pensionskassenvertrag umfasst eine **Altersvorsorge** für die Arbeitnehmer und eine Absicherung der **Hinterbliebenen**. Zusätzlich kann eine **Invaliditäts-Versorgung** vereinbart werden.

Mitarbeiter, für die in eine Pensionskasse einbezahlt wird, heißen in der Fachsprache **Anwartschaftsberechtigte**. Jene Personen, die bereits eine Pension beziehen, nennt man **Leistungsberechtigte**.

Für jeden Anwartschafts- und Leistungsberechtigten wird von der Pensionskasse ein eigenes **Pensionskonto** geführt und die Kassen sind verpflichtet, diesen einmal pro Jahr schriftlich über seinen Kontostand, also seine zu erwartende Pension zu informieren.

5.3.1.1 Sicherheit und Rendite

Die wichtigste Aufgabe von Pensionskassen ist es, für ihre Anwartschafts- und Leistungsberechtigten **hohe Erträge** zu erwirtschaften, zugleich aber auch langfristige **Sicherheit** und **Stabilität** zu gewähren.

Dazu gibt das Pensionskassengesetz (§ 25) einen Rahmen vor, wie die Gelder veranlagt werden müssen. Innerhalb dieses Rahmens können sich die einzelnen Pensionskassen jedoch frei bewegen.

Grundsätzlich wird in Vermögenswerte mehrerer Veranlagungskategorien investiert:

- Guthaben bei Kreditinstituten und Kassenbeständen
- Darlehen und Kredite
- Forderungswertpapiere (Anleihen)
- Aktien, aktienähnliche begebbare Wertpapiere, Unternehmensanleihen, sonstige Beteiligungswertpapiere
- Immobilien
- Sonstige Vermögenswerte

Jeder Veranlagungskategorie werden hierbei jedoch bestimmte Grenzen gesetzt. So dürfen bei Verträgen mit Mindestertrag maximal 50% des Vermögens in Aktien oder aktienähnliche Produkte (inkl. Unternehmensanleihen) investiert werden, bei Verträgen ohne Mindestertrag bis zu 70%. Als weitere Vorgaben dürfen beispielsweise maximal 30% in Fremdwährungen veranlagt sein, maximal 30% in nicht geregelten Märkten etc.

Die Höhe der Leistung, die man aus einer Pensionskasse erhält, hängt, ähnlich wie bei einer fondsgebundenen Lebensversicherung, hauptsächlich vom **Veranlagungserfolg** ab.

Die Angaben über die Höhe der Pension, die man zum Pensionsalter erreichen wird, können somit nur unverbindliche Prognosen sein. Vergleicht man verschiedene Angebote miteinander, ist darauf zu achten, welche Performancezahlen dabei unterstellt werden und wie realistisch diese langfristig erscheinen.

Vom Beitrag, den der Arbeitgeber entrichtet, wird eine **Versicherungssteuer** in der Höhe von 2,5% einbehalten, ebenso wie die **Kosten** der Pensionskasse, welche diese bereits bei Vertragsabschluss dem Kunden bekannt geben muss.

Der restliche Teil der Prämie, also die sogenannte **Sparprämie**, fließt in die Veranlagung. Die Rente, die man daraus erhält, ist umso höher, je besser die Veranlagung ist und umgekehrt.

Steuerliche Begünstigung in der Veranlagung

Dabei wird die Pensionskasse bei der Veranlagung steuerlich sehr begünstigt. Sowohl die **Kapitalerträge** als auch die **Kursgewinne** bleiben steuerfrei und es fällt auch keine Kapitalertragsteuer an. Zusätzlich können Pensionskassen durch ihr großes Veranlagungsvolumen Wertpapiere zu wesentlich günstigeren **Konditionen** einkaufen, als dies der einzelne Anleger machen könnte.

Pensionskassen sind weiters verpflichtet, tatsächlich 100% des erwirtschafteten Ertrages an die Anwartschafts- und Leistungsberechtigten weiterzugeben.

Trotz der günstigen steuerlichen und organisatorischen Rahmenbedingungen muss man sich darüber im Klaren sein, dass man sich auch hier mit seiner Vorsorge am **Kapitalmarkt** befindet und **Schwankungen** nach oben und nach unten vorkommen können.

Durch die Möglichkeit, bis zu 70% in Aktien anzulegen (bei Verträgen mit Mindestertragsgarantie bis zu 50%), können diese Schwankungen unter Umständen auch recht deutlich ausfallen. Dabei stellt sich auch die Frage, inwieweit die Pensionskassen diese Möglichkeit überhaupt voll ausschöpfen oder ob sie aus Gründen der Vorsicht diesen Anteil lieber geringer halten.

Verfolgt man die **Performancezahlen** der letzten 20 Jahre, so sind vor allem ab dem Jahr 2000 massive Schwankungen im Ergebnis der Pensionskassen erkennbar, verursacht durch diverse wirtschaftliche und politische Krisenphasen. Im langfristigen Durchschnitt seit 1991 lag das Anlagergebnis bei 5,63%, der Durchschnitt der letzten zehn Jahre betrug 3,93%.

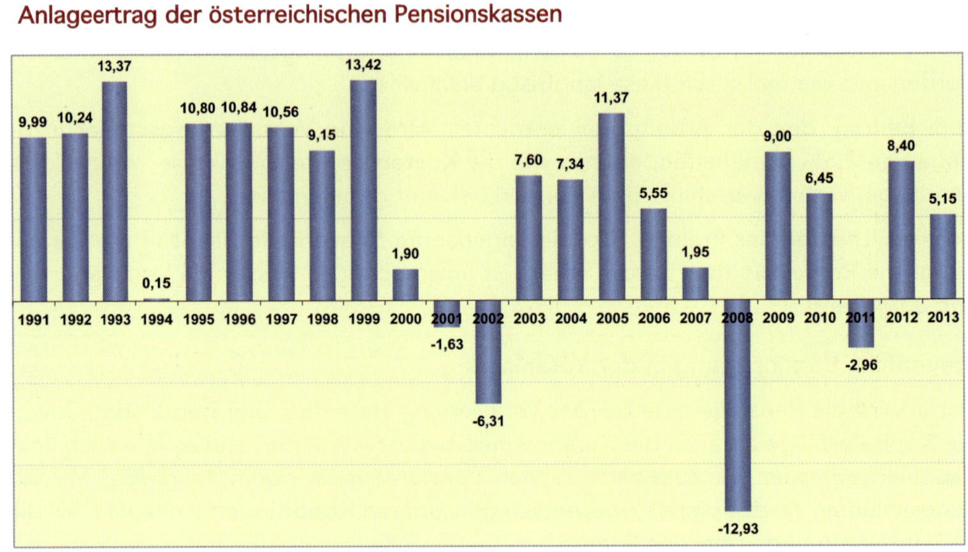

Quelle: Wirtschaftskammer Österreich, Pensionskassenverband

Wichtig für den **Anwartschaftsberechtigten** ist, dass im Schnitt über die gesamte Ansparzeit hinweg eine gute **Rendite** erwirtschaftet wird, kurzfristige Schwankungen spielen hierbei eine eher untergeordnete Rolle.

Anders ist es bei Personen, die bereits eine **Rente** aus einer Pensionskasse beziehen. Dazu muss man einmal genauer betrachten, wie die Pensionshöhe bei Pensionskassen überhaupt ermittelt wird.

5.3.1.1.1 Schwankungen in der Pensionskassenrente

Bis zum Antritt der Pension ist ein bestimmtes Kapital angespart worden. Dieses muss jetzt in eine lebenslange Rente umgelegt werden. Wie hoch die ausbezahlte Rente sein wird, hängt auch vom Veranlagungserfolg ab, den die Pensionskasse weiterhin erwirtschaftet.

Bei der Berechnung der Höhe der ersten Pension wird eine Annahme über diesen zukünftigen Veranlagungserfolg getroffen. Dieser angenommene Zinssatz heißt „**Rechnungszinssatz**".

Ein Rechnungszins von 0% würde bedeuten, dass man für die Bestimmung der Höhe der Rentenzahlung für das erste Jahr davon ausgeht, dass die Pensionskasse ab dem Tag des Pensionsantritts überhaupt keine Verzinsung erwirtschaftet. Ein Rechnungszins von 4% unterstellt schon heute, dass die Pensionskasse jährlich 4% Performance liefert.

Im Gegensatz zur Rentenversicherung, wo dieser Zinssatz garantiert ist, ist er hier jedoch nur eine mathematische **Behelfsgröße**. Je höher der Rechnungszinssatz ist, den man verwendet, desto höher wird natürlich die Ausgangspension sein.

➲ Beispiel:

Mann, Rentenbegin mit 65 Jahren, Ausgangskapital € 100.000		
Rechnungszins	Jahresrente zum Rentenbeginn mit 60% Witwenübergang kollektiv	Jahresrente zum Rentenbeginn ohne Witwenübergang
0,00%	€ 3.944,53	€ 4.729,61
1,75%*	€ 4.606,52	€ 5.043,30
3,00%	€ 5.832,78	€ 6.646,87
4,00%	€ 6.524,36	€ 7.339,10
5,00%	€ 7.240,44	€ 8.052,52
6,00%	€ 7.977,32	€ 8.784,08
*) unter Verwendung der AVÖ2008-Unisex-Rechnungsgrundlagen		

Auf den ersten Blick müsste man also einen hohen Rechnungszins verwenden, damit der Mitarbeiter sofort eine hohe Pension ausbezahlt bekommt. Die Höhe des verwendeten Rechnungszinses wird in der Regel innerhalb eines bestimmten Rahmens von **Arbeitgeber** und **Betriebsrat** (wo vorhanden) bestimmt.

Wie hoch die ausbezahlte Pension langfristig aber wirklich ist, hängt vom tatsächlichen **Veranlagungserfolg** der Pensionskasse ab. Wählt man einen zu hohen Rechnungszinssatz, freut man sich anfänglich über eine hohe Rente, muss dann aber vielleicht bald Kürzungen in Kauf nehmen.

Nehmen wir einmal an, die Pensionskasse würde im nächsten Jahr eine Performance von 5% erreichen. Jener Pensionist, dessen Pension mit 0% berechnet worden ist, würde dann eine **Erhöhung** seiner Pension um 5% erhalten. Derjenige, dessen Pension einen Rechnungszins von 3% enthält, würde noch 2% Erhöhung bekommen, und derjenige, dessen Pension ohnehin schon mit unterstellten 5% berechnet worden ist, würde keine Erhöhung bekommen.

Die Pensionen, die mit einem Rechnungszinssatz von 6% berechnet worden sind, die müssen jetzt sogar um 1% **gekürzt** werden. Und dieses Spiel setzt sich Jahr für Jahr fort.

Und genau dieses Problem der **Rentenkürzungen** hat in den Jahren mit schlechten Veranlagungsergebnissen für Unruhe gesorgt und viele Pensionskassenpensionisten hart getroffen, umso mehr natürlich jene mit hohen Rechnungszinssätzen.

Hat nämlich die Pensionskasse ein Minus von 3% gemacht, so hat jemand mit einem 6%igen Rechnungszinssatz eine Kürzung seiner Pension von 9% zu erwarten, bei einem Minus von 12% eine Kürzung von 18%. Sicherlich erfolgt hier nur eine Anpassung an die **tatsächlichen Verhältnisse**, weil man bisher eine Pension bezogen hat, die auf einem geschätzten Veranlagungserfolg basiert, der eben durch die momentane Situation am

Kapitalmarkt nicht erreicht werden kann. Trotzdem ist es für niemanden wirklich nett, wenn eine Pension, die man vielleicht bereits verplant hat, plötzlich wieder reduziert wird.

Damit es nicht jährlich zu großen, eben beschriebenen Schwankungen in der Pensionshöhe kommt, bilden Pensionskassen sogenannte **Schwankungsrückstellungen**.

Diese werden in Zeiten guter Veranlagungsergebnisse als finanzieller Polster bzw Puffer aufgebaut und in schlechten Jahren wieder abgebaut, um die Pensionsleistung möglichst konstant zu halten. Bleibt die Performance jedoch über einen längeren Zeitraum hinweg schlecht und sind die Polster aufgebraucht, kann es hier durchaus zu Kürzungen der Renten kommen, ebenso wie es in guten Zeiten zu deutlichen Erhöhungen kommen kann, die man ebenfalls nicht vergessen sollte.

Auch wurde von der **Aufsichtsbehörde** festgelegt, dass bei neuen Pensionskassenverträgen keine Rechnungszinssätze von über 3% mehr verwendet werden dürfen, um eben Pensionskürzungen so gut wie möglich zu vermeiden.

Pensionskassenzusage mit Mindestertrag

Die Pensionskasse ist verpflichtet, die Pensionskassengeschäfte im Interesse der Anwartschafts- und Leistungsberechtigten zu führen. Sicherheit, Rentabilität, der Bedarf an flüssigen Mitteln und eine angemessene **Mischung und Streuung** der Vermögenswerte stehen im Vordergrund.

Um jedoch den Anwartschafts- und Leistungsberechtigten auch ein bestimmtes Ausmaß an Mindestsicherheit zu geben, muss die Pensionskasse auch eine **Mindestgarantie** gewähren. Diese beträgt, jeweils auf einen Fünf-Jahres-Zeitraum betrachtet, die Hälfte der durchschnittlichen monatlichen Sekundärmarktrendite von Bundesanleihen abzüglich 0,75%.

Beträgt die durchschnittliche Sekundärmarktrendite beispielsweise 3%, so ergibt sich folglich eine Mindestgarantie von 0,75% (3/2 – 0,75).

Das Gewähren einer Garantie in der Veranlagung stellt für eine Pensionskasse ein entsprechendes Risiko dar, da Fehlbeträge nach einem komplizierten Berechnungsmodus aus Eigenmitteln der Pensionskasse gedeckt werden müssen. Aus diesem Grund muss für Pensionskassenzusagen mit Mindestertragsgarantie neben den allgemeinen Vorschriften für Eigenkapital (mindestens € 5 Millionen eingezahltes Grundkapital; mind 1% der Deckungsrückstellung für Anwartschaften und laufende Leistungen) auch noch eine sogenannte **Mindestertragsrücklage (MERL)** gebildet werden.

Diese Mindestertragsrücklage muss 3% des Gesamtwertes der Deckungsrückstellung betragen. Als **Deckungsrückstellung** ist vereinfacht jenes Kapital zu verstehen, das für den Mitarbeiter bei der Pensionskasse bis dato angesammelt worden ist.[59] Woher nimmt aber eine Pensionskasse nun die entsprechenden Eigenmittel?

---

59 Bei leistungsorientierten Zusagen mit **unbeschränkter Nachschusspflicht** des Arbeitgebers gibt es keine Verpflichtung zur Dotierung einer Mindestertragsrücklage, da das gesamte Risiko einer schlechten Performance sowieso auf den Arbeitgeber abgewälzt ist.

Die Mindestertragsrücklage wird Schritt für Schritt aufgebaut, indem die Pensionskasse Jahr für Jahr 0,6% der Deckungsrückstellung (die ja faktisch bereits den Anwartschafts- und Leistungsberechtigten gehört) entnimmt, davon ein Viertel als Steuer an die Finanz abliefert und somit jährlich die Rücklage mit 0,45% befüllt, bis die notwendigen 3% erreicht sind.

Anders formuliert, werden dem Mitarbeiter jährlich 0,6% der Performance weggenommen, um den Mindestertrag langfristig sicherstellen zu können, solange bis die Rücklage die gesetzlich geforderten 3% der Deckungsrückstellung ausmacht.

Pensionskassenzusage ohne Mindestertragsgarantie

Seit einer Novelle des Pensionskassengesetzes im Jahre 2005 kann die Garantie des Mindestertrages aber auch ausgeschlossen werden, sowohl bei neu abgeschlossenen als auch bei bestehenden Pensionskassenverträgen (**Opting Out**). Der Ausschluss ist nur gültig, wenn er im Kollektivvertrag, der Betriebsvereinbarung oder in der Vereinbarung gemäß Vertragsmuster dezidiert festgehalten ist, und gilt für alle von der Vereinbarung umfassten Arbeitnehmer. In diesem Fall braucht **keine Mindestertragsrücklage** gebildet werden und die Performance kommt den Mitarbeitern ungeschmälert zugute.

Auch ist es bei Pensionskassenzusagen ohne Mindestertragsgarantie möglich, bis zu **70%** der Vermögenswerte in Aktien zu veranlagen, während ansonsten die Obergrenze bei 50% liegt.

Dabei muss jetzt jeder Pensionskassenkunde (= Arbeitgeber) selbst abwägen, wie viel ihm die von der Pensionskasse gebotene **Garantie** wert ist. Ist man der Meinung, dass die Garantie der Hälfte der durchschnittlichen Sekundärmarktrendite der letzten fünf Jahre abzüglich 0,75% bei einer vernünftigen Veranlagung langfristig sowieso erreicht werden wird und dass man sich dafür nicht für viele Jahre 0,6% von der Performance abziehen lassen möchte, gibt es die Möglichkeit, **auf die Mindestertragsgarantie zu verzichten**. Hiervon kann man beim Neuabschluss eines Pensionskassenvertrages ebenso Gebrauch machen wie bei bereits bestehenden Pensionskassenverträgen.

Zu bedenken ist hierbei aber auch, dass diese Entscheidung für einen Arbeitgeber in einem beitragsorientierten Pensionskassenmodell überhaupt keine Auswirkung hat. Der Arbeitgeber trifft somit eine Entscheidung über zukünftige Höhen und mögliche Schwankungsbreiten der Renten seiner Arbeitnehmer. Somit sollten diese in den Entscheidungsprozess auch mit eingebunden werden.

Weitere Sicherungsmaßnahmen

Zur Sicherung der Ansprüche der Anwartschafts- und Leistungsberechtigten zählen aber nicht nur steuerliche Begünstigungen und eine Mindestgarantie, sondern eine Vielzahl weiterer gesetzlicher Maßnahmen.

Im **Konkursfall** des **Arbeitgebers** besteht für die angesparten Gelder keine Gefahr, weil sie ja in der Pensionskasse ausgelagert sind und es keinen Rückfluss in das Unternehmen des Arbeitgebers geben kann.

Das Vermögen der Pensionskasse an sich und das Vermögen der Anwartschafts- und Leistungsberechtigten sind rechtlich strikt voneinander getrennt, sodass auch im Falle eines **Pensionskassenkonkurses** die angesparten Gelder gesichert bleiben.

Zusätzlich müssen Pensionskassen eine Vielzahl von gesetzlichen **Auflagen** erfüllen, um überhaupt das Pensionskassengeschäft betreiben zu können.

Als Sicherungsmaßnahme für den Mitarbeiter zählt natürlich auch die Tatsache, dass die für ihn einbezahlten Gelder spätestens nach dem Ablauf einer bestimmten Wartezeit (maximal drei Jahre, früher fünf Jahre) **unverfallbar** sind und ihm gehören, egal wann und wie er aus dem Unternehmen ausscheidet (siehe Kapitel 5.3.7).

5.3.2 Das Grundmodell einer betrieblichen Kollektivversicherung

Mit 23. September 2005 ist in Österreich ein neuer Durchführungsweg der betrieblichen Altersvorsorge auf den Markt gekommen, die betriebliche Kollektivversicherung (**BKV**).

Damit wurde eine langjährige Forderung der Versicherungswirtschaft erfüllt, die sich in ihrer Möglichkeit der Produktgestaltung und den steuerlichen Rahmenbedingungen im Vergleich zu Pensionskassen benachteiligt fühlte.

Sind beispielsweise Pensionskassenbeiträge mit einer **Versicherungssteuer** von 2,5% belegt, so betrug die Versicherungssteuer bei Lebensversicherungsverträgen in der Regel 4%. Können Pensionskassen in der **Veranlagung** der Kundengelder völlig steuerfrei agieren, so waren die Wertzuwächse im Bereich der Lebensversicherung zumindest teilweise mit der Körperschaftsteuer belastet. Auch die Möglichkeit, betriebliche Vorsorgeprodukte anzubieten, die **Betriebsausgaben** darstellen und in der Ansparphase von **Lohnsteuer** und **Sozialabgaben** befreit sind, war zuvor, wenn man von den in der Höhe deutlich beschränkten Möglichkeiten der Zukunftssicherung im Rahmen des § 3 Abs 1 Z 15 lit a EStG 1988 absieht, den Pensionskassen vorbehalten. Ebenso wurden Pensionskassenmodelle um die Möglichkeit beneidet, dass sich die Arbeitnehmer selbst an der Beitragsleistung beteiligen können und dafür auch eine interessante steuerliche **Förderung** erhalten sowie eine lebenslang **steuerfreie Rente** beziehen können.

Eine Gesetzesänderung, die mit 23. September 2005 in Kraft getreten ist, ermöglicht seitdem auch den Versicherungsgesellschaften, die zum Betrieb der Lebensversicherung berechtigt sind, ein Altersvorsorgeprodukt (in verschiedenen Ausprägungen) in Form einer **Gruppenversicherung** anzubieten, das steuerrechtlich und arbeitsrechtlich einem Pensionskassenmodell so gut wie möglich gleichgestellt ist.

Bei einer BKV handelt es sich also um eine **Gruppenrentenversicherung**, die eine Reihe von **Voraussetzungen** erfüllen muss, um arbeitsrechtlich und steuerrechtlich als betriebliche Kollektivversicherung anerkannt zu werden. Diese Voraussetzungen nähern die BKV in ihrem Wesen einem Pensionskassenmodell an, ohne dass sie jedoch ihre Eigenschaft als Produkt der **Vertragsversicherung** verliert.

Nicht jede Gruppenrentenversicherung ist somit immer auch zugleich eine betriebliche Kollektivversicherung.

Ein BKV-Vertrag kann auf Basis einer **Betriebsvereinbarung**, eines **Kollektivvertrages** oder einer **Einzelvereinbarung** zwischen Arbeitgeber und Arbeitnehmer abgeschlossen werden. Die Einzelvereinbarung hat einem Vertragsmuster unter Berücksichtigung des § 18 BPG in der jeweils geltenden Fassung zu entsprechen.

Ein BKV-Vertrag muss jedenfalls eine **Alters- und Hinterbliebenenpension** vorsehen, **Invaliditäts-**(Berufsunfähigkeits-)**pensionen** können vorgesehen werden. Weitere Versicherungsleistungen sind nicht zulässig.

Eine **Kapitalabfindung** ist nur zulässig, wenn bei Eintritt des Leistungsfalles der Barwert des Auszahlungsbetrages den Betrag gemäß § 1 Abs 2 und 2a PKG, also momentan € 11.400, nicht übersteigt.

Bezüglich der **Kostengestaltung** trifft das Versicherungsaufsichtsgesetz eine besondere Regelung. Bei herkömmlichen Lebensversicherungsprodukten wird zumeist ein Großteil der **Abschlusskosten** (Kosten für die Vertragserrichtung und Vermittlerprovisionen) von der ersten Jahresprämie einbehalten. Dadurch setzt der Kapitalaufbau erst zeitlich verschoben ein und der effektive Ertrag aus der Versicherung wird mit jedem Jahr, das sie länger läuft besser, optimalerweise natürlich bis zum vereinbarten Vertragsablauf. Will man vorzeitig auf das angesparte Kapital zugreifen, ergibt sich naturgemäß vor allem in den Anfangsjahren ein schlechter **Rückkaufswert**. Verbesserungen bringt hier jedoch bereits auch die Gesetzesänderung, dass die Abschlusskosten bei einem Rückkauf innerhalb der ersten fünf Jahre nur anteilig verrechnet werden dürfen, wie im Kapitel 4.1.2.4 bereits behandelt.

Nachdem bei der betrieblichen Kollektivversicherung bei einer Beendigung des Arbeitsverhältnisses vor Eintritt des Leistungsfalles die reguläre Zugehörigkeit zum BKV-Modell endet und ein **Unverfallbarkeitsbetrag** errechnet wird, über den der Begünstigte in vielfältiger Art und Weise verfügen kann, muss dafür Sorge getragen werden, dass auch bereits nach kurzen Laufzeiten ein entsprechendes Guthaben vorhanden ist. Vor allem auch im Hinblick darauf, dass Dienstverhältnisse immer kürzer andauern und ein häufiger Wechsel des Arbeitsplatzes dem Mitarbeiter hier finanziell nicht allzu sehr schaden darf.

Zu diesem Zweck dürfen bei der BKV die **Abschlusskosten** somit nicht von der ersten Jahresprämie abgezogen werden, sondern müssen **über die gesamte Vertragslaufzeit verteilt** werden.

Weiters wird durch das VAG sichergestellt, dass Überschüsse, die bei Versicherungsverträgen den Begünstigten in Form einer **Gewinnbeteiligung** zugutekommen, diesen auch möglichst zeitnah zugeschrieben werden.

Vielfach ist es bei Lebensversicherungen üblich, Überschüsse in **Rückstellungen** für Gewinnbeteiligung zu „parken" und erst bei Vertragsablauf beispielsweise in Form einer doppelten Gewinnausschüttung dem Vertrag gutzuschreiben.

Bei der BKV müssen Überschüsse spätestens zum Ende des Geschäftsjahres, das dem Geschäftsjahr folgt, in dem die Überschüsse entstanden sind, dem einzelnen Versicherungsvertrag (der **Deckungsrückstellung**) gutgeschrieben werden. Auch diese Bestimmung dient dazu, Begünstigten, die mehrfach ihren Arbeitgeber wechseln, jederzeit einen möglichst hohen Unverfallbarkeitsbetrag zu gewähren.

5.3.2.1 Sicherheit und Rendite

Das Versicherungsaufsichtsgesetz legt fest, dass die betriebliche Kollektivversicherung nicht als fondsgebundene oder indexgebundene Lebensversicherung betrieben werden darf. Somit ist die BKV in einem **„klassischen" Deckungsstock** der Lebensversicherung zu verwalten.

Bei der **fondsgebundenen Versicherungsvariante** kann jeder Kunde (im Rahmen der Angebotspalette des Versicherers) frei entscheiden, in welchen Fonds seine **Sparprämien** (= die Prämie abzüglich Versicherungssteuer, Kosten und Risikoanteilen) veranlagt werden sollen. Dabei ist von einer konservativen Veranlagung in geldmarktnahen Fonds bzw Rentenfonds bis hin zu einer hochspekulativen Veranlagung in reinen Aktienfonds alles möglich. Hohen Gewinnchancen steht die Möglichkeit eines Kapitalverlustes entgegen.

Bei der **„klassischen" Variante** der Lebensversicherung fließt die Sparprämie in den sogenannten **Deckungsstock** der Versicherung. Der Versicherer kauft mit der Sparprämie beispielsweise Aktien, Anleihen und Kapitalanlagefonds, vergibt Hypothekardarlehen, hält Bankguthaben oder erwirbt Immobilien und widmet diese Vermögenswerte dem Deckungsstock, der treuhändisch von einer oder mehreren Depotbanken verwaltet wird. Hierbei gibt es jedoch detaillierte Vorschriften und Rahmenbedingungen der Finanzmarktaufsicht, die genau eingehalten werden müssen. Beispielsweise liegt die Obergrenze der Veranlagung in **Aktien** im „klassischen" Deckungsstock bei 40%.

Dieser stellt somit eine Summe an zweckgewidmeten Vermögenswerten dar, die dazu dienen, die Ansprüche der Versicherten jederzeit erfüllen zu können.

Für die betriebliche Kollektivversicherung ist ein **gesonderter Deckungsstock** zu bilden, was gewährleistet, dass Überschüsse aus den Kapitalerträgen für die BKV gesondert ermittelt werden und nur den Versicherten dieses Bereiches zugutekommen.

Bei der bilanziellen Bewertung der Vermögensgegenstände hat die BKV dem **Niederstwertprinzip** zu folgen, also einer vorsichtigen Bewertung der Vermögenswerte, bei welcher von Anschaffungswert und Börsen- oder Marktpreis der niedrigere Wert anzusetzen ist. Dadurch können stille Reserven aufgebaut werden, welche die Gewährung stabiler und garantierter Leistungen erleichtern.

Das Versicherungsunternehmen hat für jeden Versicherten ein eigenes **Konto** zu führen, aufgeteilt nach Prämien des Arbeitgebers und Eigenbeiträgen des Arbeitnehmers.

Betrachtet man die Angebote für eine klassische Erlebensversicherung oder eine klassische Rentenversicherung, welche die betriebliche Kollektivversicherung ja darstellt, so sieht man, dass neben einem garantierten Ablaufkapital auch ein voraussichtlicher, unverbindlicher Ablaufgewinn dargestellt ist bzw neben einer **garantierten Rente** auch eine voraussichtliche, unverbindliche **Rente aus der Gewinnbeteiligung**.

Der garantierte Anteil ergibt sich daraus, dass man die Sparprämie über die gesamte Laufzeit hinweg mit dem **garantierten Rechnungszinssatz** verzinst und bei Rentenversicherungen in eine lebenslange Rente umwandelt. Der garantierte Rechnungszinssatz liegt momentan bei Neuabschlüssen bei 1,75% und bleibt über die gesamte Vertragsdauer hindurch unverändert.[60]

Hinzu kommt die **Gewinnbeteiligung** bzw die Rente aus dieser Gewinnbeteiligung. Sie soll einen Ausgleich zum jenem **Geschäftsergebnis** darstellen, das der Versicherer tatsächlich mit den Sparprämien der Kunden erwirtschaftet hat. Die Höhe der Gewinnbeteiligung muss im Geschäftsplan der Versicherung festgehalten werden und sie muss dem Versicherungsnehmer im jeweiligen Jahr auch tatsächlich gutgeschrieben werden. Bereits zugewiesene Gewinne können nicht mehr verfallen. Nur für Folgejahre kann die Höhe der Gewinnbeteiligung vom Versicherer geändert und den Marktgegebenheiten angepasst werden, was dazu führen kann, dass zukünftige Gewinnzuweisungen geringer oder höher ausfallen als prognostiziert.

Durch die Verpflichtung der **jährlichen Zuweisung** von Garantiezinssatz und Gewinnbeteiligung kann es sich der Versicherer nicht leisten, schwerpunktmäßig in Investments zu veranlagen, die großen Schwankungen ausgesetzt sind. Daher müssen die Lebensversicherer den Aktienanteil in der Veranlagung auch eher gering halten und schöpfen die möglichen 40% Aktienquote zurzeit bei weitem nicht aus.

Somit ergibt sich bei der betrieblichen Kollektivversicherung ein **kontinuierlicher sicherer Kapitalaufbau**, basierend auf einem garantierten Rechnungszinsfuß und der Tatsache, dass bereits zugewiesene Erträge nicht mehr verloren gehen können, jedoch **ohne große Renditephantasien**.

5.3.3 Für wen ist ein Pensionskassen- oder BKV-Modell möglich?

Ein **Pensionskassenmodell** kommt für alle Personen mit einem **privatrechtlichen Arbeitsverhältnis** in Frage, somit für jeden Arbeiter und Angestellten. Auch Vertragsbedienstete und Personen, die in einem öffentlich-rechtlichen Dienstverhältnis zum Bund oder einer Gebietskörperschaft stehen, können in ein Pensionskassenmodell einbezogen werden.

Geschäftsführer einer GmbH mit maximal 25% Beteiligung an der Gesellschaft oder **Vorstände** einer Aktiengesellschaft können zu denselben Voraussetzungen wie normale Arbeitnehmer in das Pensionskassenmodell aufgenommen werden, wenn sie für ihre Mitarbeiter auch Beiträge einbezahlen.

Aber auch der **Arbeitgeber** oder der **mehrheitlich beteiligte Geschäftsführer** können in ein Modell integriert werden, sofern sie auch ihre Mitarbeiter einbeziehen. Nur gelten für sie dann spezielle steuerliche Regelungen (zB Beiträge nicht als Betriebsausgabe absetzbar), die wir in diesem Rahmen jedoch nicht näher erläutern wollen.

[60] Für 2015 ist bei Neuabschlüssen mit einer Reduktion auf 1,5% zu rechnen.

Der Kreis der möglichen Anwartschaftsberechtigten einer betrieblichen Kollektivversicherung entspricht exakt dem Kreis der in den vorigen Absätzen beschriebenen möglichen Anwartschaftsberechtigten einer Pensionskasse mit einer Ausnahme: Personen, die in einem öffentlich rechtlichen Dienstverhältnis zum Bund oder einer Gebietskörperschaft stehen und Vertragsbedienstete sind im Versicherungsaufsichtsgesetz (noch) nicht als mögliche Anwartschaftsberechtigte einer BKV genannt.

Ebenso wie bei der Direktversicherung ist es bei Pensionskassen- und BKV-Modellen nicht möglich, wahllos Mitarbeiter herauszupicken, für die man einen Beitrag leisten möchte.

Auch hier gilt die Regelung, dass man das Modell entweder für alle Mitarbeiter oder zumindest für bestimmte **Gruppen** einführen muss. Die Gruppenbildung muss sachlich und betriebsbezogen erfolgen und darf keinesfalls willkürlich sein, wie wir das im Kapitel 5.2.2 bereits besprochen haben.

5.3.4 Vertragsgestaltung und Versicherungsleistungen

Der Beitritt zu einer Pensionskasse oder betrieblichen Kollektivversicherung erfolgt in der Regel über eine **Betriebsvereinbarung** oder einen **Kollektivvertrag**. Ist ein Mitarbeiter von keinem Betriebsrat vertreten, so erfolgt der Beitritt mittels einer **Einzelvereinbarung**.

Dadurch werden im Innenverhältnis zwischen Arbeitgeber und Mitarbeiter die wichtigsten **Spielregeln** des Modells festgelegt. Dabei geht es zum Beispiel um die Höhe der Beiträge, die der Arbeitgeber leistet, den Zeitraum, wie lange er diese leistet, für welche Gruppe Beiträge gezahlt werden, ob neben einer Alters- und Hinterbliebenenvorsorge auch noch eine Invaliditätsvorsorge getroffen wird, und vieles andere mehr.

Parallel dazu wird zwischen dem Arbeitgeber und der Pensionskasse bzw Versicherung der sogenannte **Pensionskassenvertrag** bzw **betriebliche Kollektivversicherungsvertrag** abgeschlossen, der das Verhältnis zwischen Arbeitgeber und Pensionskasse bzw Versicherung regelt und der neben anderen Inhalten auch den Inhalt der Betriebsvereinbarung, des Kollektivvertrages oder der Einzelvereinbarung widerspiegeln muss.

Wichtig ist auch die Klärung der Frage, ob die Versorgungszusage beitrags- oder leistungsorientiert ist und welche Risiken inkludiert sind.

Beitragsorientiert oder leistungsorientiert

Bei einem **beitragsorientierten Modell** gibt der Arbeitgeber die Höhe der Beiträge vor, die er bereit ist, an die Pensionskasse oder BKV zu bezahlen. So könnte er beispielsweise anbieten, dass er für jeden Mitarbeiter monatlich € 50 an die Versorgungseinrichtung überweist (fixer Beitrag).

Ebenso könnte er den Beitrag auch prozentuell an eine bestimmte Bemessungsgrundlage knüpfen und für jeden Mitarbeiter beispielsweise 3% vom Bruttolohn einbezahlen. Dadurch bekommen besser verdienende Mitarbeiter auch mehr Geld einbezahlt. Die Obergrenze der steuerlich begünstigten Einzahlung liegt bei 10% vom Bruttolohn.

Die Höhe der Pensionsleistung ergibt sich dann aus der Verrentung jenes Kapitals, das bis zum Pensionsantritt angespart ist.

Neben einem fixen Beitrag sind im beitragsorientierten Modell auch **variable Beiträge** möglich. Wenn sich der Arbeitgeber zur Leistung eines fixen Sockelbeitrages in Höhe von mindestens 2% des laufenden Entgelts verpflichtet, kann er auch in wirtschaftlich erfolgreichen Jahren variable Beiträge bis zur Höhe von 10% der jährlichen Lohn- und Gehaltssumme der Anwartschaftsberechtigten leisten. In weniger erfolgreichen Zeiten geht dann die Prämie wieder auf den Sockelbeitrag zurück.

Die Variabilität darf aber nicht willkürlich sein; variable Beiträge müssen sich an einer nachvollziehbaren und allgemein zugänglichen, nach objektiven Kriterien ermittelten betriebswirtschaftlichen, steuerrechtlichen oder unternehmensrechtlichen Kennzahl orientieren. Beispielsweise zahlt der Arbeitgeber für seine Mitarbeiter 2% des Bruttolohnes in eine PK/BKV und immer, wenn der Umsatz, Gewinn, ROI oder eine andere Kennzahl ein vorher definiertes Ausmaß erreicht, 5% (bis maximal 10%) des Bruttolohnes.

Bei einem **leistungsorientierten Modell** hingegen wird eine zukünftige Pensionsleistung versprochen. So kann zum Beispiel versprochen werden, dass die Mitarbeiter ab Pensionsantritt € 500 Zusatzpension erhalten sollen oder aber auch einen bestimmten Prozentsatz vom Letztbezug.

Die Pensionskasse bzw Versicherung errechnet dann den Beitrag, den der Arbeitgeber für jeden Mitarbeiter einbezahlen muss, um diese Pensionsleistung zu erreichen. Dabei müssen die Pensionskasse bzw die Versicherung einen bestimmten Veranlagungserfolg und eine bestimmte Lebenserwartung unterstellen. Ist das tatsächliche Ergebnis der Veranlagung besser als angenommen, kann der Arbeitgeber die Prämienzahlung verringern; ist sie schlechter als kalkuliert, muss er **Prämien nachschießen**. Auch ein Steigen der Lebenserwartung kann (bei Pensionskassenmodellen, die ja keine Garantie der heute gültigen Sterbetafeln geben) zu Prämiennachschüssen führen.

Nachdem leistungsorientierte Pensionskassen- oder BKV-Modelle für den Arbeitgeber eine entsprechend große Unsicherheit mit sich bringen, sind die meisten Modelle in Österreich beitragsorientiert.

Die inkludierten Risiken (Leistungsversprechen)

Jedes Pensionskassen- oder BKV-Modell inkludiert automatisch eine **Alterspension** und eine **Witwen- bzw Witwerpension**. In der Regel kann sich der Mitarbeiter entscheiden, ob er eine Witwen-/Witwerpension in der Höhe von 30% oder von 60% haben möchte. Auf Wunsch kann auch eine Berufsunfähigkeitspension oder eine Waisenpension mit eingeschlossen werden.

Hier ist jedoch darauf zu achten, dass Pensionskassen oder Kollektivversicherungen in der Regel nur einen geringen **Versicherungsschutz** bieten. Spricht man von einer Hinterbliebenenpension, so heißt dies zumeist, dass im Todesfall in der Pensionsphase ein bestimmter Prozentsatz der Pension lebenslang an die Witwe bzw den Witwer weiterbezahlt wird. Stirbt man jedoch während der Ansparphase, steht nur das vorhandene Kapital oder ein Teil davon für die Verrentung zur Verfügung.

Tritt der Tod aber bereits nach einer kurzen Prämienzahlungsdauer ein, wird nur wenig Kapital für eine echte Absicherung der Hinterbliebenen vorhanden sein. Ähnlich ist es auch mit der Berufsunfähigkeitsrente. Auch sie wird zumeist nur aus dem vorhandenen Kapital geleistet.

Möchte man diese Risiken vernünftig absichern, sind eine **Ablebensversicherung** oder eine **Berufsunfähigkeitsversicherung** ergänzend unbedingt notwendig.

5.3.5 Eigenbeiträge der Mitarbeiter

Neben den Beiträgen, die der Arbeitgeber an eine Pensionskasse oder betriebliche Kollektivversicherung leistet, ist es dem Mitarbeiter möglich, sich selbst auch an der Prämienzahlung zu beteiligen. Er muss dies zwar wie bei der privaten Vorsorge mit seinem **Nettolohn** machen, erhält jedoch eine **steuerliche Förderung**.

Für Eigenbeiträge bis zu einer Höhe von € 1.000 pro Jahr bekommt der Mitarbeiter einen staatlichen Zuschuss (**Prämie**) in derselben Höhe, wie dies bei der prämienbegünstigten Zukunftsvorsorge (Kapitel 4.1.4.1) der Fall ist.

Diese beträgt 2,75% zuzüglich jener Förderung, die es auch beim Bausparen gibt, somit insgesamt 4,25% (2,75% + 1,5%) für das Jahr 2014. Nützt der Mitarbeiter die ganze Förderung aus und bezahlt € 1.000 als Eigenbeitrag an die Pensionskasse oder BKV, so erhält er für das Jahr 2014 eine staatliche Prämie von € 42,5. Bis 2012 war die Förderung noch doppelt so hoch.

Zahlt der Arbeitnehmer mehr als die € 1.000 als Eigenbeitrag, kann er den übersteigenden Teil im Rahmen der **Sonderausgabenregelung** geltend machen (siehe Seite 140).

Grundsätzlich darf der Eigenbeitrag des Mitarbeiters nicht höher sein als der Beitrag, den der Arbeitgeber für ihn entrichtet. Die geförderten € 1.000 darf der Mitarbeiter aber immer an die Pensionskasse bzw BKV leisten, auch wenn der Arbeitgeberanteil geringer sein sollte. Ein Eigenbeitrag des Mitarbeiters allein, ohne Arbeitgeberbeitrag, ist jedoch nicht möglich.

Die **Rente**, die sich aus jenem Teil der Einzahlungen ergibt, die der Mitarbeiter selbst geleistet hat und für die er eine staatliche Prämie bezogen hat, ist ein Leben lang steuerfrei.

5.3.6 Wer bekommt in welcher Form die Ablaufleistung?

Pensionskassen und betriebliche Kollektivversicherungen dürfen ihre Leistungen nur in Form einer **lebenslangen Rente** ausbezahlen. Diese ergeht an den Mitarbeiter (Leistungsberechtigten), nach seinem Tod zu einem bestimmten Prozentsatz an den/die hinterbliebene(n) Ehegatten(in) oder an versorgungsberechtigte Kinder.

Von dieser Regelung gibt es nur eine Ausnahme, und zwar dann, wenn das angesparte Kapital einen bestimmten Betrag, der im Pensionskassengesetz festgelegt ist, nicht übersteigt. Momentan liegt diese „**Bagatellgrenze**" bei € 11.400. Diese Grenze wird regelmäßig, abhängig von der Entwicklung des Verbraucherpreisindex, in Schritten von € 300 erhöht. Beträgt das vorhandene Kapital bei Beendigung des Dienstverhältnisses also weniger als dzt € 11.400, so kann man es sich auch einmalig abfinden lassen – und das zu steuerlich interessanten Bedingungen.

5.3.7 Was geschieht bei einem vorzeitigen Austritt aus dem Unternehmen?

Alle Beiträge, die der **Arbeitnehmer** selbst entrichtet hat, werden **sofort unverfallbar**. Niemand braucht also zu fürchten, beispielsweise im Falle einer Selbstkündigung, seine Ansprüche zu verlieren. Sogar im Falle eines Konkurses des Arbeitgebers kann niemand auf das Geld des Arbeitnehmers in der Pensionskasse oder Kollektivversicherung zugreifen.

Dies gilt grundsätzlich auch für jene Beiträge, die der **Arbeitgeber** für seine Mitarbeiter entrichtet. Allerdings gibt es hier bei **Pensionskassenmodellen** die Möglichkeit, eine höchstens dreijährige (früher fünfjährige) Frist einzubauen. Wird das Arbeitsverhältnis innerhalb dieser Frist beendet, egal aus welchem Grund, verliert der Mitarbeiter seinen Anspruch. Jeder Mitarbeiter, der von einem Pensionskassenmodell erfasst ist, sollte somit hinterfragen, ob eine bestimmte Unverfallbarkeitsfrist vereinbart ist oder nicht. Nach Ablauf dieser Zeit ist auch die Leistung aus den Arbeitgeberbeiträgen unverfallbar.

Beiträge des Arbeitgebers an **betriebliche Kollektivversicherungen** hingegen sind vom ersten Tag an unverfallbar.

Scheidet der Mitarbeiter aus dem Unternehmen aus, hat er **mehrere Möglichkeiten**, über das auf seinem Konto angesammelte Guthaben zu verfügen:

Er kann das Geld **bei der Pensionskasse oder BKV liegen lassen**, wo es weiter veranlagt wird. Zum vereinbarten Ablauf bekommt der Mitarbeiter eine lebenslange Rente aus dem bis dahin angesparten Kapital. Es besteht auch die Möglichkeit, weiterhin eigene Beiträge an die Pensionskasse oder BKV zu leisten.

Genauso ist es möglich, seinen Anspruch in die **Pensionskasse oder BKV eines neuen Arbeitgebers** übertragen zu lassen, wenn dieser auch ein derartiges Versorgungsmodell anbietet. Ebenso kann man sein Kapital auf eine **private Rentenversicherung** übertragen lassen, die man jedoch nicht vorzeitig rückkaufen darf.

Falls das angesparte Kapital weniger als € 11.400 beträgt (diese Abfindungsgrenze wird regelmäßig angepasst), kann man sich auch für eine **einmalige Abfindung** entscheiden bzw sind die Pensionskasse oder die BKV auch berechtigt, eine solche gegen den Willen des Begünstigten durchzuführen.

5.3.8 Die steuerliche Behandlung eines Pensionskassen- oder BKV-Modells

Zur Betrachtung der steuerlichen Behandlung eines Pensionskassen- oder BKV-Modells ist zwischen jenen Beiträgen zu unterscheiden, die der Arbeitgeber einbezahlt, und jenen, die der Mitarbeiter selbst leistet.

Arbeitgeberbeiträge

Der Mitarbeiter braucht für die einbezahlten Beiträge weder Lohnsteuer noch Sozialversicherungsbeiträge entrichten. Bekommt er dann die Leistung in Form einer lebenslangen Rente ausbezahlt, ist diese Rente gemeinsam mit einer staatlichen Pension oder sonstigen Einkünften, die er in der Pensionsphase bezieht, zu versteuern.

Für den Arbeitgeber sind die Beiträge von allen Lohnnebenkosten befreit und können als Betriebsausgabe abgesetzt werden, sofern die Beiträge 10% des Bruttolohnes[61] nicht übersteigen.

Arbeitnehmerbeiträge

Die Beiträge, die der Arbeitnehmer selbst entrichtet, muss er von seinem bereits versteuerten Netto-Einkommen bezahlen. Um die Verwaltungstätigkeit zu vereinfachen, behält der Arbeitgeber dieses Geld gleich ein und überweist es an die Pensionskasse oder BKV.

Der Mitarbeiter kann sich dann entscheiden, ob er seine Beiträge lieber im Rahmen der Topf-**Sonderausgaben** geltend macht oder ob er die **staatliche Prämie** in Anspruch nimmt. Entscheidet man sich für die staatliche Prämie, gehen aber die Eigenbeiträge über € 1.000 pa hinaus, so kann für die ersten € 1.000 die staatliche Prämie in Anspruch genommen werden; die übersteigenden Beiträge können im Rahmen der Topf-Sonderausgaben berücksichtigt werden.

Wer sich für die Variante mit den Sonderausgaben entschieden hat, muss ein Viertel der Rente, die er mit seinen (im Rahmen der Sonderausgaben abgesetzten) Beiträgen angespart hat, versteuern. Beträgt beispielsweise die Pension daraus € 400, dann muss man davon € 100 gemeinsam mit der staatlichen Pension oder sonstigen Einkünften versteuern.

Wer für seine Beiträge die staatliche Förderung in Anspruch genommen hat, erhält als zusätzlichen Anreiz eine lebenslang steuerfreie Rente.

Kapitalabfindung

Scheidet der Mitarbeiter aus dem Unternehmen aus und beträgt das angesparte Kapital weniger als € 11.400 (diese Grenze wird laufend indexiert), so kann er sich diesen Betrag als Einmalzahlung abfinden lassen.

Zur Berechnung der Steuer, die dafür zu entrichten ist, braucht die erhaltene Kapitalabfindung nicht zum laufenden Einkommen hinzugerechnet werden, sondern sie wird isoliert für sich besteuert. Dadurch ergibt sich bereits ein deutlich **günstigerer Steuersatz**, der noch dazu, als besonderes Steuergeschenk, halbiert werden darf.

[61] Genau genommen dürfen bei einem beitragsorientierten Modell 10% der Lohn- und Gehaltssumme der in das Modell einbezogenen Mitarbeiter nicht überstiegen werden. Die Versicherungssteuer in der Höhe von 2,5% kann zusätzlich abgesetzt werden.

➲ Beispiel:

Pensionsabfindung aus der Pensionskasse oder BKV bei Beendigung des Dienstverhältnisses € 8.000, davon € 4.000 aus Arbeitgeberbeiträgen und € 4.000 aus Arbeitnehmerbeiträgen	
Kapitalabfindung	€ 8.000
Davon steuerlich zu erfassen	
25% der Leistung aus AN-Beiträgen	€ 1.000
100% der Leistung aus AG-Beiträgen	€ 4.000
Insgesamt zu erfassen	**€ 5.000**
Besteuerung laut Tarif	0% für die ersten € 11.000 36,50% für die nächsten € 14.000
Steuerlast	€ 0
Davon die Hälfte	€ 0

Würde sich die Leistung aus Arbeitnehmerbeiträgen aus Beiträgen, für welche die staatliche Prämienförderung in Anspruch genommen wurde, ergeben, dann bliebe dieser Teil steuerfrei und somit würden hier anstatt € 5.000 nur € 4.000 die Bemessungsgrundlage bilden. Die Steuerlast würde sich somit aber auf den ersten Blick ebenfalls auf 0 belaufen, da der aktuelle Steuertarif für die ersten € 11.000 einen Steuersatz von 0 vorsieht.

Wurden für die Arbeitnehmerbeiträge staatliche Prämien in Anspruch genommen, so sind diese Prämien bei einer Kapitalabfindung jedoch zurückzuerstatten, was indirekt die Belastung wieder erhöht.

5.3.9 Pensionskasse versus betriebliche Kollektivversicherung

Nach der Darstellung der arbeitsrechtlichen und steuerrechtlichen Aspekte von Pensionskasse und BKV erkennt man, dass beide, wie es ja die Intention des Gesetzgebers war, nahezu gleichgestellt sind.

Worin liegen nun noch einmal kurz zusammengefasst die **Unterschiede** der beiden Varianten, wenn es um die konkrete Entscheidung für eines der beiden Modelle geht?

Die wesentlichen praxisrelevanten Unterscheidungskriterien findet man im unterschiedlichen Zugang bei der **Veranlagung der Vermögenswerte** und bei der Gewährung von **Garantien** im Bereich der Verzinsung bzw der Gewinnzuweisung. Ein weiteres, nicht zu vernachlässigendes Kriterium liegt in der Verwendung bestimmter **Rechnungsgrundlagen (Sterbetafeln)**, wenn es darum geht, den zu einem Stichtag angesparten Kapitalbetrag in eine lebenslange Rente umzuwandeln.

Veranlagung und Garantie

Auf der einen Seite haben wir die **betriebliche Kollektivversicherung**, die eine klassische Rentenversicherung darstellt. Der Teil der Rente, die sich aus dem Rechnungszinssatz (bei Abschlüssen im Jahr 2014 sind das 1,75%) ergibt, ist garantiert; hinzu kommt jener Teil, der sich aus der Gewinnbeteiligung ergibt. Die Versicherung dürfte 40% des Deckungsstockes in Aktien veranlagen, schöpft diese Möglichkeit aber bei weitem nicht aus, da dem Kunden jedes Jahr die Gewinnbeteiligung gutgeschrieben werden muss. Die Veranlagung muss daher konservativ sein und größere Schwankungen möglichst vermeiden. Einmal zugeschriebene Gewinne können für den Mitarbeiter nicht mehr verfallen.

Auf der anderen Seite haben wir die **Pensionskasse**. Je nachdem, ob es sich um ein Pensionskassenmodell mit (geringer) Mindestertragsgarantie handelt oder um ein Pensionskassenmodell ohne Garantie, können bis zu 50 bzw 70 Prozent des Deckungskapitals in Aktien veranlagt werden. Nachdem Pensionskassen nicht jedes Jahr einen bestimmten Zinssatz tatsächlich dem Konto der Anwartschafts- oder Leistungsberechtigten zuweisen müssen, können sie auf einen langfristigen Zeitraum auch risikofreudiger veranlagen.

Bei der Pensionskasse sind also die Anwartschafts- und Leistungsberechtigten ähnlich wie Anteilseigner an einem Kapitalanlagefonds zu sehen, dessen Wert jederzeit steigen oder auch fallen kann. Eine Begrenzung nach unten gibt es höchstens durch die Haftung der Pensionskasse für einen bestimmten **Mindesterfolg** in der Höhe von der Hälfte der durchschnittlichen monatlichen Sekundärmarktrendite der Bundesanleihen der vergangenen fünf Jahre abzüglich 0,75% der im Durchschnitt der letzten fünf Jahre jeweils erbracht werden muss, **sofern dies mit der Pensionskasse vereinbart ist**. Nachdem diese Garantie die Rendite schmälert, kann auch darauf verzichtet werden, wie im Kapitel 5.3.1.1 bereits dargestellt worden ist.

Verrentung des angesparten Kapitals

Sowohl bei der betrieblichen Kollektivversicherung als auch bei der Pensionskasse wird über die Laufzeit hinweg ein Kapitalstock aufgebaut, der dann bei Eintritt des Leistungsfalles in Form einer lebenslangen Rentenleistung ausbezahlt wird.

Die Rentenhöhe hängt dabei grundsätzlich vom angesparten **Kapitalstock**, dessen zukünftiger **Verzinsung**, dem **Alter bei Pensionsantritt** und der **statistischen Lebenserwartung** ab.

Zur Kalkulation von lebenslangen Renten werden von einer BKV oder einer Pensionskasse sogenannte **Sterbetafeln** verwendet. Man arbeitet also mit durchschnittlichen Sterbewahrscheinlichkeiten für bestimmte Personengruppen. In der Vergangenheit haben diese Sterbetafeln, auch **Rententafeln** genannt, immer wieder angepasst werden müssen, weil sich die Lebenserwartung ständig erhöht hat.

Mit Blickrichtung auf die Lebenserwartung gibt es bei Pensionskassenmodellen und der BKV einen wesentlichen Unterschied.

Bei der **Pensionskasse** wird das Kapital aufgrund der **bei Eintritt des Leistungsfalles** gültigen Rententafeln (Sterbetafeln) in eine Rente umgewandelt. Steigt die Lebenserwartung weiterhin signifikant an, so wird man in der Zukunft bei gleichem Kapital eine geringere Rente bekommen, weil diese zumindest kalkulatorisch für einen längeren Zeitraum gezahlt werden muss.

Bei der **betrieblichen Kollektivversicherung** hingegen werden für die Umwandlung der Rente im Leistungsfall die **bei Vertragsabschluss** gültigen Rententafeln garantiert. Die Umwandlung erfolgt also auf Basis der bei Abschluss vorherrschenden Lebenserwartung, was zumindest in einer Vergangenheitsbetrachtung ein deutlicher Vorteil war. In den letzten Jahren ist nämlich die Lebenserwartung statistisch um drei Monate pro Jahr gestiegen.

Somit stehen sich mit BKV und Pensionskasse zwei Produkte gegenüber, die von der steuerrechtlichen und arbeitsrechtlichen Situation idente Voraussetzungen haben, im Hinblick auf **Veranlagung** und **Garantieleistungen** jedoch völlig unterschiedlich agieren.

Auf der einen Seite steht die **Pensionskasse** mit der Möglichkeit einer **volatilen Veranlagung**, mit der Chance auf deutlich höhere Renditen, dafür aber mit eingeschränkten bis gar keinen Garantieleistungen, auf der anderen Seite die **betriebliche Kollektivversicherung** mit einer **konservativen Veranlagung** ohne Hoffnung auf große Renditesprünge, dafür mit einem kontinuierlichen Kapitalaufbau, einer **garantierten Mindestrente** und der **Garantie** auf die Verwendung **der bei Abschluss gültigen Rententafeln**.

5.4 Die Pensionszusage

Eine Pensionszusage ist ein beliebtes Instrument, um wichtige Mitarbeiter zu **motivieren** und um sie enger an das Unternehmen zu **binden**. Mit ihr gelingt es, einen wesentlichen Beitrag zur Absicherung des **Lebensstandards** in der Pensionsphase zu gewährleisten und einen adäquaten **Schutz** gegen die finanziellen Folgen von Tod und Berufsunfähigkeit zu sichern.

Zugleich kann das Unternehmen **Steuervorteile** erzielen und Lohnabgaben sparen. Pensionszusagen dieser Art werden in der Fachsprache auch als **direkte Leistungszusage** bezeichnet.

5.4.1 Das Grundmodell einer Pensionszusage

Ein Unternehmen verspricht einem wertvollen Mitarbeiter, dass er ab seinem Pensionsantritt eine lebenslange Firmenpension erhält. Das Versprechen erfolgt schriftlich, rechtsverbindlich und unwiderruflich und diesen Vertrag zwischen Unternehmen und Mitarbeiter nennt man eine „**Pensionszusage**". Neben der Alterspension kann die Pensionszusage auch ein Recht auf Berufsunfähigkeits- und Hinterbliebenenpension enthalten.

Eine angemessene Firmenpension kann bis zu 80% der laufenden Bezüge betragen, wobei darauf zu achten ist, dass es zum Pensionsantritt aller Voraussicht nach nicht zu einer **Überversorgung** kommt. Staatliche Pension und Firmenpension sollen zusammen also nicht höher sein als der Verdienst in der Aktivzeit.

Aufgrund dieses Vertrages kann das Unternehmen in der Bilanz **gewinnmindernde Pensionsrückstellungen** bilden und dadurch Steuerersparnisse erzielen. Ein jährliches Gutachten von einem geprüften Versicherungsmathematiker oder eine Berechnung nach anerkannten Regeln der Versicherungsmathematik liefern die entsprechenden in der Bilanz anzusetzenden Werte.

Das Unternehmen muss danach Jahr für Jahr **Wertpapiere** in der Höhe von 50% der gebildeten Pensionsrückstellungen ankaufen, womit ein Teil der Verpflichtung aus der Firmenpension bereits abgedeckt werden kann. Das restliche Kapital, das erforderlich ist, um das abgegebene Pensionsversprechen erfüllen zu können, wird idealerweise über eine **Rückdeckungsversicherung** angespart; das Risiko des vorzeitigen Ablebens und der Berufsunfähigkeit wird ebenfalls durch eine entsprechende Risikoversicherung abgedeckt.

Eine Novelle des Einkommensteuergesetzes im Jahr 2007 ermöglicht es auch, sogar **100%** des Kapitalbedarfes **über eine Rückdeckungsversicherung** anzusparen. Dies vereinfacht die Verwaltung des Modells und ermöglicht es auch, das Unternehmen mittels einer Rentenversicherung gegen die Risiken einer steigenden Lebenserwartung abzusichern.

Es ist zwar weiterhin die Regelung im Gesetz verankert, dass 50% der Rückstellung mittels Wertpapieren abgesichert werden müssen, jedoch kann auch das **Deckungskapital** einer Rückdeckungsversicherung auf dieses Deckungserfordernis angerechnet werden.

Beträgt beispielsweise die steuerrechtliche Pensionsrückstellung zum 31.12.2014 in der Bilanz € 10.000, so müssen bis zum 31.12.2015 bestimmte Wertpapiere mit einem Nennwert von € 5.000 angekauft werden oder man hat eine Rückdeckungsversicherung vorzuweisen, deren Wert zum 31.12.2015 zumindest ebenso € 5.000 aufweist. Liegt der Wert der Rückdeckungsversicherung unter den geforderten € 5.000, so müssen entweder Wertpapiere in der Höhe des Differenzbetrages angekauft werden oder es wird ein Kapitaleinschuss in die Versicherung geleistet, damit der Wert die € 5.000 erreicht.

Als „Wert" der Versicherung kann das vom Versicherer bekannt gegebene **Deckungskapital** inklusive vorhandener Gewinnanteile herangezogen werden bzw der **Rückkaufswert**, sollte dieser höher sein als das Deckungskapital.

Für die Anrechnung sind nur **„klassische"** und **„kapitalanlageorientierte" Lebensversicherungen** zugelassen (siehe Kapitel 4.1.2.1 und 4.1.2.3), keine fondsgebundenen oder indexgebundenen Versicherungen. Voraussetzung ist auch, dass die Versicherung ausschließlich der Besicherung von Pensionsanwartschaften dient; sie sollte also zugunsten des Begünstigten aus der Pensionszusage verpfändet werden.

Das Unternehmen ist bei dieser Rückdeckungsversicherung **Versicherungsnehmer**, Beitragszahler und Bezugsberechtigter. Der Mitarbeiter ist die **versicherte Person**. Nachdem der Stichtag, wann das Geld aus der Versicherung benötigt wird, genau definiert ist, nämlich zum Pensionsantritt des Mitarbeiters, macht es Sinn, hier auf eine eher konservative Versicherung (klassische Erlebensversicherung, fondsgebundene Versicherung mit geringerem Aktienanteil etc) zurückzugreifen, um allzu große Schwankungen zu vermeiden.

Durch die Kombination aus Versicherung, Wertpapieren, Rückstellungen und weiteren Steuerersparnissen kann eine Pensionszusage neben einer idealen Absicherung des Begünstigten und dessen Familie interessante Renditen erzielen.

Zusätzlich kann dem Mitarbeiter bei Antritt der Pension das Wahlrecht eingeräumt werden, entweder eine lebenslange, wertgesicherte **Pension** zu beziehen oder sich das angesparte Kapital in Form einer **Einmalabfindung** ausbezahlen zu lassen.

5.4.2 Für wen ist eine Pensionszusage möglich?

Pensionszusagen sind grundsätzlich für jeden Arbeitnehmer möglich. Aber auch Vorstände von Aktiengesellschaften und Geschäftsführer einer GmbH können in den Genuss einer Firmenpension kommen, völlig unabhängig davon, ob und wie viel Gesellschaftsanteile sie besitzen.

Bei Einzelunternehmen, Gesellschaften bürgerlichen Rechts, offenen Gesellschaften (OG) oder Kommanditgesellschaften (KG) sind zwar für die Arbeitnehmer steuerwirksame Pensionszusagen möglich, nicht jedoch für den Unternehmer bzw die Gesellschafter selbst.

In der Praxis werden Pensionszusagen an **wichtige Führungskräfte** wie Vorstände, Abteilungsleiter, Prokuristen oder Geschäftsführer erteilt bzw an besonders qualifizierte Mitarbeiter, die man nicht verlieren möchte.

5.4.3 Pensionszusage und Versorgungsleistungen

Herzstück einer Firmenpension ist die sogenannte Pensionszusage, also der **Vertrag** zwischen Arbeitgeber und dem begünstigten Mitarbeiter. Dieser kann als Einzelvertrag in Erscheinung treten, durchaus aber auch in Form einer Betriebsvereinbarung oder eines Kollektivvertrages.

Darin wird beispielsweise festgehalten, wie hoch die Alterspension sein soll, ob es auch eine Berufsunfähigkeits- oder eine Hinterbliebenenpension geben soll, wie die Pension wertgesichert ist, wie oft sie pro Jahr ausbezahlt werden soll und ab welchem Stichtag.

Meistens wird in einer Pensionszusage dem Mitarbeiter das Recht eingeräumt, bei Pensionsantritt anstatt der lebenslangen Rente eine einmalige **Kapitalabfindung** zu wählen.

Vorzeitiges Ausscheiden und Bindungseffekt

Bei der Direktversicherung und bei einem Pensionskassen- oder BKV-Modell ist es gesetzlich geregelt, dass die für den Mitarbeiter einbezahlten bzw angesparten Beiträge grundsätzlich unverfallbar sind (mit Ausnahme einer maximal dreijährigen Unverfallbarkeitsfrist bei der Pensionskasse).

Bei der Pensionszusage besteht hierbei ein weit größerer **Gestaltungsspielraum** und im Endeffekt hängt es vom Inhalt der Pensionszusage ab, welche Leistungen dem Mitarbeiter bei einem Austritt vor dem Pensionsalter zustehen.

Das Betriebspensionsgesetz bietet zwar einen bestimmten **Mindestschutz** für den Arbeitnehmer, der besagt, dass spätestens nach einer Frist von zehn Jahren für den Mitarbeiter unverfallbare Anwartschaften entstehen. Dies gilt jedoch nicht für den Fall, dass der Mitarbeiter selbst kündigt, vorzeitig austritt oder schuldhaft entlassen wird.

Daher sollten beide Vertragsparteien darauf schauen, dass der Fall des **vorzeitigen Austritts** in der Zusage klar geregelt wird und dass deutlich hervorgeht, was passiert, wenn der Mitarbeiter selbst kündigt und was passiert, wenn er beispielsweise entlassen wird.

Durch den Einbau einer **Unverfallbarkeitsfrist** oder einer **Wartezeit** ist es sicher möglich, den Mitarbeiter fester an das Unternehmen zu binden. Ist diese Frist jedoch zu lange gewählt, stellt sich die Frage, ob eine Zusage für den Mitarbeiter dann überhaupt noch eine entsprechende Motivation darstellt.

Was dem Mitarbeiter bei einem vorzeitigen Ausscheiden tatsächlich zusteht, hängt somit auch vielfach vom eigenen Verhandlungsgeschick ab.

Verpfändung

Die Ansparung des Kapitals, das für die Finanzierung der Alterspension notwendig ist, erfolgt in vielen Fällen durch gesetzlich verpflichtend zu kaufende **Wertpapiere** und/oder durch eine **Pensionsrückdeckungsversicherung** (zB eine Rentenversicherung). Versicherungsnehmer und bezugsberechtigt ist hierbei immer der Arbeitgeber.

Jedoch können sowohl der Versicherungsvertrag als auch das Wertpapierdepot zu Gunsten des Mitarbeiters verpfändet werden. Die Verpfändung kann in der Pensionszusage festgehalten und dem Versicherer mitgeteilt werden. Dies gibt dem Mitarbeiter die Sicherheit, dass die angesparten Gelder auch tatsächlich für seine Pension zur Verwendung kommen. Sogar bei einem **Konkurs** des Arbeitgebers hat der Mitarbeiter dann im Rahmen seiner Pensionsansprüche ein bevorzugtes Zugriffsrecht auf das vorhandene Kapital am Depot und in der Versicherung.

5.4.4 Die Höhe einer Pensionszusage

Wie hoch das Pensionsversprechen ist, kann von Arbeitgeber und Arbeitnehmer grundsätzlich frei vereinbart werden. Die versprochene Pension darf jedoch nicht höher sein als 80% vom letzten Gehalt vor Pensionsantritt. Außerdem ist darauf zu achten, dass eine eventuelle staatliche Pension und die Firmenpension gemeinsam nicht höher sind als der Verdienst vor dem Pensionsantritt. In diesem Fall würde man von einer sogenannten **Überversorgung** sprechen.

Wird die Pensionszusage einem GmbH-Geschäftsführer erteilt, der selbst am Unternehmen beteiligt ist, muss auch noch darauf geachtet werden, dass die Finanz in der Zusage nicht eine besondere **Bevorzugung** des Geschäftsführers erkennt. Es ist also wichtig, die Zusage in allen wesentlichen Punkten und somit auch in Bezug auf die Höhe so zu gestalten, wie man sie auch einem nicht beteiligten Geschäftsführer gewähren würde, der eine ähnliche Arbeitsleistung erbringt.

5.4.5 Wer bekommt in welcher Form die (Ablauf-)Leistung?

Bei einer Pensionszusage, sprich einer direkten Leistungszusage, gibt das Unternehmen das Pensionsversprechen ab. Daher bekommt der Mitarbeiter seine Zusatzpension direkt vom **Unternehmen**.

Die Wertpapiere, die angekauft werden müssen bzw die Rückdeckungsversicherung sind praktisch ein Weg, mit dem das Unternehmen das notwendige Kapital anspart. Die Ablaufleistung aus der Rückdeckungsversicherung erhält somit das Unternehmen, ebenso wie die Wertpapiere auch die ganze Zeit über im Besitz des Arbeitgebers bleiben.

Mit dem angesparten Kapital kann der Arbeitgeber dann sein Pensionsversprechen an den Mitarbeiter in Form einer Rente oder in Form einer einmaligen Kapitalabfindung erfüllen.

Enthält die Pensionszusage auch eine Hinterbliebenen- oder Berufsunfähigkeitspension, so wird auch diese vom Arbeitgeber geleistet.

Für den Arbeitgeber und den Arbeitnehmer birgt dieses System aber auch bestimmte **Gefahren** oder zumindest **Unsicherheiten**. Der Arbeitgeber weiß nicht, wie lange der Arbeitnehmer leben wird, dh, wie lange die Pension eigentlich zu zahlen sein wird. Der Arbeitnehmer wiederum weiß nicht, wie sich die wirtschaftliche Lage des Unternehmens nach seinem Ausscheiden entwickeln wird und ob sich das Unternehmen die Rentenzahlung ein Leben lang leisten wird können.

Diese Unsicherheiten lassen sich aber insofern leicht beseitigen, weil es auch die Möglichkeit gibt, dass man zum Pensionsantritt den Barwert der Rentenverpflichtung an eine **Pensionskasse** oder an eine **betriebliche Kollektivversicherung** überweist und diese dann die lebenslange Rentenzahlung übernimmt.

Der Arbeitnehmer wird somit gänzlich unabhängig vom weiteren Schicksal des Unternehmens, der Arbeitgeber braucht die Pensionsverpflichtung nicht auf unbestimmte Zeit in seinen Bilanzen mitzuführen. Voraussetzung dafür ist natürlich, dass der dafür notwendige Kapitalbedarf auch tatsächlich angespart worden bzw vorhanden ist.

5.4.6 Die steuerliche Behandlung einer Pensionszusage

Die steuerlichen Auswirkungen einer Pensionszusage sind wesentlich komplexer als beispielsweise bei einer Direktversicherung oder einem Pensionskassenmodell und sollen hier nur kurz umrissen werden.

Beim Arbeitnehmer

Der Arbeitnehmer bleibt über die gesamte Laufzeit hinweg von Lohnsteuer und Sozialabgaben verschont. Erhält er dann die Firmenpension, so muss er sie gemeinsam mit der staatlichen Pension oder seinen sonstigen Einkünften in der Pensionsphase versteuern.

Entscheidet er sich für eine einmalige Kapitalabfindung, so ist diese in dem Monat, in dem sie ausbezahlt wird, wie ein normaler Lohn zu versteuern.[62]

Beim Arbeitgeber

Der Arbeitgeber darf bzw muss aufgrund des Pensionsversprechens in der Bilanz eine sogenannte **Pensionsrückstellung** bilden. Diese wirkt sich gewinnmindernd aus und hilft somit, Steuern zu sparen.

Bis zum nächsten Bilanzstichtag muss der Arbeitgeber **Wertpapiere** in der Höhe von 50% der Pensionsrückstellung kaufen, die er in der Bilanz ausgewiesen hat. Diese Wertpapiere werfen Zinsen ab, welche den Gewinn erhöhen und zu versteuern sind.

Der Arbeitgeber kann aber auch anstatt des Wertpapierankaufs oder ergänzend hierzu eine Pensionsrückdeckungsversicherung abschließen.

Schließt der Arbeitgeber eine **Rückdeckungsversicherung** ab, so sind die Prämien dafür als Betriebsausgabe abzusetzen. Parallel dazu muss jedoch der Wert der Versicherung (das angesparte Kapital) wieder aktiviert werden.

Am Ende der Laufzeit erhält der Arbeitgeber die Leistung aus der Versicherung. Diese stellt eine Betriebseinnahme dar und wirkt sich gewinnerhöhend aus. Zugleich kann aber die bereits gebildete Aktivierung wieder gewinnmindernd aufgelöst werden, was diese Auswirkung wieder großteils neutralisiert.

Entscheidet sich der Mitarbeiter für eine **einmalige Kapitalabfindung**, so muss die bis dahin gebildete Pensionsrückstellung auf einmal gewinnerhöhend aufgelöst werden. Zugleich wirkt aber die Zahlung an den Mitarbeiter gewinnmindernd, sodass auch hier eine Neutralisation stattfindet. IdR ist die Zahlung an den Mitarbeiter höher als die zuletzt gebildete und aufzulösende Rückstellung, sodass ein gewinnmindernder Effekt übrig bleibt.

Wählt der Mitarbeiter die **lebenslange Rentenzahlung**, so stellt diese Monat für Monat eine Betriebsausgabe dar. Zugleich wird jedoch die bestehende Pensionsrückstellung Jahr für Jahr wieder abgebaut und wirkt sich gewinnerhöhend aus, was hier wieder ebenfalls eine annähernde Neutralisation bewirkt.

5.5 Die Abfertigung „Neu"

Für alle privatrechtlichen Arbeitsverhältnisse, die nach dem 31.12.2002 neu abgeschlossen werden bzw wurden, gilt ein völlig neues Abfertigungsrecht. Arbeitsverhältnisse, die bereits vorher abgeschlossen worden sind, bleiben grundsätzlich im alten Abfertigungsrecht, außer der Arbeitgeber und der Arbeitnehmer vereinbaren einen freiwilligen Übertritt in die neue Regelung.

[62] Eine begünstigte Besteuerung mit dem halben Durchschnittssteuersatz gibt es nur dann, wenn der abgefundene Barwert unter derzeit € 11.400 liegt (siehe auch Kapitel 5.3.6).

5.5.1 Das Grundmodell der Abfertigung „Neu"

Im **„alten" Abfertigungsrecht** hängt die Höhe der Abfertigung von der Anzahl der im Unternehmen verbrachten Dienstjahre ab und vom letzten Entgelt vor dem Ausscheiden aus dem Unternehmen.

Sobald das Arbeitsverhältnis mindestens drei Jahre gedauert hat, erwirbt der Arbeitnehmer erstmalig einen Anspruch auf Abfertigung. Nach drei Dienstjahren sind das zwei Monatsentgelte, nach fünf Dienstjahren drei Monatsentgelte und dieser Anspruch steigert sich, bis man nach 25 und mehr Dienstjahren ein volles Jahresgehalt an Abfertigung (zum Zeitpunkt des Ausscheidens aus dem Unternehmen) bekommt.

Kündigt der Arbeitnehmer jedoch selbst oder wird er verschuldet entlassen, verliert er den ganzen Anspruch auf Abfertigung.

Im System der **Abfertigung „Neu"** gibt es hierzu eine völlig andere Regelung. Der Arbeitgeber zahlt für jeden Mitarbeiter laufend 1,53% vom Entgelt (Bruttolohn und Sachbezüge) in eine sogenannte **Vorsorgekasse** (Abfertigungskasse) ein, welche diese Beiträge veranlagt. Dazu wird von der Kasse für jeden Mitarbeiter ein eigenes **Abfertigungskonto** geführt. Einmal jährlich muss dieser eine Information über seinen aktuellen Kontostand erhalten.

Die **Auswahl** der Vorsorgekasse erfolgt über eine Betriebsvereinbarung. Pro Arbeitgeber darf es grundsätzlich nur eine Kasse geben. In Betrieben ohne Betriebsrat wählt der Arbeitgeber die Kasse aus und muss diese Auswahl seinen Mitarbeitern schriftlich mitteilen. Bestehen von Seiten der Mitarbeiter Einwände gegen diese Kasse, können sie binnen zwei Wochen dagegen Einspruch erheben. Macht dies zumindest ein Drittel der Mitarbeiter, so muss der Arbeitnehmer eine andere Kasse auswählen.

Mit der **Einzahlung** in die Kasse wird bereits nach einem Monat Dienstzugehörigkeit begonnen, sodass sich über eine lange Laufzeit hinweg doch ein stattliches Kapital ansammeln kann. Der zweite wesentliche Unterschied zum alten System ist der, dass das in der Vorsorgekasse angesparte Kapital auf jeden Fall dem **Mitarbeiter** gehört und nicht mehr verfallen kann; auch dann nicht, wenn der Mitarbeiter selbst kündigt. Ab der ersten Einzahlung erwirbt der Mitarbeiter somit einen **unverfallbaren Abfertigungsanspruch**.

5.5.2 Für wen gilt die Abfertigung „Neu"?

Die „neuen" Regelungen gelten für alle Arbeitsverhältnisse, die auf einem privatrechtlichen Vertrag beruhen und nach dem 31.12.2002 abgeschlossen wurden bzw werden. Darunter fallen also Arbeiter und Angestellte genauso wie Lehrlinge und geringfügig Beschäftigte. Aber auch für Gutsangestellte, Journalisten, Hausgehilfen, Hausangestellte und das pharmazeutische Personal in öffentlichen Apotheken und Anstaltsapotheken gelten die neuen Regelungen ebenso wie für Vertragsbedienstete.

Seit 1.1.2008 sind auch Gewerbetreibende vom Modell der Abfertigung Neu umfasst und sie müssen für sich selbst Beiträge leisten. Mitglieder der freien Berufe (zB Rechtsanwälte, Ziviltechniker, Notare) und Bauern können sich einmalig und unwiderruflich für die Teilnahme oder Nichtteilnahme entscheiden.

Wenn ein Arbeitsverhältnis bereits vor dem 1.1.2003 Bestand hatte, zwischenzeitlich unterbrochen wird und dann aufgrund einer **Wiedereinstellungszusage** und unter Anrechnung von **Vordienstzeiten** im selben Unternehmen fortgesetzt wird, bleibt man weiterhin im alten Recht. Dasselbe gilt für eine Wiederaufnahme der Arbeit nach der **Karenz**, weil dies kein neues Arbeitsverhältnis darstellt, sondern nur eine Fortführung eines bestehenden Arbeitsverhältnisses.

Arbeitgeber und Arbeitnehmer können aber auch einvernehmlich einen **Übertritt** in das neue System vereinbaren. Hierbei ist ein **Vollübertritt** möglich, bei dem der Arbeitgeber gleich einen Kapitalbetrag als Abgeltung der bisher erworbenen Abfertigungsanwartschaften in die Vorsorgekasse einzahlt und danach das Modell mit den 1,53% des Bruttolohnes weiterbespart, oder auch ein **Teilübertritt**, bei dem die bisherigen Ansprüche nach altem Recht „eingefroren" werden und ab dem vereinbarten Stichtag mit dem neuen Modell begonnen wird.

Mit Beginn des Jahres 2014 waren von rund 3,6 Millionen unselbständig Erwerbstätigen in Österreich bereits über 2,5 Millionen im neuen Abfertigungsrecht – dazu noch über 326.000 selbständig Erwerbstätige: Dies jedoch nicht wegen einer so großen Zahl von einvernehmlichen Übertritten in das neue System, sondern hauptsächlich durch die starke **Fluktuation** am Arbeitsmarkt.

5.5.3 Die Höhe der Abfertigung

Im **alten Abfertigungsrecht** war die Höhe der Abfertigung leicht zu bestimmen. Jeder kennt die Höhe seines Entgeltes und die Anzahl der Jahre, die man im Unternehmen verbracht hat. Wer beispielsweise 15 Jahre im Unternehmen tätig war, erhält ein halbes Jahresgehalt an Abfertigung.

Im **neuen System** ist die Abfertigung genau jenes Kapital, das sich über die Zeit hinweg auf dem **Konto** des Mitarbeiters bei der Vorsorgekasse angesammelt hat. Die Höhe der Abfertigung hängt also von den einbezahlten Prämien ab, die mit 1,53% vom Entgelt gesetzlich festgelegt sind, von den Verwaltungskosten der Kasse und von dem Veranlagungserfolg, den die Kasse erwirtschaftet.

Je besser und je länger das Geld veranlagt wird, desto höher wird die Abfertigung. Der Gesetzgeber gibt den Kassen hierzu einen bestimmten Rahmen vor, wie sie die Gelder veranlagen müssen. Der **Aktienanteil** darf beispielsweise 40% nicht übersteigen.

Zusätzlich müssen die Vorsorgekassen eine Garantie abgeben, dass zumindest die einbezahlten Beiträge wieder zur Auszahlung gelangen und keine Kapitalverluste eintreten können (**Kapitalgarantie**).

Einen Vergleich zwischen dem alten und dem neuen System der Abfertigung kann man nur anstellen, wenn man eine Annahme darüber trifft, wie hoch denn die **Rendite** in der Vorsorgekasse im Durchschnitt sein wird. Unterstellen wir eine Rendite von 4% nach Abzug aller Kosten, würde sich bei einem 40-jährigen Mitarbeiter, der bei Eintritt € 2.500 brutto, 14-mal jährlich, verdient, folgendes Bild ergeben:

➲ Beispiel:

40-jähriger Mitarbeiter; neu ins Unternehmen eingetreten; Pensionsalter 65; Bruttoverdienst € 35.000 pa; jährliche Lohnsteigerung 2,5%

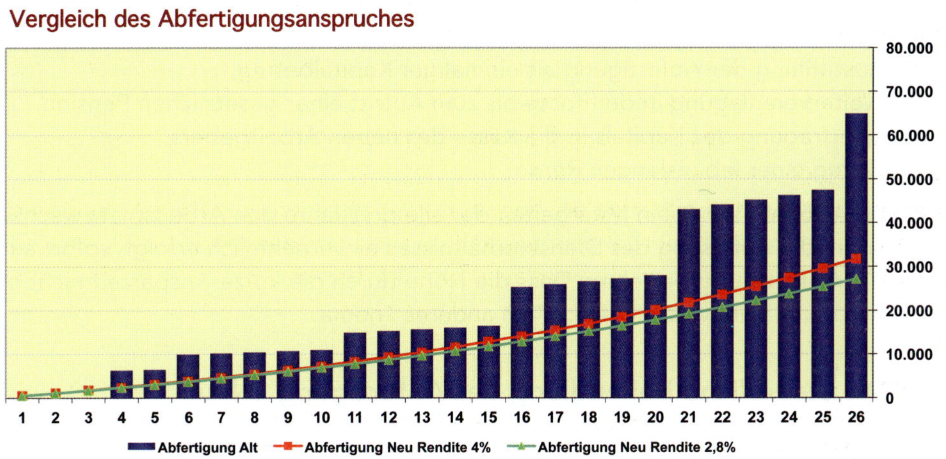

Man erkennt, dass die Leistung im System der **Abfertigung „Alt"** deutlich höher gewesen wäre als die Leistung im System der **Abfertigung „Neu"**. Hätte man im alten System fast € 65.000 an Abfertigung zu erwarten gehabt, sind es im neuen System bei einer durchschnittlichen Rendite von 4% in der Vorsorgekasse nur rund € 32.000. Beträgt die Rendite durchschnittlich 2,8% (was dem Schnitt der Vorsorgekassen der letzten zehn Jahre entspricht), so reduziert sich die Leistung auf knapp über € 27.000.

Um hier jedoch keinen unfairen Eindruck zu hinterlassen, muss man jedoch nochmals festhalten, dass man im neuen System mit **Sicherheit** eine Leistung erhält, im alten Recht jedoch jedes Jahr nur bei rund 15–20% aller beendeten Dienstverhältnisse eine Abfertigung geflossen ist. Die neue Abfertigung ist somit in der Regel geringer, dafür erhält sie aber auch **jeder** Arbeitnehmer, unabhängig von der Art der Beendigung des Dienstverhältnisses.

5.5.4 Die Verfügungsmöglichkeiten des Arbeitnehmers

Im Gegensatz zum alten Abfertigungsrecht kann ein Kapital in der **Vorsorgekasse** für den Mitarbeiter nicht mehr verfallen. Grundsätzlich stehen dem Mitarbeiter bei der Beendigung seines Dienstverhältnisses mehrere **Alternativen** offen, wie er über das angesparte Kapital verfügen kann.

Wenn ein Mitarbeiter **selbst kündigt**, verschuldet entlassen wird oder vorzeitig aus dem Unternehmen austritt, dann muss er das Geld bei der bisherigen Kasse liegen lassen. Dasselbe gilt, wenn das Dienstverhältnis kürzer als drei Jahre gedauert hat.

Das für den Mitarbeiter angesparte Geld verfällt somit nicht, sondern er darf nur im Moment nicht darüber verfügen. Spätestens zum Pensionsantritt steht ihm aber die volle Leistung entweder in Form einer lebenslangen Rente oder eines einmaligen Kapitalbetrages zu.

In anderen Fällen der Beendigung des Dienstverhältnisses, wie zum Beispiel bei einer **einvernehmlichen Auflösung** oder bei einer **Kündigung** durch den Arbeitgeber, stehen dem Mitarbeiter vier Alternativen zur Auswahl, wie er über sein Abfertigungskapital verfügen kann:

- die Auszahlung der Abfertigung als einmaliger Kapitalbetrag,
- die Weiterveranlagung in der Kasse bis zum Antritt einer gesetzlichen Pension,
- die Übertragung des Kapitals in die Kasse des neuen Arbeitgebers,
- der Bezug einer lebenslangen Rente.

Theoretisch könnte somit ein Mitarbeiter, der alle drei Jahre den Arbeitsplatz wechselt und bei dem die Auflösung des Dienstverhältnisses einvernehmlich erfolgt, sofort auch immer die **Abfertigung** beziehen. Dass die Höhe durch die kurze Ansparzeit nicht besonders attraktiv sein wird, ist hierbei ein anderes Thema.

5.5.5 Die steuerliche Behandlung der Abfertigung „Neu"

Beim Arbeitnehmer

Der Arbeitnehmer braucht weder **Lohnsteuer** noch **Sozialversicherungsbeiträge** zu entrichten, wenn der Arbeitgeber die gesetzlich vorgesehenen 1,53% vom Arbeitslohn für ihn einbezahlt.

Entscheidet sich der Mitarbeiter im Leistungsfall für eine **einmalige Kapitalzahlung**, so wird diese mit einem begünstigten Steuersatz von 6% besteuert. Wählt er **die lebenslange Rente**, so ist diese sogar gänzlich steuerfrei.

Ein weiterer wesentlicher Vorteil für den Mitarbeiter ist es, dass für die einbezahlten Beiträge keine **Versicherungssteuer** entrichtet werden muss und auch die Kapitalerträge, die innerhalb der Kasse erwirtschaftet werden, keiner Körperschaftsteuerpflicht unterliegen.

Beim Arbeitgeber

Der Arbeitgeber kann die Abfertigungsbeiträge als **Betriebsausgaben** verbuchen und es fallen für ihn keinerlei **Lohnnebenkosten** an.

5.5.6 Die Eignung als betriebliche Altersvorsorge

Die Abfertigung „Neu" könnte sicherlich einen ersten Schritt zur Einführung einer verpflichtenden **Säule** der betrieblichen Altersvorsorge darstellen. Das Modell hat alle Möglichkeiten in sich, zu einem Meilenstein in Richtung betrieblicher Vorsorge und staatlicher Verantwortung zu werden.

Eine Mitarbeitervorsorge für alle Arbeitnehmer anstatt einer Abfertigung für einen kleinen Teil davon, die Integration der Selbständigen, steuerliche Begünstigungen in der Ansparphase und in der Veranlagung, keine zusätzlichen Lohnnebenkosten oder Belastungen für die Unternehmen, abgesehen vom Beitrag und eine lebenslang steuerfreie

Rente könnten die solide Basis für ein flächendeckendes System einer **obligatorischen Zusatzversorgung** darstellen.

Natürlich muss man heute noch von einer **potentiellen** zweiten Säule für alle sprechen, weil die Abfertigung „Neu" nur für alle nach dem 31.12.2002 neu begründeten Dienstverhältnisse gilt und es noch viele Jahre und Jahrzehnte dauern wird, bis wirklich alle Arbeitnehmer von dieser Art der Vorsorge erfasst sind. Außerdem lässt man in Anlehnung an das Gedankengut des bisherigen Abfertigungssystems jedem Arbeitnehmer die Möglichkeiten offen, dem System laufend **Kapital** zu entnehmen oder aber seine Ansprüche in der Kasse liegen zu lassen, um bei Pensionsantritt über genügend Kapital für eine **attraktive Rente** verfügen zu können.

Es gibt also keinen Zwang zur Rentenvorsorge, höchstens einen **steuerlichen Anreiz,** da die Rentenzahlung günstiger besteuert wird als die Kapitalauszahlung. Hier ist sicherlich vorwegzuschicken, dass man im Sinne des langfristigen Vorsorgegedankens gut beraten sein wird, nicht bei jeder Gelegenheit sein Konto leer zu räumen, um dann bei Pensionsantritt wiederum keine entsprechende Zusatzversorgung zu haben. Im eigenen Interesse sollte diese Möglichkeit als eine Chance für Notfälle gesehen werden.

Außerdem muss man auch das Argument gelten lassen, dass es sich der Staat nicht so einfach machen kann, die **gesetzliche Abfertigung** so mir nichts dir nichts verschwinden zu lassen und daraus eine **betriebliche Zusatzpension** zu machen.

Fasst man aber für die Zukunft einmal eine Erhöhung des Beitrages ins Auge und legt man den Schwerpunkt auf die Rentenleistung, so wäre dies sicherlich ein deutlicher weiterer Schritt in Richtung zweite Säule der Altersvorsorge.

Trotzdem sollte man sich keinesfalls auf die Wirkung der Abfertigung „Neu" allein verlassen. Auch sie kann nur ein Teil eines gesamten Vorsorgepaketes sein und niemals den gesamten notwendigen Bedarf decken.

➲ Beispiel:

Arbeitnehmer 40 Jahre alt, Pensionsalter 65, € 2.500 brutto monatlich, 2,5% jährliche Lohnerhöhung, 1,53% in Vorsorgekasse, 2,8% oder 4% Effektivverzinsung in Kasse		
Bruttogehalt mit 40		€ 2.500
Bruttogehalt mit 65		€ 4.635
Nettogehalt mit 65 (Jahresnettolohn/14)		€ 2.816
Kapital in Vorsorgekasse mit 65	bei 4% Rendite	€ 32.000
	bei 2,8% Rendite	€ 27.000
Monatliche Rente	bei 4% Rendite	€ 130
	bei 2,8% Rendite	€ 110
		Ersatzquote 3,9% bis 4,6%

Im konkreten Beispiel erreicht der Arbeitnehmer eine Zusatzpension aus der Abfertigungsleistung in der Höhe von rund € 130 monatlich, wenn die Vorsorgekasse eine Rendite von durchschnittlich 4% jährlich erzielt. Bei durchschnittlich 2,8% ergibt sich eine Zusatzpension von € 110. Diese erhält er aber auch nur dann, wenn er das Abfertigungskapital über die ganze Laufzeit hinweg in der Vorsorgekasse liegen lässt und nie die Möglichkeit der **vorzeitigen Entnahme** (bei Arbeitgeberwechsel) nützt.

Ob die Abfertigung „Neu" nun für die Altersvorsorge verwendet wird oder ob man sein Kapital lieber für andere Ausgaben verplant, bleibt jedem Begünstigten selbst überlassen.

Stichwortverzeichnis